관광학 입문자의 눈높이에 맞춘

관광학 개론

박상현 김영갑 문승일 공저

이프레스

머리말

국내외의 여건 변화에 따라 관광산업의 중요성이 날로 높아지고 있다. 우리나라의 산업규모에서 제조업은 축소되고 있는데, 한류 등으로 인한 문화, 예술, 관광 산업은 나날이 그 영역을 넓혀 나가고 있다. 외래관광객 한 사람이 지출하는 여행비용이 반도체 100여 개, TV 10여 대, 그리고 자동차 4대를 수출하는 것과 맞먹는다고 하니 관광산업의 중요성이 어느 정도인지 짐작할 수 있을 것이다.

몇 년 사이 외래관광객이 급격히 늘어나 외래관광객 1,000만 명 시대가 되었다. 국내관광에서도 지자체의 관광 인프라 개선, 한국관광공사의 '대한민국 구석구석' 캠페인, '1박2일' 같은 인기 여행 프로그램과 주5일 근무제 등의 영향으로 눈에 띄게 성장하는 모습이 나타나고 있다.

이에 따라 관광학에 대한 관심과 수요도 높아졌다. 각 지역개발연구원에서 관광 연구가 핵심 위치를 차지하고 있으며, 전국의 각 대학에서도 관광 관련 학과를 신설하거나 확대하고 있고, 관광 관련 학회 · 심포지엄 · 포럼 · 세미나 · 국제회의도 활발해지고 있다. 언론이나 방송에서도 관광에 대한 전문 기사와 프로그램이 제작 방송되고 있다. 고등학교를 졸업하는 학생들의 관광학과 선호도도 매우 높아졌다.

관광학에 관심을 가지게 된 사람들이 관광학을 쉽고 체계적으로 이해하기 위해서 처음 접하는 책이 개론서다. 따라서 관광학 개론서는 관광학의 다양한 연구 영역을 포괄하면서도 관광학 입문자의 눈높이에 맞게 친절하고 흥미를 유발할 수 있어야 한다. 이 책은 바로 이 점에 중점을 두어 작성되었으며, 집필진의 다각적인 시각과 강의 경험을 담고 있다. 이 책이 관광학을 강의하시는 교수님과 관광학에 입문하는 학생들에게 다정한 안내서가 되기를 바라고, 나아가 우리나라 관광학 발전에 기여하기를 바란다.

'學而不厭 誨人不倦(학이불염 회인불권)'

배우는 것이 염증나지 않고, 가르치는 것이 권태롭지 않다. 《논어》에서

2014년 새해

저자 일동

차 례

Chapter 4 관광과 문화

Chapter 5 관광사업

Chapter 01

관광의 개념

1. 관광의 개념
2. 관광의 구조
3. 관광의 분류
4. 세계관광의 발전
5. 한국관광의 발전
6. 관광의 효과
7. 관광학의 연구영역

Chapter 01

관광의 개념

| 학습목표 |

- 관광의 개념과 구조를 이해하고 설명할 수 있다.
- 관광의 종류를 분류하고 발전과정을 설명할 수 있다.
- 관광학의 연구영역을 설명할 수 있다.

생각열기

여행을 하지 않고 관광만 한다?

| 단체관광(베트남) |

| 배낭여행(유럽) |

출처: 저자 촬영

여행과 관광을 비슷한 의미로 사용하지만 다르게 풀이하는 사람도 있다. 언젠가 한 TV 프로그램에서 출연자가 "사람들이 제대로 된 여행을 하지 않고 관광만 하고 돌아오는 경우가 많다"고 말하는 것을 본 적이 있는데 그의 어투에서 관광은 부정적이고 여행은 긍정적이라는 생각을 느낄 수 있었다. 그 출연자는 "관광은 여행사에서 주관하는 단체여행으로 일정에 따라 수박 겉핥기식으로 보는 것이고 여행은 배낭여행과 같이 비록 고생스럽지만 직접 체험하고 배우는 것"이라고 말하였다. 즉 여행과 관광은 다를 뿐만 아니라 여행을 관광보다 높게 평가하고 있었다.

여러분의 생각은 어떤가? 이 책의 제목도 여행학 개론으로 바꿔야 하는가? 정부조직인 문화체육관광부를 문화체육여행부로, 한국관광공사를 한국여행공사로 바꿔야 하는가?

1 관광의 개념

1) 관광의 정의

관광(觀光)을 한마디로 정의하기는 쉽지 않다. 그 용어가 어려워서가 아니라 관광이라는 인간의 활동과 현상이 다양한 상황과 관계 속에서 발생하기 때문에 사람들마다 다르게 인식하기 때문이다. 따라서 관광에 대한 여러 학자나 기관의 정의를 살펴보고 또 그와 유사한 용어들을 함께 살펴보면서 관광의 개념을 이해해보도록 하자.

관광이라는 용어가 처음 등장한 것은 중국 주(周)나라 시대의 《역경(易經)》이다. 여기에서 '관국지광, 이용빈우왕(觀國之光, 利用賓于王)'이라는 표현이 나오는데 관광은 '나라의 빛을 본다'는 뜻을 가지고 있다. 같은 맥락에서 고려시대 고려사절요(高麗史節要)에서 관국지광(觀國之光)을 선진국의 문물을 시찰한다는 의미로 사용하였으며 조선시대 《중종실록(中宗實錄)》과 연암 박지원의 《열하일기(熱河日記)》 등에서도 관광을 上國(중국)의 문물, 제도 등을 보고 배우거나 명승지와 자연경관을 구경한다는 뜻으로 사용하였다.

현대에 와서 일반적으로 사용하는 관광의 사전적 의미는 '다른 지방이나 다른 나라의 풍물과 풍속을 구경하는 것'이다. 즉 일상을 벗어나 자신이 거주하는 곳이 아닌 다른 지방이나 다른 나라의 문화, 전통, 역사 등을 구경하고 체험하는 것이다.

관광을 의미하는 영어 단어는 'tour'인데 이것은 라틴어의 'turnus'에서 유래하였으며 도르레, 원, 돌다, 순회하다라는 의미를 가지고 있다. 즉 집을 떠났다가 다시 돌아오는 행위를 묘사하고 있다. 만약 집을 떠나서 돌아오지 않는다면 여행이 아니다. 세계관광기구(UNWTO)에서도 관광을 즐거움, 위락, 휴가, 스포츠, 사업, 친구, 친척방문, 업무, 회의, 건강, 연구, 종교 등을 목적으로 집을 떠나 관광지를 24시간 이상 1년 이내 체류하고 돌아오는 것이라고 정의하고 있다.

관광을 산업적으로 또 학문적으로 다룰 때는 'tourism'이라는 단어를 사용한다. 그래서 관광학과를 Tourism Department라고 하고, 한국관광학회를 Tourism Sciences Society of Korea, 문화체육관광부를 Ministry of Culture, Sports, and Tourism, 한국관광공사를 Korea Tourism Organization, 한국문화관광연구원을 Korea Culture & Tourism Institute라고 한다.

2) 관광과 여행

관광의 개념을 더 잘 이해하기 위해서 유사용어를 살펴볼 필요가 있다. 관광과 가장 유사하게 사용되는 용어는 '여행'이다. 여행(旅行)을 글자대로 풀이하면 '나그네가 다니는 것'인데 이것은 이동을 강조하는 표현이다. 교통수단이 변변치 않았던 옛날, 걸어서 산천을 이동하려면 힘들었을 것이다. 여행의 영어 단어인 'travel'도 불어의 'travail(고통, 노고)'에서 유래되었다고 하니 같은 맥락을 가지고 있다. 오늘날도 배낭여행이나 오지여행 등 많이 걷고 다소 힘든 여정을 말할 때 '여행'이라는 단어를 사용한다.

여행과 관광은 일상을 떠나 다른 문화를 체험하고 돌아온다는 공통점을 가지고 있어서 대부분 같은 의미로 사용한다. 다만 상대적으로 '관광'은 여행사를 통해 계획된 일정대로 움직이는 단체여행을 연상시키고 '여행'은 여행자 자신이 숙박, 식사, 일정을 결정하는 개인여행을 연상시킨다. 그렇다고 여행과 관광을 명확하게 구분할 수 있는 것은 아니며 어떤 것이 더 좋다거나 나쁘다고 말할 수는 없다.

참고로 중국에서는 여유(旅遊)라는 용어를 사용한다. 한가한 시간을 의미하는 여유(餘裕)가 아니라 '나그네(旅)가 논다(遊)'라는 표현을 하고 있다. 즉 유희성에 비중이 있다고 할 수 있다. 잠시 하던 일을 멈추고 일상을 떠나 휴식과 유희의 시간을 갖는 것이 여유다.

3) 기타 유사용어

여행 이외에도 답사, 순례, 소풍, 나들이 등 관광과 유사하게 쓰이는 용어는 많다. 영어 표현으로는 trip, excursion, journey 등이 있는데 상황에 따라 다르게 사용되고 다른 느낌을 전달한다. 관광학과에서는 종종 답사(踏査)라는 용어를 사용하는데, 발로 밟고 다니면서 현지를 조사한다는 의미를 가지고 있다. 단지 놀고 먹고 마시고 구경하는 유희활동이 아니라 현지의 문화를 배우고 익히는 학습에 초점을 둔 표현이다. 〈그림 1-1〉은 저자가 학생들과 함께 충남 아산의 외암민속마을을 답사하고 있는 모습이다.

그림 1-1 학과 답사 - 충남 아산 외암민속마을

출처: 저자 촬영

2 관광의 구조

관광현상에 대해 체계적으로 접근하기 위해서는 관광의 구조를 명확하게 정립할 필요가 있다. 관광의 구조는 관광주체, 관광객체, 관광매체로 이루어지는데 관광주체는 관광을 하는 주체, 즉 관광객을 의미한다. 관광객체는 관광 대상, 즉 관광자원이나 시설을 의미한다. 관광매체는 관광 주체와 객체를 연결하는 매개체로서 여행사, 교통, 예약, 안내 등을 의미한다. 초기에는 관광의 주체와 객체만 존재하는 2체계론이 대세를

그림 1-2 관광의 구조

이루었으나 현대에는 관광주체, 관광객체, 관광매체의 3체계론이 보편적으로 받아들여지고 있다(〈그림 1-2〉 참조).

3 관광의 분류

관광은 다양한 관점에서 세분화할 수 있는데 거주지와 관광지의 위치에 따라 구분할 수도 있고, 관광목적에 따라 분류할 수도 있다. 또 숙박 여부와 기획 여부에 따라 나눌 수도 있다(〈그림 1-3〉 참조).

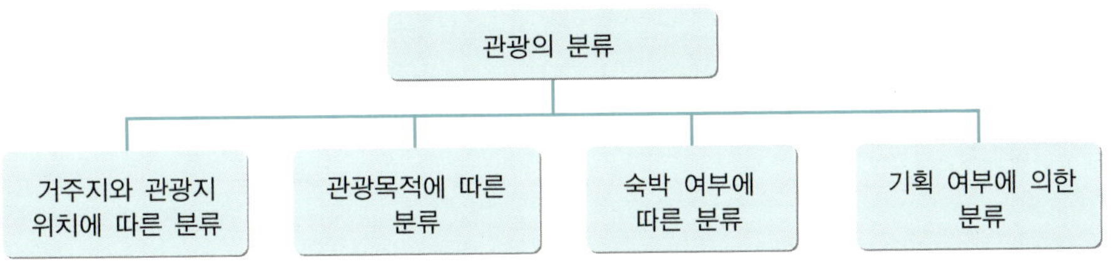

그림 1-3 관광의 분류

1) 거주지와 관광지 위치에 따른 분류

관광은 거주지와 관광지의 위치에 따라서 국내관광, 해외관광, 외래관광으로 나눌 수 있다. 국내관광(intrabound/domestic tourism)은 내국인이 국내를 관광하는 것이고, 해외관광(outbound tourism)은 내국인이 해외를 관광하는 것, 외래관광(inbound tourism)은 외국인이 국내를 관광하는 것이다. 업계에서는 통상적으로 인트라바운드(intrabound), 아웃바운드(outbound), 인바운드(inbound)라는 용어를 사용한다.

- **국내관광(intrabound/domestic tourism) :** 내국인이 국내를 관광
- **해외관광(outbound tourism) :** 내국인이 국외를 관광
- **외래관광(inbound tourism) :** 외국인이 국내를 관광

2) 관광목적에 따른 분류

관광의 주요 목적이 무엇이냐에 따라서 예술관광, 종교관광, 스포츠관광, 건강관광, 컨벤션/축제, 문화관광, 학습관광으로 나눌 수 있다. 또 관광의 목적이 개인의 오락・휴양・레크리에이션・견문 확대 등 순수 관광에 포커스가 맞추어져 있을 때 순목적 관광이라고 하고, 출장・회의・스포츠・종교・친지방문 등의 목적으로 방문했다가 관광을 겸하는 관광을 겸목적 관광이라고 한다.

- **예술관광 :** 오페라, 미술 등 예술작품을 감상
- **종교관광 :** 성지순례, 사찰이나 교회 관람 및 참배
- **스포츠관광 :** 스포츠 경기를 관람하거나 스포츠를 직접 즐기기 위한 관광
- **건강관광 :** 온천, 요양, 피서 등 건강 증진을 위한 관광
- **컨벤션/축제 :** 국제회의, 국제전시, 축제에 참여하기 위한 여행
- **문화관광 :** 지역의 문화를 체험하기 위한 여행
- **학습관광 :** 수학여행, 답사

▌그림 1-4▐ 종교관광-캐나다 몬트리올 성요셉 성당

출처: 저자 촬영

3) 숙박 여부에 따른 분류

숙박 여부에 따라 관광을 구분하기도 한다. 당일관광 또는 주유형 관광은 현지를 관광한 후에 숙박하지 않고 집으로 돌아오거나 다른 관광지로 이동하는 것이며, 숙박관광 또는 체류형 관광은 현지에서 1박 이상 숙박하는 것이다. 국내의 당일여행상품은 강원도 일대, 전국의 산악지역, 온천지역 등 다양하게 개발되어 있다. 숙박여행상품은 제주도, 전라남도, 경상남도, 도서지역을 중심으로 기획되어 판매되고 있다.

| 당일여행상품 | | 숙박여행상품 |

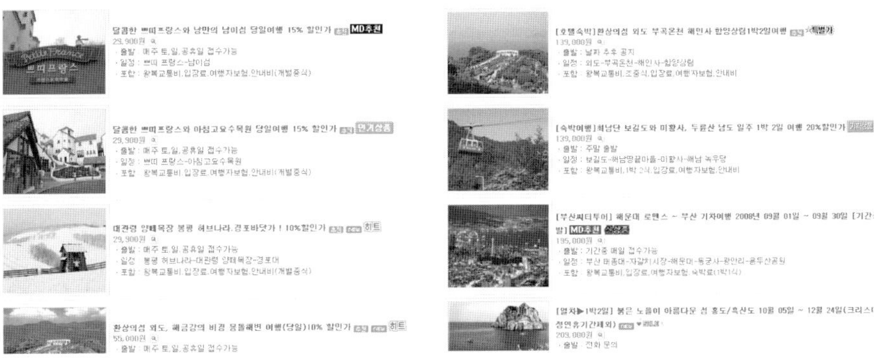

▮그림 1-5▮ 숙박 여부에 따른 관광상품

출처: 테마투어(http://www.tmtour.co.kr)

4) 기획 여부에 따른 분류

관광은 기획 여부에 따라 자유여행, 주문여행, 기획여행, 부분기획여행으로 나눈다. 자유여행은 관광객이 관광에 필요한 제반사항(교통, 숙박, 식사, 관광일정 등)을 스스로 계획하고 결정하는 형태다. 주문여행은 관광객이 자신의 필요사항을 여행사에 의뢰하여 여행을 계획하는 형태다. 기획여행은 여행사에서 미리 여행상품을 만들어 놓고 관광객을 모집하는 형태로 패키지 여행이 여기에 속한다. 부분기획여행은 여행사가 여행의 일부 요소만 기획하고 나머지는 관광객이 직접 결정할 수 있게 만드는 형태로 항공과 숙박만 제공하고 현지의 관광은 자유일정으로 두는 경우다.

| 기획여행 |

| 부분기획여행 |

그림 1-6 기획여행 부분기획여행과 상품

출처: 하나투어(http://www.hanatour.co.kr)

창조관광 시대

■ 창조관광, 어디까지 왔나

창조관광은 국내에선 아직 초기 단계다. 문화체육관광부와 한국관광공사가 관광사업 경쟁력 강화와 일자리 창출을 위한 핵심 사업으로 지난해 처음으로 창조관광사업 공모전을 열었다. 올해에는 제2회 공모전과 제1회 창업경진대회를 개최했다. '창조관광'이라는 생소한 개념에도 불구하고 반응은 놀라웠다. 지금까지 지원 대상으로 발굴된 사업은 90건. 그중 10건은 운영상의 어려움 등으로 인해 탈락하고 80건이 창업, 경영컨설팅, 홍보·마케팅 등 다양한 지원을 받고 있다.

제1회 공모전에는 160여건이 응모해 10건이 지원 대상으로 발굴됐다. 주민들이 여행사를 세우고 가이드로 나선 전남 신안군 증도의 길벗여행사, 지역 작가와 주민들이 슬럼화되고 있던 마을을 새로운 관광명소로 탈바꿈시킨 수원 화성행궁예술마을, 결혼 이주여성들이 참여하는 강원 홍천의 문화체험학교인 '누리봄 다문화학교' 등이 지난해 발굴됐다. 올해에는 지난 3월까지 진행된 제2회 공모전에서 50건, 지난달까지 진행된 제1회 창업경진대회에서 30건 등 총 80건이 창조관광사업으로 발굴됐다.

■ 창업 아이디어 봇물

그동안 열린 두 차례의 공모전과 한 차례의 창업경진대회에는 1300여건의 사업 아이디어가 쏟아졌다. 그중 지원대상으로 발굴된 사업 아이디어를 보면 기발하다. '유적지 미션답사'는 스마트폰 앱을 이용해 주어진 미션을 스스로 풀어가면서 유적지와 관광지를 답사하도록 안내하는 사업. '캠핑스테이를 통한 캠핑코리아 만들기'는 캠핑과 홈스테이를 결합한 것으로, 농어촌 주민들이 캠핑 장소와 장비 일체를 제공하는 사업이다. 서울 홍대 지역의 음식점과 클럽, 공연문화 등을 패키지로 묶어 도심의 문화, 예술, 생태, 역사, IT, 미디어 등 7개 테마루트로 안내하는 'M루트', 다양한 막걸리 제조 과정을 직접 보고 체험할 수 있는 '막걸리 체험관광', 전통시장 점포들의 정보를 블루마블 게임 형식으로 배열해 스토리텔링과 이벤트를 제공하는 '전통시장 활성화를 위한 스마트 여행 웹모바일 플랫폼' 등도 주목할 만하다.

▪ 지속적 지원이 관건

관광산업은 미래 경제를 이끌 성장동력의 하나다. 그중에서도 창조관광사업은 향후 관광산업의 경쟁력 강화와 수익성 제고를 위해 필수적이다. 2020년까지 외래관광객 2000만 명을 유치하려면 초기 단계인 창조관광 사업의 불씨를 잘 키워야 한다. 엄서호 교수는 "지금은 창조관광 사업을 위해 마중물을 붓는 단계"라며 "창조관광 사업이 자생력을 갖도록 불씨를 잘 살리고 자생할 수 있는 플랫폼과 생태계를 만들어줘야 한다."고 말했다.

하지만 현재로선 관광 분야 벤처기업에 대한 지원책은 많지 않다. 문화체육관광부와 관광공사가 지원하는 관광사업체 융자 지원이 거의 유일하다. 관광업 중심의 창업지원센터도 없다. 은행 대출이나 벤처기업 지정도 쉽지 않다. 김배호 한국관광공사 관광벤처팀장은 "각 분야에서 나온 다양한 사업 아이디어들이 장기적이고 안정적으로 성장할 수 있도록 지원을 아끼지 않겠다."며 "정부와 민간의 더 많은 투자와 지원이 필요하다."고 지적했다.

출처: 조선일보(2012. 8. 12). 김치공장도 스토리 · 아이디어 입히면 세계적 관광지 된다

4 세계관광의 발전

세계관광의 발전과정을 이해하는 것은 관광의 개념을 정립하는 데 많은 도움을 준다. 원시시대에는 식량, 기후, 안전을 위해 다른 지역으로 이동을 했다. 따라서 이동이라는 관점에서 관광과 공통점을 찾을 수 있지만 현대에서 말하는 진정한 의미의 관광이라고 보기는 어렵다. 그리스 · 로마시대에는 귀족, 성주, 부호, 성직자, 기사 등 특권층 중심의 관광이 이루어졌다. 그리스시대에는 고대올림픽이나 신전참배를 위해 다른 지역을 여행했으며 로마시대에는 종교, 예술, 요양, 탐구, 식도락 여행이 성행하였다. 중세시대에는 종교적 억압이 강하여 일반인의 관광이 제한되었으며 관광의 암흑기라고 할 수 있다. 이때의 지역 교류는 실크로드를 통한 무역이나 십자군전쟁 등에 국한되어 관광이 발전되지 않았다. 그러다가 문화의 전성기인 르네상스시대에 이르러 관광도 발전하였다. 귀족 자녀들이 유럽 전역을 여행하던 대여행(grand tour)이 생겨나고 교양관광도 늘어나는 등 관광이 다양하게 전개되었다. 19세기부터는 상업적인 대중관광산업이 시작되었다. 1841년 토마스 쿡(Thomas Cook)에 의한 단체여행과 여행사가 등장한 시기도 이때이다. 그러나 20세기 전반기에 세계대전과 경제공항으로 인해 관광산

업도 위축되었다. 20세기 후반기에 들어서면서 교통기술의 발달, 소득 증대, 여가시간 증대, 냉전시대 종식, 개방화로 인해 본격적인 세계관광 시대가 되었다. 특히 항공기술의 발달은 관광의 세계화와 대중화에 크게 공헌하였다. 21세기는 대안관광(alternative tourism), 복지관광(social toursims), 체험관광(experience tourism), 개인관광(individual tourism) 등 다양한 관광의 형태가 나타나고 있다.

- **원시시대 :** 식량, 기후, 안전을 위한 이동
- **그리스 · 로마시대 :** 귀족, 성주, 부호, 성직자, 기사 등 특권층 중심의 관광
- **중세시대 :** 종교적 억압의 시대로 관광의 암흑기
- **르네상스시대 :** 대여행(grand tour), 교양관광
- **19세기 :** 토마스 쿡 등 상업적 여행사 등장
- **20세기 전반기 :** 세계대전과 경제공황으로 인해 관광산업 위축
- **20세기 후반기 :** 교통기술의 발달, 소득 증대, 여가시간 증대, 냉전시대 종식, 개방화로 인해 본격적인 세계관광 시대
- **21세기 :** 대안관광, 복지관광, 체험관광, 개인관광 등 다양화

5 한국관광의 발전

세계관광의 역사처럼 한국관광의 역사도 고대시대부터 살펴볼 수 있겠지만 전체적인 흐름이 유사하므로 우리나라 관광의 역사는 현대사에 초점을 맞추고자 한다. 1948년 대한민국 정부가 수립된 후 국가의 안정을 찾기도 전에 6 · 25전쟁이 발발하였다. 전쟁은 국토를 파괴하고 정치와 경제를 피폐하게 만들어 관광은 중요 정책 사항이 되지 못했다. 그러다가 1954년 교통부에 관광과가 설치됨으로써 정부 행정조직에 관광 담당부서가 처음 만들어졌고, 1957년 세계관광기구(UNWTO)의 전신인 국제관광연합(IUOTO)에 가입하였다.

1960년대는 한국관광산업의 기반조성과 국제관광자 유치를 위한 체제정비시기였다. 정부의 경제개발계획 추진과정에서 외화획득은 물론이고 전통문화의 국제적 전파를 위해 관광 관련 법률과 행정기관의 조직이 확립되기 시작하였다. 1961년 관광사업

진흥법이 제정되었고, 1962년 한국관광공사의 전신인 국제관광공사 설립되었다. 1963년 교통부 관광과가 관광국으로 승격되었고, 한국관광협회중앙회의 전신인 대한관광협회가 설립되었다. 1965년 관광부문의 국제회의인 제14차 태평양지역관광협회(PATA) 총회를 우리나라에서 개최하였으며, 1967년 공원법을 제정하고 지리산을 최초의 국립공원으로 지정하였다.

1970년대는 관광기본법 제정 및 관광단지가 개발되었다. 1972년 관광진흥개발기금이 설립되었고, 1975년에는 관광산업을 국가 전략산업으로 지정하여 관광기본법으로 제정하고, 관광단지개발촉진법에 의해 경주보문단지와 제주중문단지의 기반시설 개발을 착수하였다.

1980년대는 국제관광과 국민관광의 조화로운 발전을 추구하는 성장과 도약의 시기였다. 1981년 국민관광지를 개발하기 시작하였고, 1983년 53차 서울 ASTA(미주여행업자협회) 총회를 계기로 외래관광객을 다원화하였으며, 1986년 아시안게임과 1988년 서울올림픽 개최하면서 한국의 관광을 세계에 알릴 수 있게 되었다. 1989년 해외여행 자유화가 실시되어 대한민국 국민이면 누구나 자유롭게 해외를 여행할 수 있게 되었다.

1990년대에는 관광산업이 축제, 컨벤션 등으로 확장되고 관광의 위상이 높아졌다. 1993년 대전엑스포가 개최되었고, 1994년 아시아태평양관광협회(PATA) 연차총회를 개최하였다. 1996년 문화관광축제를 지정하여 지역의 축제를 지원하기 시작하였다. 1994년 교통부에서 주관하던 관광업무가 문화체육부로 이관되었고, 1998년 문화체육부가 문화관광부로 개칭됨에 따라 관광이 처음으로 정부조직의 부로 승격되었다. 1999년에는 5대 국정지표의 하나로 '문화관광의 진흥'이 포함되었다. 1996년 한국관광연구원이 설립되어 관광에 관한 전문연구기능을 하는 기구가 설립되었다. 한편 1998년 IMF로 인해 많은 관광업체가 도산하는 위기를 맞았다.

2000년대는 월드컵과 한류 등 세계 속의 한국관광이 도약함과 동시에 테러, 전쟁, 질병, 경기침체 등 국내외 환경의 악화로 고난의 시기를 겪었다. 2000년 아시아 · 유럽정상회의(ASEM) 개최하였고, 외래관광객 수와 해외관광객 수가 각각 500만을 돌파하였다. 2002한일월드컵을 개최하여 1988 서울올림픽 이후 메가이벤트를 유치하게 되었다. 2005년 해외관광객이 1,000만 명을 돌파하였고, 2012년 외래관광객이 1,000만 명을 돌파하였다. 그러나 2001년 9 · 11테러, 2003년 이라크전쟁과 SARS(급성호흡기증후군), 2009년 신종플루 등은 관광산업을 위축시켰다. 이상 국내 관광산업의 발전과정을 정리하면 〈그림 1-7〉과 같다.

1950년대
- 6·25전쟁으로 국토 파괴, 관광은 중요 정책사항이 아니었음
- 교통부에 관광과 설치

1960년대
- 관광사업진흥법 제정, 공원법 제정, 지리산이 최초의 국립공원으로 지정됨
- 한국관광공사의 전신인 국제관광공사 설립

1970년대
- 관광진흥개발기금 설립, 관광기본법 제정
- 경주 보문단지와 제주 중문단지 기반시설 개발 착수

1980년대
- 국민관광지 개발 시작
- 1986 아시안게임, 1988 서울올림픽 개최

1990년대
- 1993년 대전엑스포 개최
- 정부조직에 문화관광부 개설

2000년대
- 2002 한일월드컵 개최, 해외관광객/외래관광객 1,000만 명 시대
- 9·11테러, 이라크전쟁, SARS, 신종플루 등으로 관광산업 위축

그림 1-7 한국관광의 발전과정

6 관광의 효과

관광을 통해서 얻게 되는 효과는 다양하다. 관광객 입장에서 얻게 되는 긍정적인 효과는 견문 확대, 이해 증진, 가치관의 변화, 세계화된 상품 개발 등이 있다(〈그림 1-8〉 참조).

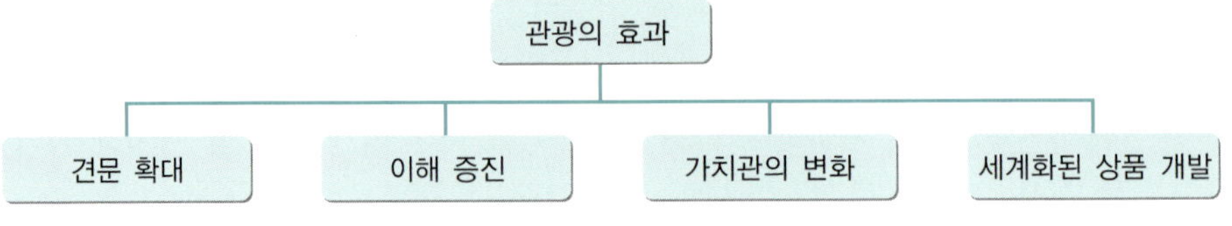

그림 1-8 관광의 효과

1) 견문 확대

관광객은 관광을 통해 타 지역의 문화, 예술, 건축 등을 보고 들으며 견문을 넓힐 수 있다. 대학생들은 유럽에 배낭여행을 많이 가는데, 유럽의 역사와 문화 그리고 전통이 깃든 유적과 유물을 만날 때마다 깊은 감동을 얻게 된다. 어려운 역경을 딛고 경제적 성장을 이룬 국가를 방문해도 배우는 것이 많다. 관광을 책으로만 보던 세계 유수의 작품과 건축물을 직접 눈으로 확인하고 몸으로 체험하는 기회가 된다.

▮그림 1-9▮ 영국 런던의 타워브리지와 싱가포르의 상징인 머라이언

출처: 저자 촬영

2) 이해 증진

사람들은 관광을 통해 상호 간의 문화, 종교, 가치관, 생활양식을 이해하게 된다. 현지의 역사, 문화, 예술, 종교 등을 접하면서 그 지역에 대해 갖고 있던 선입견이나 오해가 사라지고 존경심을 가지고 대할 수가 있게 된다. 관광을 통해서 상호이해가 증진된다면 오해, 미움, 다툼, 전쟁이 줄어들고 그만큼 평화와 행복이 가득해질 것이다. 〈그림 1-10〉은 저자가 대학생들과 필리핀의 카비테라는 지역에 봉사여행을 갔던 때의 기록이다. 대학생들이 현지의 초등학생들에게 한국의 문화, 태권도, 한국어, 체육, 미술 등을 가르쳐주고 현지의 초등학생들은 자신들의 춤을 보여주면서 서로 교류하였다. 그 결과 서로 더 잘 이해하고 애정을 갖게 되었다.

▌그림 1-10▐ 필리핀 카비테의 봉사여행

출처: 저자 촬영

3) 가치관의 변화

관광은 자문화 우월주의 또는 타문화 사대주의로부터 벗어나고, 인류와 환경에 대한 존경심을 생성하고, 문화충격(culture shock)과 더불어 가치관 변화에 영향을 준다. 사람들은 자신도 모르는 사이에 경제적으로 빈곤한 국가에 대해서는 무시하고 스스로 우쭐대는 경향이 있다. 반대로 강대국에 대해서는 부러움과 동시에 자신의 문화에 대해서는 창피해하곤 한다. 그러나 여러 지역을 여행하다보면 이런 편견이나 오해가 사라지는데, 어떤 문화도 더 우월한 것은 없으며 모두 존경할 만한 가치를 지니고 있다는 것을 발견하게 된다. 저개발국가 공항에서 만나게 되는 입국심사원의 느릿한 업무태도에 한국 사람들은 불평을 하지만 며칠간의 여행을 마치고 출국하기 위해 다시 공항에 돌아올 때 쯤에는 그것이 '느림'이 아니라 '여유로움'이라는 것을 깨닫게 된다. 또한 그동안 너무 숨 가쁘게 살았던 것은 아닌가 하는 반성도 하게 된다. 물론 이런 생각을 공항이 아니라 다른 장소에서 가지게 되는 사람도 있다. 아무튼 사람들은 관광을 통해서 깨닫고 생각하고 배우고 가치관의 변화를 경험하게 된다.

■그림 1-11■ 태국 방콕 짜오프라야 강가의 새벽사원과 터키 이스탄불의 이슬람사원

출처: 저자 촬영

4) 세계화된 상품 개발

다른 지역을 여행하면서 보게 된 상품과 디자인을 우리나라에 접목시킨다면 세계화된 상품을 개발할 수 있다. 이것은 여행이 단순 소비가 아닌 생산을 위한 시찰이자 답사가 될 수 있다는 것을 말해준다. 그래서 대학생과 같이 젊은 사람들은 우리 국가의 미래를 위해서 자주 여행을 다닐 수 있도록 권장해야 한다. 귀한 자식일수록 여행을 보내라고 하지 않던가! 〈그림 1-12〉 왼쪽 사진은 배를 타고 호주 시드니의 경관을 관람하는 것인데 오페라하우스와 하버브리지 그리고 그 너머에 있는 멋진 건물들이 하늘과 바다와 조화를 이루면서 장관을 만들고 있다. 이런 것을 경험하면서 우리나라의 도시환경을 어떻게 설계할 것인지 또는 관광 인프라를 어떻게 구상할 것인지 상상할 수 있다.

■그림 1-12■ 호주 시드니와 쇼핑센터

출처: 저자 촬영

7 관광학의 연구영역

관광학의 연구영역은 크게 관광정책, 관광자원, 관광개발, 관광기업, 관광객으로 나누어 볼 수 있다. 관광정책은 국가와 국민의 관광진흥을 위한 관광행정, 법, 계획, 개발에 관한 정책을 연구하는 분야이다. 관광자원은 관광 대상이 되는 자연과 문화자원에 대해 연구를 하는 분야이다. 관광개발은 관광자원의 가치를 증대하고 유지하기 위한 개발에 관한 연구를 하는 분야이다. 관광기업에 대한 연구는 여행사, 호텔, 항공, 외식, 면세점 등에 대한 경영, 서비스, 상품기획, 마케팅, 종업원 관리 등을 분석한다. 관광객에 대한 연구는 관광객의 심리, 사회문화적 배경, 인구통계(성별, 나이, 소득, 직업) 특성에 따른 의사결정과 관광행동의 관계를 분석한다.

초기의 관광학 연구영역은 관광의 경제적 현상에 집중되었으나 관광산업이 발전하면서 사회문화, 심리, 지리, 환경 등 다양한 분야로 확대되고 있다. 따라서 다른 학문과 연계하여 연구되는 경우가 종종 있는데 사회학, 심리학, 지리학, 민속학, 인류학, 경제학, 경영학, 생태학, 조경학, 교통학, 행정학, 법학 등이 관광 현상을 규명하는 데 활용되고 있다.

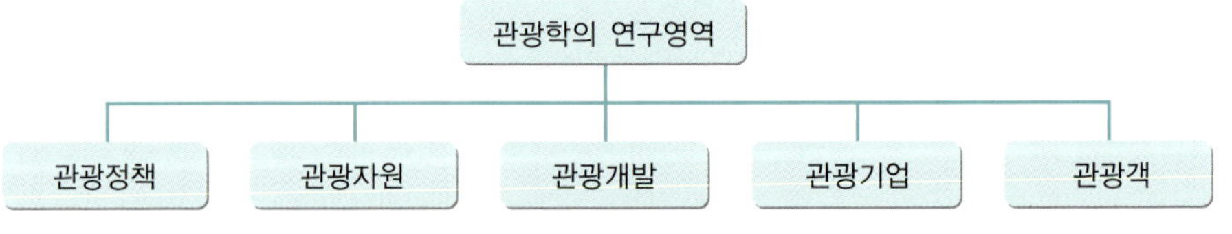

그림 1-13 **관광학의 연구영역**

학·습·정·리

- 관광이라는 용어는 주역의 관국지광(觀國之光)에서 유래되었으며 타국의 훌륭한 문물, 풍속, 제도 등을 시찰한다는 의미를 가지고 있다.
- 관광의 구조는 관광주체, 관광객체, 관광매체로 구성된다.
- 관광은 거주지와 관광지의 위치, 관광목적, 숙박 여부, 기획 여부 등에 따라 분류한다.
- 세계관광은 과거에 특권층 위주로 시행되다가 19세기에 대중관광이 시작되었으며 20세기에 들어 교통기술 발달, 소득 증대, 개방화 등으로 인하여 대중화되었다.
- 한국관광은 대한민국 정부수립 이후 전쟁과 빈곤의 아픔을 딛고 꾸준히 성장하였으며 2005년 해외관광객 1,000만 명, 2012년 외래관광객 1,000만 명 시대를 열었다.
- 관광을 통해서 견문 확대, 이해 증진, 가치관의 변화, 세계화된 상품개발 등의 긍정적인 효과를 얻을 수 있다.
- 관광학은 관광정책, 관광자원, 관광개발, 관광산업, 관광객 등에 대해서 연구하는 학문으로 사회학, 심리학, 지리학, 민속학, 인류학, 경제학, 경영학, 생태학, 조경학, 교통학, 행정학, 법학 등과 연계하기도 한다.

연 · 습 · 문 · 제

01 주역에서 말하는 관광(觀光)의 의미는 무엇인가?

① 과거(科擧)를 보러 감
② 다른 지방이나 다른 나라의 문물, 풍속, 제도를 시찰함
③ 이동성을 강조하여 돌아다닌다는 뜻
④ 즐거움, 위락, 휴가, 스포츠, 사업, 친구, 친척방문, 업무, 회의, 건강, 연구, 종교 등을 목적으로 관광지를 24시간 이상 1년 이내 체류하는 것

02 거주지와 관광지 위치에 따른 분류로 적절치 않은 것은?

① 외래관광(inbound tourism) : 외국인이 국내를 관광
② 국내관광(intrabound tourism) : 내국인이 국내를 관광
③ 해외관광(outbound tourism) : 내국인이 해외를 관광
④ 외국관광(overseasbound tourism) : 외국인이 해외를 관광

03 관광의 발전시기 중 대여행 시대(grand tour)는 언제인가?

① 그리스 · 로마시대
② 중세시대
③ 르네상스시대
④ 20세기 전반기

정답 1. ② – 관광이라는 용어는 주역의 관국지광(觀國之光)에서 유래되었으며 타국의 훌륭한 문물, 풍속, 제도 등을 시찰함
2. ④ – 거주지와 관광지 위치에 따른 분류에는 국내관광, 해외관광, 외래관광이 있다.
3. ③ – 르네상스시대에 대여행(grand tour) 시대가 열림

참 · 고 · 문 · 헌

김광근, 한동윤, 김형섭, 전영상, 이준호, 권정택, 장세목, 장경수 (2003). **관광학원론**. 서울: 백산출판사.

손대현 (2001). **한국문화의 매력과 관광이해**. 서울: 백산출판사.

양영근 (2002). **관광학의 이해**. 서울: 백산출판사.

하동현, 변우희, 조문식 (2006). **관광학원론**. 서울: 한올출판사.

McIntosh, R. (1977). *Tourism: principles, practices, philosophies*. Columbus.

남이섬(http://www.namisum.com)

테마투어(http://www.tmtour.co.kr)

하나투어(http://hanatour.co.kr)

한국관광공사(http://kto.visitkorea.or.kr)

Chapter 02

관광 동향

1. 세계관광 동향
2. 외래관광 동향
3. 해외관광 동향

관광 동향

| 학습목표 |

- 세계관광 동향을 분석하고 설명할 수 있다.
- 외래관광 동향을 분석하고 설명할 수 있다.
- 해외관광 동향을 분석하고 설명할 수 있다.

생각열기

외래관광객 수가 가장 많은 나라는 어디일까?

미국이 강대국이니까 외래관광객이 가장 많을 것이라고 생각하는 사람도 있고, 유럽의 전통을 간직한 영국, 프랑스, 이탈리아 중 하나가 최고라고 생각하는 사람도 있을 것이다. 또는 최근 급성장하고 있는 중국을 제1 관광지로 손꼽는 사람도 있을 것이다. 이에 대한 해답은 통계자료를 보면 바로 알 수 있다. 세계관광기구(UNWTO)와 같은 국제기구에서는 해마다 또는 월마다 세계관광동향을 발간한다. 우리나라에서는 문화체육관광부나 한국관광공사에서 관광자료를 수집하고 이를 수치화하여 일반에 공개하고 있다. 이런 통계 결과를 통해서 현재의 동향, 과거로부터의 추세, 미래 예측 등 현황파악 및 의사결정에 도움을 얻을 수 있다. 따라서 관광학도는 평소에 관광통계에 주목하고 최신 정보를 습득할 필요가 있다.

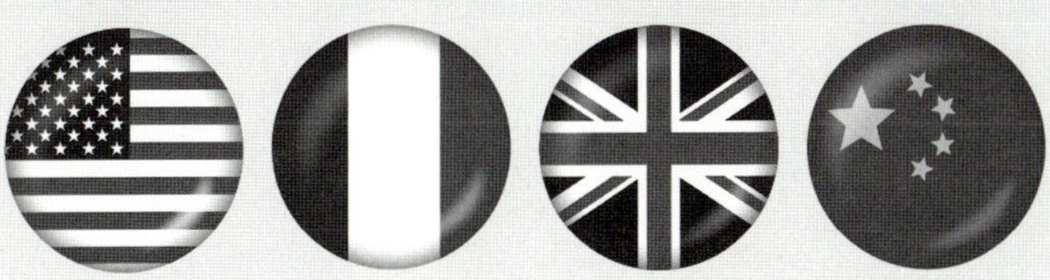

1 세계관광 동향

1) 연도별 성장

세계의 관광시장은 연평균 4% 정도의 성장을 지속하고 있다. 2001년 9·11테러와 세계적인 경기침체, 그리고 2003년 이라크전쟁과 SARS 등으로 성장이 둔화되긴 했지만 전반적으로 꾸준히 성장하여 2002년 7억 명, 2005년 8억 명, 2007년 9억 명, 2011년 9억 8천만 명을 돌파하였다. 현재의 추세를 유지한다면 2020년에는 약 15.6억 명으로 관광객 수가 증가할 것으로 세계관광기구(UNWTO, tourism 2020 vision)는 예측하고 있다. 또한 세계여행관광협의회(WTTC)에서는 2018년쯤 관광이 세계 GDP의 10.5%, 세계 총 고용의 9.2%가 될 것으로 예상하고 있다. 세계관광수입도 1990년 2천 8백억 달러에서 2000년 4천 9백억 달러로 늘어났고, 2011년에는 1조 달러를 달성하였다.

이러한 성장 배경에는 각 나라가 고부가가치를 창출할 수 있는 전략사업으로 관광을 육성하고 있기 때문이다. 그리고 세계화 및 개방화, 교통·통신 기술의 발달, 삶의 질

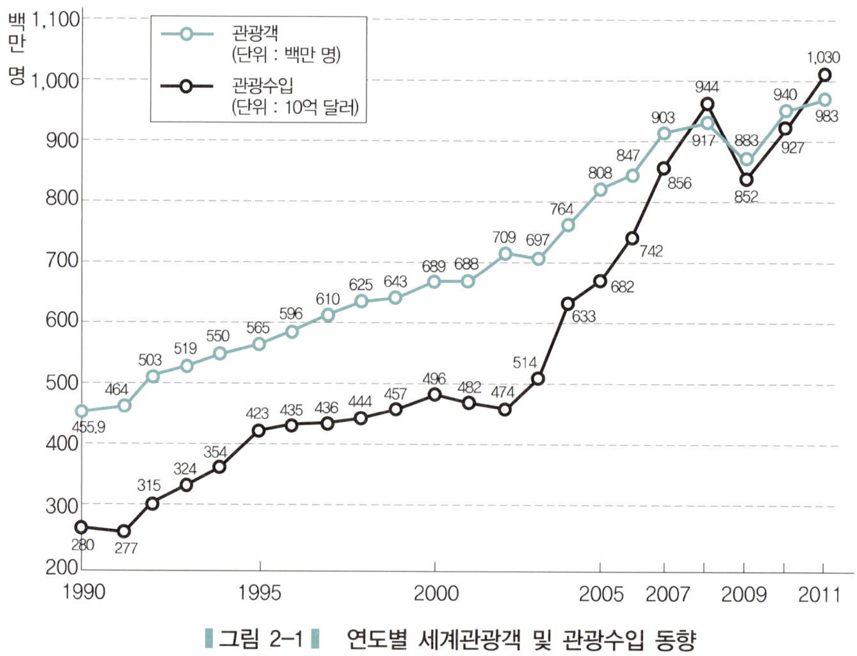

그림 2-1 연도별 세계관광객 및 관광수입 동향

출처: 문화체육관광부(2010a)

의식 전환, 가처분 소득 증가, 여가시간 증대 등의 현상이 관광을 더욱 활성화하는 결과가 되었다.

2) 방문목적과 교통수단

세계관광기구(UNWTO)의 조사에 따르면, 관광객의 방문목적은 여가/위락/휴가(51%), 친지방문/종교(27%), 사업/전문활동(15%), 기타(7%) 등으로 나타났다. 순수 관광목적은 전체의 절반 정도이며 그 밖에 다른 여러 가지 이유로 국가 간 왕래가 일어나고 있음을 알 수 있다.

관광을 위해 이용하는 교통수단은 항공(51%), 도로(41%), 기차(2%), 수로(6%) 등으로 항공과 도로가 대부분을 차지하고 있음을 알 수 있다. 해외여행을 할 때 주로 항공을 많이 이용할 것 같지만 유럽이나 미주 등 여러 나라가 서로 인접해 있는 경우 다른 국가를 여행할 때 도로를 많이 이용한다.

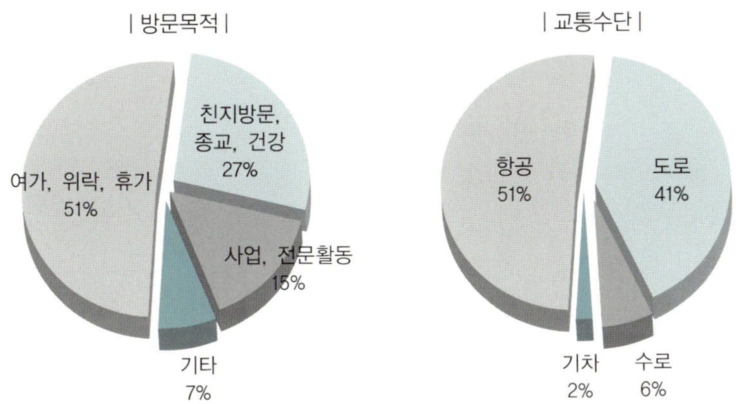

그림 2-2 관광의 방문목적과 교통수단

출처: UNWTO(2012)

3) 지역별 분포

전 세계적으로 외래관광객이 가장 많은 지역은 어디일까? 〈그림 2-3〉의 그래프를 보면 유럽에만 50% 이상의 외래관광객이 방문하는 것을 알 수 있다. 유럽에는 문화 관광자원이 풍부하고 자연 관광자원도 많기 때문일 것이다. 또 여러 국가가 밀집되어 있어 여러 나라를 방문할 수 있다는 것도 큰 매력으로 작용하는 것 같다. 각 지역별 관광객의 점유율을 자세히 살펴보면 유럽(51.3%), 아태지역(22.1%), 미주(15.9%), 아프리카(5.1%), 중동(5.6%) 순으로 분포되어 있다. 과거에는 세계관광시장에서 미주지역이 2위를 차지하였으나 2001년부터 아태지역이 2위로 도약하여 그 상태를 유지하고 있다. 이것은 미국의 9·11 테러 이후 입국심사가 강화된 점과 아태지역, 특히 중국을 비롯한 동남아 국가들의 급성장에 따른 결과로 판단된다. 아태지역의 관광시장은 연평균 6.5%씩 성장하고 있는데 세계 평균 4%와 유럽·미주지역의 평균 4%를 감안하면 높은 성장률을 보이고 있다. 아프리카와 중동 시장은 아직 규모가 작지만 성장속도가 빨라서 향후 새로운 관광시장으로서 잠재력이 높은 곳이라고 할 수 있다.

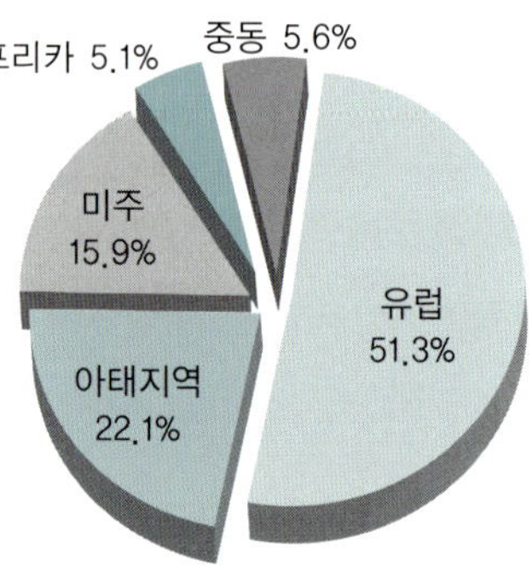

그림 2-3 대륙별 관광객 점유율

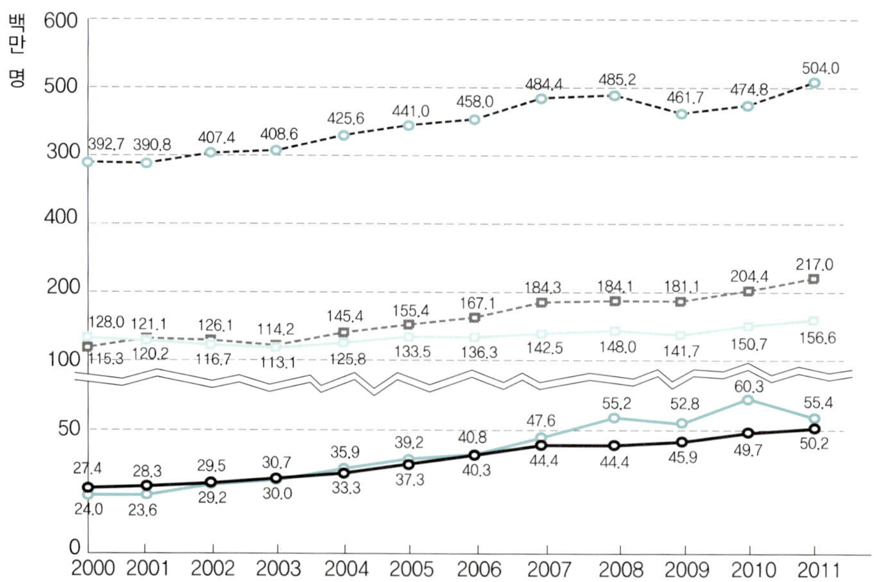

그림 2-4 지역별 관광객 분포

출처: 문화체육관광부(2012a)

4) 주요 국가별 분포

주요 국가별 외래관광객 순위를 살펴보면 프랑스, 미국, 중국, 스페인, 이탈리아, 터키, 영국, 독일, 말레이시아, 멕시코 순으로 관광객을 많이 유치하고 있다. 이들은 대체로 강대국일 뿐만 아니라 오랜 역사와 문화를 보유하고 있어서 관광객들에게 선망의 대상이 되고 있다. 한 가지 흥미로운 것은 해마다 다른 나라의 순위는 바뀌지만 프랑스는 계속 1위를 고수하고 있다는 것이다. 프랑스는 에펠탑, 개선문, 루브르박물관, 몽마르트 언덕, 베르사유 궁정 등 이름만 들어도 낭만적이고 매혹적인 관광자원이 많아 전 세계관광객의 사랑을 받고 있다.

관광수입 순위는 미국, 스페인, 프랑스, 중국, 이탈리아, 독일, 영국, 오스트리아, 마타오, 홍콩 순으로 미국이 늘 1위를 차지하고 있다. 미국은 관광객 수도 많은데다 체류기간도 길기 때문에 이와 같은 결과가 나온 것으로 생각된다. 관광지출 순위는 독일, 미국, 중국, 영국, 프랑스, 캐나다, 러시아, 이탈리아, 일본, 호주 순으로 나타나 독일의 관광지출이 가장 높은 것을 알 수 있다. 캐나다, 러시아, 일본은 관광객 수와 관광수입에서는 순위에 없다가 관광지출에서 나타나고 있어 흥미롭다.

표 2-1 주요 국가별 외래관광객 수, 관광수입, 관광지출

순위	국가	관광객 수 (백만 명)	국가	관광수입 ($10억)	국가	관광지출 ($10억)
1	프랑스	79.5	미국	116.3	독일	82.9
2	미국	62.3	스페인	59.9	미국	76.2
3	중국	57.6	프랑스	53.8	중국	72.3
4	스페인	56.7	중국	48.5	영국	36.7
5	이탈리아	46.1	이탈리아	43.0	프랑스	29.8
6	터키	29.3	독일	38.8	캐나다	27.3
7	영국	29.2	영국	35.9	러시아	26.5
8	독일	28.4	오스트리아	31.4	이탈리아	24.8
9	말레이시아	24.7	마카오	30.0	일본	22.3
10	멕시코	23.4	홍콩	27.7	호주	20.9

출처: UNWTO(2012)

2 외래관광 동향

1) 연도별 성장

우리나라를 방문하는 외래관광객도 해마다 성장하고 있다. 1970년 17만 명 수준이었던 것이 1978년 처음으로 100만 명을 넘어섰고, 1988년 200만 명, 1991년 300만 명, 1998년 400만 명, 2000년 500만 명, 2005년 600만 명, 2009년 700만 명, 2010년 800만 명, 2011년 900만 명을 각각 돌파하였다. 그리고 2012년 1,000만 외래관광객 시대를 열었다. 한국관광은 2000년대 중반부터 한류와 중국 관광객 증가에 힘입어 해마다 가파르게 상승하고 있다. 우리나라에서도 2001년 9·11테러와 세계적인 경기침체의 여파로 인해 외래관광의 성장세가 다소 둔화되었으며, 2003년 이라크전쟁과 SARS의 영향도 크게 받았다.

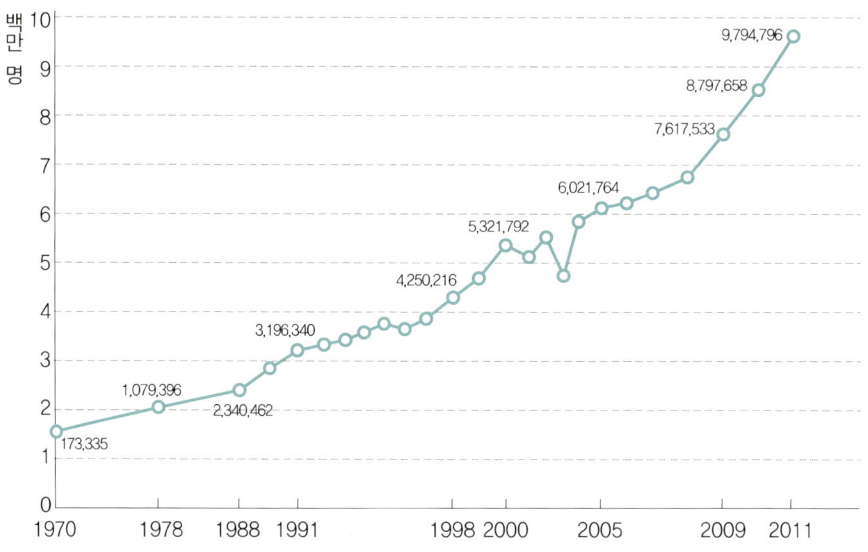

그림 2-5 외래관광객 입국 현황

출처: 문화체육관광부(2012a)

2) 주요 국가별 분포

우리나라를 방문하는 외래관광객의 국가별 분포를 살펴보면 일본, 중국, 미국, 대만, 필리핀, 태국, 홍콩, 말레이시아, 러시아, 싱가포르 순이다. 여기에서 주목할 것은 아시아 관광객이 전체의 80%에 달한다는 것이다. 보통 외래관광객이라고 하면 금발의 서양인을 연상하지만 우리의 실제 외래관광객은 아시아인이고 그 중에서도 일본인과 중국인이 차지하는 비중이 매우 높다. 특히 일본은 대부분 관광목적(97.5%)으로 방한하기 때문에 더욱 중요한 고객이라고 할 수 있다. 또 하나 관심 있게 보아야 할 점은 중국 관광의 성장세다. 2013년 중국 관광객이 처음으로 일본을 제치고 우리나라의 제1 외래관광객이 되었다.

▮표 2-2▮ 연도별, 국적별 외래관광객 분포 추이

순위	국적	관광객 수(명)	구성비(%)	방문 목적(%)			
				관광	상용	공용	기타
1	일본	3,289,051	33.6	97.5	0.98	0.1	2.4
2	중국	2,220,196	22.7	59.1	4.4	0.1	36.3
3	미국	661,503	6.8	73.6	1.7	2.4	22.4
4	대만	428,208	4.4	97.3	0.2	0.0	2.6
5	필리핀	337,268	3.4	25.9	0.8	0.2	73.0
6	태국	309,143	3.2	80.1	0.2	0.0	19.7
7	홍콩	280,849	2.9	96.5	0.2	0.0	3.3
8	말레이시아	156,281	1.6	85.3	0.7	0.0	14.1
9	러시아	154,836	1.6	41.8	4.9	0.1	53.2
10	싱가포르	124,565	1.3	86.2	1.4	0.0	12.4

출처: 한국관광공사 관광통계(2011. 1. 12)

3) 외래관광객 활동

우리나라를 방문하는 외래관광객 활동은 여가/위락/휴가가 42.4%로 가장 높게 나타났지만 전체의 절반에도 못 미치는 수준이다. 또한 국내에서 3일 이내로 체류하는 관광객이 많아서 앞으로 더 많은 관광객을 유치하고 오래 체류할 수 있는 상품 개발이 절실하다. 외래관광객의 다른 활동으로는 사업/전문활동 31.1%, 친구/친지방문 10.6% 등의 분포를 이루고 있다. 최근 쇼핑과 교육목적으로 우리나라를 방문하는 외국인이 늘고 있어서 이에 대한 인프라와 수용태세를 갖추어야 하겠다.

표 2-3 외래관광객의 방한 목적

구분	2011년	2010년	2009년	2008년	2007년
여가/위락/휴가	42.4	51.3	47.6	40.4	42.2
사업/전문활동	31.1	32.2	36.3	42.0	40.3
친구/친지방문	10.6	11.4	11.5	11.5	11.5
쇼핑	9.2	–	–	–	–
교육	4.6	–	–	–	–
종교/순례	0.9	0.6	0.9	0.6	0.8
건강/치료	0.3	0.2	0.2	0.2	0.2
기타	0.5	4.3	3.5	5.3	5.0

출처: 문화체육관광부(2012b)

우리나라를 방문하는 외래관광객의 방문지는 서울(79.7%)에 편중되어 있다. 1995년 지자체 실시 이후 각 지역에서 관광을 육성하고 있지만 아직까지 분산효과는 높지 않은 것 같다. 일본만 하더라도 동경 이외에 교토, 벳부, 홋카이도 등 여러 지역이 관광지로 잘 개발되어 있고 중국도 북경, 상해, 장가계, 해남도 등 지역 관광상품이 즐비한데 반해 우리나라는 아직 부족한 실정이다. 앞으로 지역관광을 강화해서 외래관광객의 지역 분산화에 힘써야겠다.

그림 2-6 방문권역

출처: 문화체육관광부(2012b)

서울에서 외래관광객이 가장 많이 방문하는 장소는 명동(55.3%)이다. 그 다음으로 동대문시장(45.8%), 남대문시장(33.7%)이 인기가 있는데 1, 2, 3위 모두 쇼핑지역이다.

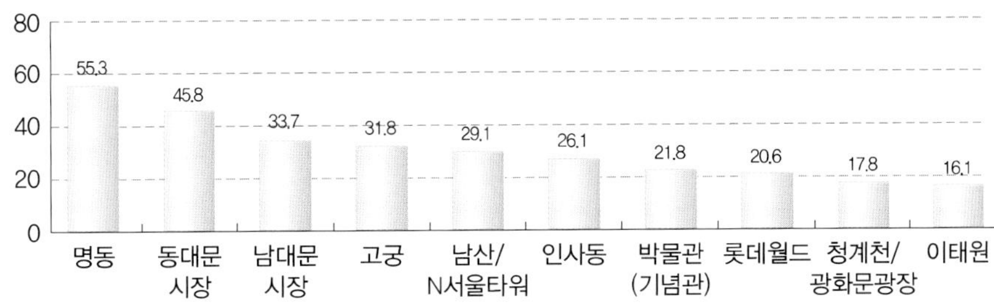

▮그림 2-7▮ 서울 방문지

출처: 문화체육관광부(2012b)

관광객이 쇼핑을 많이 하면 관광수입이 늘어나 좋은 면도 있지만, 우리의 전통문화가 아닌 염가쇼핑지가 상위권에 있다는 것은 한국관광 이미지에 어떤 영향을 줄지 우려가 된다.

외래관광객들이 우리나라를 여행하면서 인상 깊었던 점은 무엇일까? 〈그림 2-8〉과 같이 쇼핑하기가 좋다가 1위이고 그 다음으로 친절하다, 음식이 맛있다, 안전하다, 거리가 깨끗하다, 교통이 편리하다, 독특한 문화유산이 있다, 자연경관이 아름답다, 활기에 차 있다, 밤에 놀거리가 많다의 순이다. 쇼핑 항목은 과거에는 순위가 낮았으나 해마다 올라 이제는 1위가 되었다. 우리나라 사람들이 친절하다는 응답은 늘 최상위권에 있으며 그 밖에 음식, 안전, 깨끗함, 교통, 문화유산, 자연, 활기, 야간활동 등도 좋은 반응을 얻고 있다.

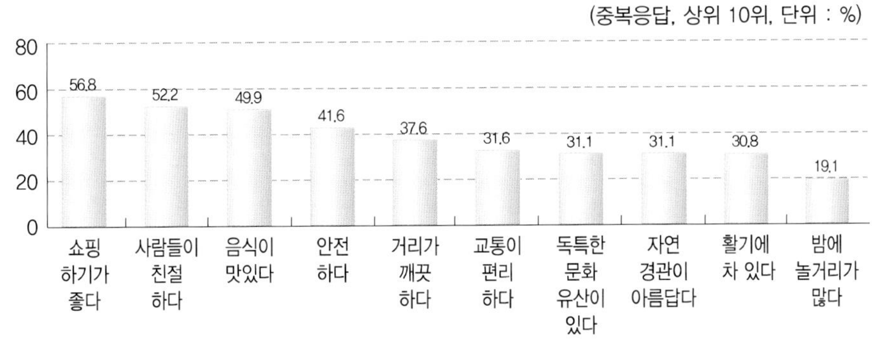

▮그림 2-8▮ 한국 여행 시 좋았던 점

출처: 문화체육관광부(2012b)

반면 우리나라를 여행하면서 겪었던 불편사항은 역시 언어소통이 가장 큰 문제로 꼽히고 있다. 더불어 안내표지판이 부족하다는 지적이 2위를 차지하였다. 이에 대한 해결책으로 국민의 영어 능력 향상과 영어 병기를 떠올리는 사람이 많겠지만 실제 외래관광객 중 일본인과 중국인이 많다는 점을 감안하면 일본어와 중국어에 대한 대응이 더 시급할 수 있다. 일본의 경우 중소도시에도 관광지에는 어김없이 일본어 아래에 한글이 병기되어 있다는 점을 참고할 필요가 있다.

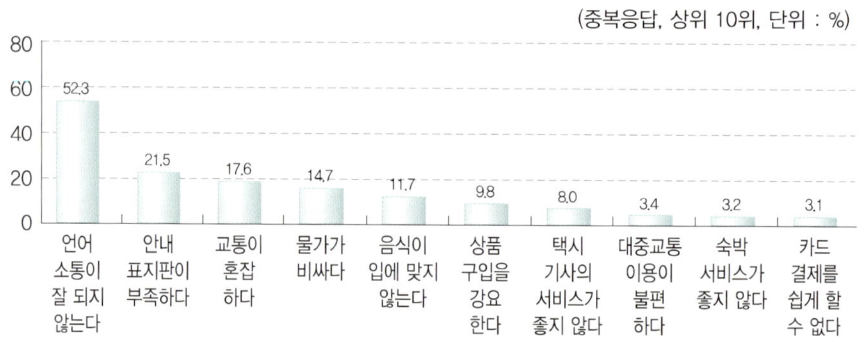

그림 2-9 한국 여행 시 불편사항

출처: 문화체육관광부(2012b)

3 해외여행 동향

1) 연도별 성장

우리 국민의 해외여행이 본격적으로 시작된 것은 1989년 해외여행 자유화가 실시되면서부터다. 1987년부터 연령별로 단계적으로 해외여행이 허용되다가 1989년 완전 해외여행 자유화가 되어 대한민국 국민이면 누구나 해외여행을 할 수 있게 되었다. 이 후 해외여행은 해마다 10~40%의 성장세를 보였는데, 1989년 처음으로 해외관광객이 100만 명을 넘어선 이래 1992년 200만 명, 1994년 300만 명, 1996년 400만 명, 2000년 500만명 2001년 600만 명, 2002년 700만 명, 2004년 800만 명을 각각 돌파했다.

그리고 2005년부터 해외관광객 1,000만 명 시대를 열었다. 한편 1998년 IMF, 2003년 이라크전쟁과 SARS, 2008년 조류독감, 2009년 신종플루로 인해 해외관광이 주춤하였다. 우리 국민의 주요 여행목적은 관광(54.8%), 상용(20.6%), 기타(14.9%), 방문시찰(8.6%) 순이다.

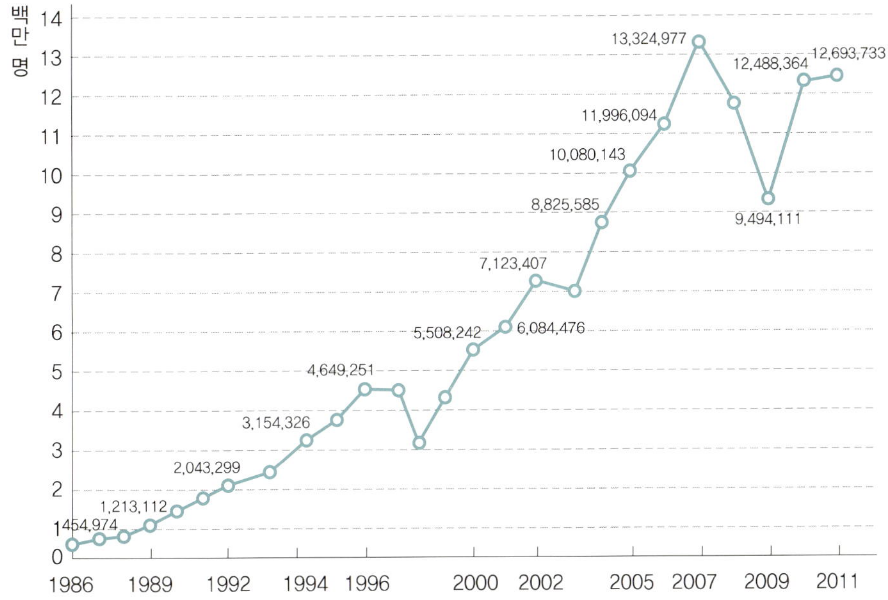

그림 2-10 연도별 해외여행객 수

출처: 문화체육관광부(2012a)

2) 주요 해외여행 국가

다양한 국가로의 해외여행이 증가하는 현상은 우리나라의 국제교류가 활발해지고 있다는 것을 보여준다. 우리나라 사람들이 방문하는 국가는 중국이 418만 명으로 가장 많고 일본이 168만 명으로 2위를 차지하고 있다. 1990년대까지는 일본으로의 출국자 수가 더 많았으나 2000년대에 들어서 중국으로의 출국자 수가 늘어나 양국 간의 격차가 해마다 커지고 있다. 중국, 일본 다음으로 태국, 홍콩, 미국, 필리핀, 베트남, 마카오, 싱가포르, 인도네시아 순으로 출국하고 있다. 이들 대부분은 아시아 국가인데 짧은 직장 휴가기간에 방문이 가능한 거리에 있기 때문으로 보인다.

표 2-4 주요 해외여행 국가

순위	행선지	관광객 수(명)	구성비(%)
1	중국	4,185,400	33.0
2	일본	1,685,127	13.1
3	태국	924,442	7.3
4	홍콩	922,715	7.3
5	미국	877,088	6.9
6	필리핀	686,901	5.4
7	베트남	482,772	3.8
8	마카오	398,807	3.1
9	싱가포르	385,238	3.0
10	인도네시아	294,506	2.3

출처: 한국관광공사(2009)

3) 해외여행 활동

한국관광공사(2009)에 따르면 해외여행자 중 1년에 1회 여행하는 사람이 42.7%로 가장 많고 이어서 2회(22.9%), 4회 이상(22.8%), 3회(11.5%)의 순이었다. 2회 이상이 전체의 57.3%를 차지하고 있어 해외여행이 점차 보편화되고 있다는 것을 알 수 있다. 〈그림 2-13〉에서 나타난 바와 같이 해외여행을 하는 가장 큰 이유는 '해외에는 볼거리가 다양'하다는 것이다. 이것이 우리나라에 볼거리가 없다는 의미는 아니다. 다만 해외에는 우리나라에서 볼 수 없는 독특한 현지의 문화와 볼거리가 있기 때문에 이를 체험하려고 여행하는 것이다.

해외여행 시 주요 활동은 관광지 방문(72.7%)과 쇼핑(69.5%)이며 그 밖에 식도락 관광(22.0%), 미팅/회의/학술대회/박람회(21.6%), 전통문화/공연체험(19.6%), 연수/교육/연구(15.3%) 등의 활동을 한다. 해외여행에 대한 정보를 얻는 방법은 인터넷(39.4%)이 가장 많고, 다음은 친지/친구/동료(27.5%), 여행사(17.7%) 등의 순이다. 여행 형태는 개별여행 57.2%, 전체 패키지 35.4%, 부분 패키지 7.4%순인데 개별여행의 비율이 해마다 높아지고 있다. 우리 국민의 해외여행 만족도는 73.5%가 만족한다고 답변하였다. 종종 뉴스나 신문에서는 일부의 사례를 들어 해외여행이 문제가 많다고 지적함으로써 관광기업에 대해 부정적인 선입견이나 불안감을 불러일으키곤 하는데 실제 대부분의 관광기업은 관광객의 만족스런 여행을 위해서 최선의 노력을 다하고 있다.

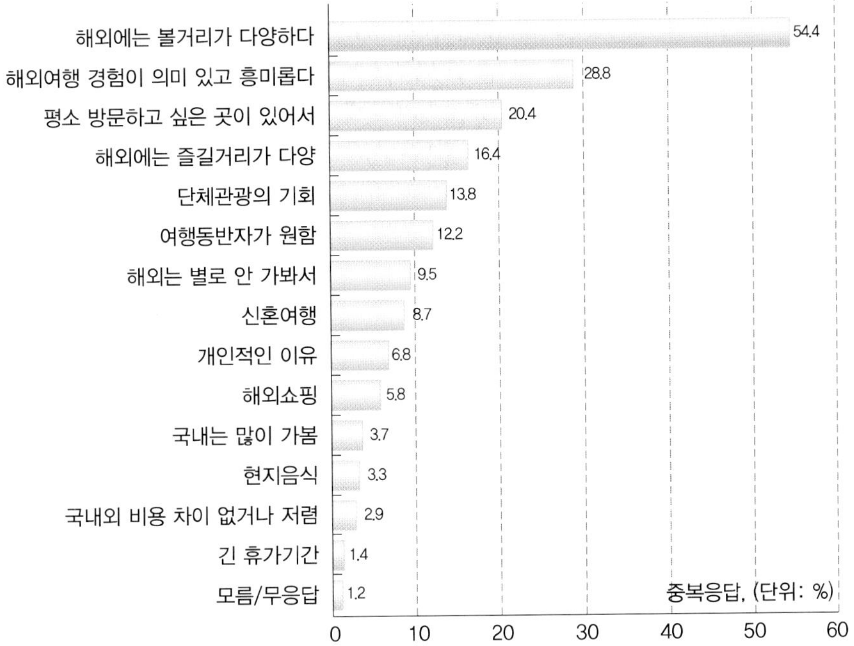

그림 2-11 해외여행을 하는 이유

출처: 한국관광공사(2009)

국내외 관광 동향을 파악할 수 있는 사이트

국내외 관광 동향을 파악할 수 정보를 제공해주는 사이트는 문화체육관광부 '발간자료', 한국관광공사의 '월간 관광시장 동향', 한국문화관광연구원의 '관광지식정보시스템' 등이 있다.

출처: 문화체육관광부(http://www.mcst.go.kr)

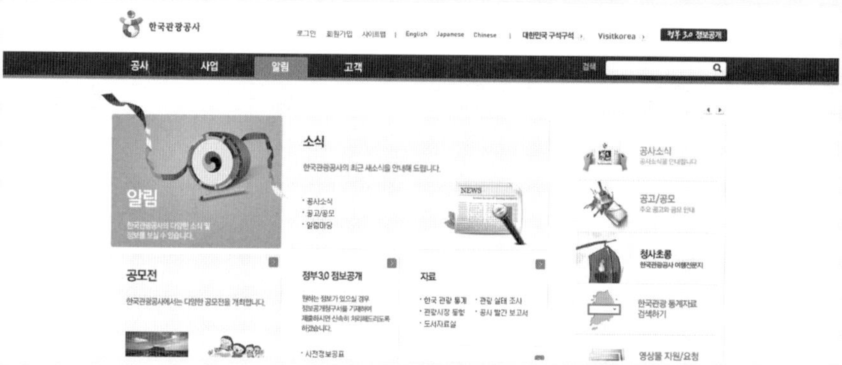

출처: 한국관광공사(http://kto.visitkorea.or.kr)

출처: 관광지식정보시스템(http://tour.go.kr/introduce/intro.asp)

학 · 습 · 정 · 리

- 세계 관광객 수는 연평균 4%씩 성장하고 있으며 2007년 9억 명을 돌파하였고, 2020년 15.6억 명이 될 것으로 예상된다.
  - 지역별로는 유럽, 아태, 미주, 중동, 아프리카 순이다.
  - 국가별로는 프랑스, 미국, 중국, 스페인 순이다.
- 우리나라를 방문하는 외래관광객은 해마다 성장하여 2005년 500만 명이 넘는 외국인이 우리나라를 방문하였고 2012년 처음으로 1,000만 명을 돌파하였다.
  - 지역별로는 아시아, 미주, 구주, 대양주, 중동/아프리카 순이다.
  - 국가별로는 일본, 중국, 미국, 대만, 필리핀 순으로 많이 입국하고 있다.
- 우리 국민의 해외여행은 해마다 10~40%씩 성장하여 2000년 500만 명, 2005년 1,000만 명을 넘어섰다.
  - 지역별로는 아시아의 비율이 83.1%로 매우 높다.
  - 국가별로는 중국, 일본, 태국, 홍콩 순으로 해외여행을 많이 하고 있다.

연 · 습 · 문 · 제

01 2012년 세계에서 외래관광객이 가장 많은 나라는 어디인가?

① 미국 ② 중국
③ 프랑스 ④ 한국

02 2012년 우리나라를 가장 많이 방문하는 나라는 어디인가?

① 일본 ② 중국
③ 필리핀 ④ 미국

03 2012년 우리나라 국민이 가장 많이 방문하는 국가는 어디인가?

① 일본 ② 중국
③ 필리핀 ④ 미국

정답 1. ③ – 프랑스, 스페인, 미국, 중국 순으로 외래관광객이 많다.
2. ① – 일본, 중국, 미국, 대만, 필리핀 순으로 많이 입국하고 있다.
3. ② – 중국, 일본, 태국, 홍콩 순으로 출국하였다.

참 · 고 · 문 · 헌

문화체육관광부 (2012a). 2011년 기준 관광 동향에 관한 연차보고서.
문화체육관광부 (2012b). 2011 외래관광객 실태조사.
한국관광공사 (2009). 2008 국민 해외여행 실태조사.
UNWTO (2012). Tourism Highlights 2012 Edition.

관광지식정보시스템(http://tour.go.kr/introduce/intro.asp)
한국관광공사 홈페이지(http://www.visitkorea.or.kr)

Chapter 03

관광과 사회

1. 사회구조와 관광의 관계
2. 한국 사회구조와 관광의 변화
3. 현대사회와 관광
4. 관광이 지역사회에 미치는 영향
5. 지역사회의 관광객 수용태도

관광과 사회

| 학습목표 |

- 사회구조와 관광의 관계에 대해 설명할 수 있다.
- 한국사회구조와 관광의 변화에 대해 설명할 수 있다.
- 현대사회와 관광의 관계에 대해 설명할 수 있다.
- 관광이 지역사회에 미치는 영향에 대해 설명할 수 있다.
- 지역사회의 관광객 수용태도에 대해 설명할 수 있다.

생각열기

중국사회와 관광서비스의 변화

출처: 저자 촬영

중국이 개방되었다고는 하지만 1990년대까지만 해도 아직 사회주의의 엄격함이 강했다. 중국공항 입국수속 시에도 분위기가 살벌해서 제대로 나갈 수 있을까, 포로로 잡혀가는 것은 아닌가 하는 걱정이 될 정도였다. 출국수속이 3시간이나 걸려 비행기를 놓쳐도 아무런 불평도 할 수 없었다. 출국수속이 끝나도 항공기 출발 시간이 늦는 것이 예사였고, 언제 탑승할 수 있을지 몇 시간씩 하염없이 기다릴 때도 있었다.

호텔이나 관광지에서도 종업원들은 경직된 표정으로 손님을 대했다.

2000년대에 들어 중국은 세계의 자본과 서비스가 유입되면서 국제적 수준에 맞는 시설을 갖추게 되었을 뿐만 아니라 사람들도 상냥하고 친절해졌다. 물론 모든 분야가 발전한 것은 아니지만 해마다 불편한 상황이 크게 개선되고 있는 것이 사실이다. 이처럼 중국사회의 변화가 관광산업에도 영향을 미치게 된 것을 알 수 있는데 이 장에서는 관광과 사회가 서로 어떤 영향을 미치는지에 관해서 살펴본다.

1 사회구조와 관광의 관계

1) 정치구조

- **공산주의/사회주의/독재정권 :** 대체로 자유로운 여행을 허가하지 않음
- **민주주의/자본주의 :** 대체로 자유로운 여행을 허가함

사회구조에 따라 관광에 대해 호의적이거나 비호의적인 특성을 가진다. 공산주의나 사회주의 또는 독재정권은 외부에 대해 폐쇄적인 경향이 있기 때문에 관광에 대해 비호의적인 경우가 많다. 자국민에게 여권을 쉽게 발급해주지 않아 해외로의 여행을 제한하고, 외래관광객에게는 비자발급을 까다롭게 하여 입국을 제한한다. 입국한 뒤에도 관광 가능한 지역이 정해져 있고 활동에도 제약을 받곤 한다. 이에 반해 민주주의나 자본주의 국가에서는 대체로 관광이 자유롭고 제약이 적어서 관광 산업이 활성화되어 있다.

2) 국가빈부

- 경제적으로 가난한 국가보다는 풍요로운 국가에서 관광이 활발함

국가의 빈부도 관광과 밀접한 관계가 있다. 경제적으로 풍요로운 국가는 국민의 여행이 활발하다. 여행을 가려면 비용이 많이 소요되기 때문에 생활고에 처해 있는 사람에게는 그림의 떡이다. 여행비용에 구애받지 않을 정도의 소득이 있어야 여행이 가능하다. 우리나라도 국가의 GNP가 높아지고 국민소득이 증가하면서 해외관광객 수가 늘어나고 있다. 또 경제적으로 부유한 국가는 관광인프라를 세련되게 구축할 수 있기 때문에 안전하고 편리한 관광서비스를 제공할 수 있어 외국인이 선호하는 관광지가 된다. 아시아 국가들 중 부국인 일본, 싱가포르, 홍콩 등은 관광 인프라가 잘 갖추어져 있기 때문에 외래관광객이 많이 방문한다.

3) 산업구조

- 농경사회보다는 산업도시사회에서 관광이 활성화됨

산업구조가 농경사회보다는 산업국가에서 관광이 활성화되는 경우가 많다. 산업국가는 수출과 수입 그리고 국제회의 등을 하면서 출장과 교류가 많아진다. 또 점차 부가 축적되면서 일반 관광도 늘어나게 된다. 여행 경험이 쌓이면서 더 많은 경험과 노하우 그리고 호기심과 여행 욕구도 늘어나 여행의 빈도가 많아지게 된다. 농경사회는 농사를 짓는 동안 자리를 비우기가 용이하지 않다. 적당한 때에 씨를 뿌리고, 관리하고, 악천후에 대비하고, 추수를 해야 하기 때문이다. 또 대체로 여행을 위한 가처분 소득이 부족하고 정착과 안정을 추구하기 때문에 낯선 곳으로의 여행이 익숙하지 않은 경향이 있다.

4) 계급사회

- **신분계급사회 :** 특권층에게만 여행이 허용됨
- **평등사회 :** 일반 국민에게 여행이 허용됨

신분의 격차가 뚜렷한 계급사회에서는 관광이 특권층의 전유물이 되는 경우가 많다. 1800년대까지만 해도 귀족이나 지배층만이 여행할 수 있었고 일반인은 거주지를 벗어나기 힘들었다. 산업혁명, 민주화, 경제 활성화 등에 힘입어 평등사회가 되면서 일반 시민들에게도 관광의 기회가 균등하게 돌아가게 되었다. 우리나라는 1989년부터 국민 모두에게 여행이 허용되었다. 〈표 3-1〉은 세계 송출 현황인데, 상위 20개 국가들의 면면을 살펴보면 대체로 민주주의, 자본주의, 경제부국, 산업국가, 신분계급이 없는 국가들이다. 이들 중 중국과 러시아가 포함되어 있지만 1990년대부터 개방화를 한 나라들이다. 대부분의 국가가 1995년에 비해 2005년에 약 2배의 성장을 하고 있는데 반해 중국은 7배나 증가하여 중국의 사회구조 변화가 관광에 어떤 영향을 미치는지 가늠할 수 있다.

표 3-1 세계관광송출 현황 (단위: 10억 불)

순위	국가	1995	2000	2005	순위	국가	1995	2000	2005
1	독일	60.2	53.0	74.4	11	네덜란드	11.7	12.2	16.2
2	미국	44.9	64.7	69.0	12	스페인	4.5	6.0	15.1
3	영국	24.9	38.4	59.6	13	벨기에	8.1	9.4	15.0
4	프랑스	16.3	17.8	30.5	14	홍콩	10.5	12.5	13.3
5	일본	36.8	31.9	27.3	15	노르웨이	4.2	4.6	10.5
6	중국	3.7	13.1	21.8	16	호주	5.2	6.4	11.3
7	이탈리아	14.8	15.7	22.4	17	스웨덴	5.4	8.0	10.8
8	캐나다	10.3	12.4	18.2	18	싱가포르	4.7	4.5	9.9
9	한국	6.3	7.1	15.4	19	스위스	6.3	5.4	8.9
10	러시아	11.6	8.8	17.4	20	오스트리아	10.4	8.5	8.5

출처: UNWTO(2008)

2 한국 사회구조와 관광의 변화

1) 조선시대

- 신분계급사회로 양반 등 특권층에게만 여행의 기회가 부여됨

조선시대는 양반과 평민으로 나눠진 신분계급 사회여서 관광은 양반층이나 그 이상의 지배층에게만 주어지는 특권이었다. 더군다나 일반 백성은 농사가 생업이었기 때문에 시간과 소득의 여유가 없었다. 당시에는 교통수단이 여의치 않아 아무에게나 관광이 허락되지 않았다. 일반 백성은 절기마다 잔치를 즐기는 정도에 머물 뿐 먼 지역까지 관광을 하기가 쉽지 않았다. 또한 남성 중심 사회였기 때문에 여성의 관광은 더욱 제한적이었다.

2) 일제강점기와 6 · 25전쟁

- 나라를 빼앗기고 전쟁을 하고 있는 동안에는 거의 모든 관광이 억제됨

일제강점기와 6 · 25전쟁 중에는 생사의 기로에 있었기 때문에 관광을 생각하기가 어려웠다. 따라서 거의 모든 관광 활동을 자제할 수밖에 없었다. 일제강점기에는 나라를 점령당하고 식민지가 되어 모든 것을 빼앗긴 상태여서 관광을 상상하는 것조차 불가능했다. 광복 후에 6 · 25전쟁이 발발해서 상황은 나아지지 않았다. 전국이 총탄을 맞아 신음하고 있는데 관광은 생각할 수 없었고 오직 생명을 보존하기 위한 이동만 있을 뿐이었다. 전쟁이 끝난 후에도 1960년대 내내 폐허가 된 국토에서 고난의 시기를 보냈다.

3) 1970년대

- 경제적 빈곤, 분단국가, 군사정권 등으로 인하여 일반 국민의 여행이 제한됨

1970년대에 들어 경부고속도로가 건설되고 수출입을 촉진하고 공업을 장려하는 한편 새마을운동을 전개하여 전국이 잘 살 수 있다는 희망을 가지기 시작했다. 그러나 아직까지 국민의 생활은 가난하고 고단하여 기초적인 생활을 영위하는 데 그쳤다. 따라서 여가나 관광은 언급할 수 없었고 노동이 중요한 가치였다. 또한 북한과의 긴장상태에서 벗어나지 못하고 군사정권의 엄격함 속에 해외여행은 일반인에게 허용되지 않았다.

4) 1980년대

- 86 아시안게임, 88 서울올림픽으로 세계와의 교류가 시작되고, 해외여행 자율화가 실시됨

우리나라는 1980년대에 아시안게임과 올림픽을 연달아 개최할 정도로 크게 성장하였다. 외부에서는 과연 한국이 국제 경기를 치를 만한 능력이 있는지 그리고 북한과 대치한 상황에서 안전한 지역인지 반신반의하였지만 두 행사 모두 성공적으로 치러냈다. 이를 통해서 우리나라가 단기간에 경제적으로 엄청난 성장을 하였고 오랜 역사와 문화를 가진 나라라는 것을 세계에 알리면서 외래관광객이 늘어나기 시작했다. 우리 국민에게도 해외여행이 자유롭게 개방되었다. 연령별로 점진적으로 허용 범위가 확대되다가 1989년 1월 1일부터 완전 자유화가 되어 누구나 해외여행을 할 수 있게 되었다. 이로써 외래관광과 해외관광의 기반이 마련되었다.

5) 1990년대

- 경제발전과 민주화 등으로 관광이 발전함

1990년대에 들어서 외래관광과 해외관광이 급속히 증가했다. 경제가 발전하여 가처분 소득이 늘어나고 민주화가 실시되는 등 사회 여건이 개선되면서 국내여행과 해외여행 모두 양적 성장을 이루었다. 비록 관광이 여전히 비생산적이고 소비적인 활동이라는 인식이 강해 죄악시되는 경향이 있었지만 국가 전체적으로 어느 정도 가난을 극복하면서 삶의 질에 대한 담론이 생겨나고 관광에 대한 시선도 관대해지기 시작했다. 또 가치관이 변하고 개인의 인권이 존중되면서 관광이 자아실현, 교육, 견문확대 등을 위한 수단이 되었다.

6) 2000년대

- 관광이 인간의 기본권으로서 전 국민의 관광시대

2000년대에 들어서는 관광이 하나의 기본권으로 여겨지게 되었다. 더 이상 특권층의 전유물이 아니고 관광이 비생산적이거나 죄악시되는 것이 아니라 오히려 재충전과 생산성을 높이는 긍정적인 활동으로 인식되기 시작했다. 주5일 근무제가 정착되면서 여가시간이 늘어나 관광은 더욱 활성화되었다. 또 핵가족시대가 되면서 가족 활동의 일환으로 관광이 선호되고 있다. 관광은 연령과 세대를 넘어 누구나 좋아하는데 소외계층, 즉 장애인, 노인, 고아 등의 관광에 대해서도 관심이 높아지고 있다. 한양사이버대학교 호텔관광외식경영학과는 2004년 설립 당시부터 볼런투어(voluntour) 활동을 하고 있는데, 이것은 자원봉사(volunteer)와 관광(tourism)을 합성하여 만든 말로 고아나 외국인 노동자에게 관광 기회를 주고 관광현장을 돕는 관광봉사활동이다. 〈그림 3-1〉은 학생들이 고아원 어린이들과 함께 창경궁을 답사하고, 태안 기름유출 사고 때 자발적으로 기름을 제거하던 모습이다.

그림 3-1 볼런투어

출처: 저자 촬영

3 현대사회와 관광

1) 개방화와 자유왕래

- 1989년 베를린장벽 철거
- 중국의 실용주의 - 등소평의 흑묘백묘론(黑猫白猫論)
- 북한 금강산 관광
- 해외출장, 관광여행 증가, 출입국 간소화, 국경 없는(borderless) 시대

최근 20여 년간 현대사회는 많은 변화를 겪고 있는데 이에 따라 관광 형태도 달라지고 있다. 큰 변화 중 하나로 개방화를 들 수 있다. 이제 이념을 넘어 국가 간 왕래가 자유로워진 것이다. 그 신호탄으로 1989년 베를린장벽이 무너지면서 전 세계를 대립시켰던 냉전이 종식되었음을 알렸다. 이어서 중국은 실용주의 노선을 기치로 내걸고 서양 자본을 유치하기 시작했다. 쥐를 잡을 때 검은 고양이면 어떻고 흰 고양이면 어떠냐는 등소평의 지론에 따라 국민이 잘 살 수 있다면 공산주의든 자본주의든 상관없이 좋은 정책을 수용하였다. 북한도 금강산관광과 개성관광 등 조심스레 문을 열면서 남북한 사람들이 직접 대면하고 대화하는 기회를 열었다. 물론 정치상황에 따라 다시 문을 닫아 걸기도 하지만 언제나 재개를 희망하게 된다. 개방화 시대가 되면서 해외출장과 해

외여행이 증가하고 있고 갈수록 출입국 수속도 간소화되고 비자도 없어지거나 완화되어 이제는 그야말로 국경 없는(borderless) 시대가 되고 있다.

▮그림 3-2▮ 금강산관광

출처: 저자 촬영

2) 소득 증가와 여가시간 증대

- 국민소득 2만 불 시대
- 5일 근무제
- 개인여행 증가

국민소득 2만 불 시대가 되고 가처분 소득도 많아지고 있다. 또한 주5일 근무제가 실시되면서 여가와 관광의 시간도 늘어나고 있다. 관광 빈도가 증가하고 경험이 축적되면서 여행사의 패키지 여행에 의존하지 않고 자신만의 여행을 추구하는 개인 여행이 늘어나고 있다. 이를 반영하듯 〈그림 3-3〉과 같이 주말을 이용한 근거리 해외 자유여행 상품이 쏟아지고 있다. 이런 1박3일 형태의 상품은 젊은 직장인에게 인기가 높다. 상품 루트도 동경을 시작으로 오사카, 홍콩 등 다양하게 개발되고 있다. 최근에는 저비용 항공사가 설립되면서 관련상품이 더욱 많아지고 있다.

▌그림 3-3▐ 동경 올빼미 투어

출처: 참좋은여행(http://www.verygoodtour.com)

3) 기술발전과 정보 다양화

- 기술의 발전에 따른 저렴함과 편리성
- 인터넷, TV 프로그램, 잡지 등 관광정보
- 산업화와 도시화의 반대급부로 자연과 인간성을 갈구함

기술발전으로 인한 저렴함과 편리성이 관광산업을 촉진하고 있다. 항공기술이 발달하면서 해외여행이 원활해지고 인터넷의 발달로 현지에 대한 상세한 관광정보를 얻을 수 있을 뿐만 아니라 호텔, 기차, 공연 등의 예약도 가능하게 되었다. TV 프로그램, 잡지, 신문 등 여러 매체에서 관광지를 소개하면서 사람들의 호기심과 관광욕구도 자극받고 있다. 현대의 산업화와 도시화는 자연에 대한 동경과 인정을 갈구하게 만들어 거친 일상을 벗어나 여행을 떠나고 싶은 욕구를 만든다. 〈그림 3-4〉는 말레이시아 관광청의 관광안내 홈페이지와 항공사의 항공예약 화면이다.

▮그림 3-4▮ 관광홍보와 항공예약의 예

출처: 말레이시아 관광청(http://www.mtpb.co.kr), 아시아나항공(http://flyasiana.com)

4) 여가와 관광에 대한 인식 변화

- 과거 노동은 선이고 여가는 악이라는 인식에서 여가는 재창조(recreation)를 위한 활동으로 의식 전환
- 선진국일수록 일을 위한 여가가 아니라 여가를 위한 일로 간주함

과거에는 노동이 선이고 여가나 관광은 악처럼 여겨졌다. 열심히 일을 하지 않고 돈을 쓰면서 놀러 다니는 여행은 비난의 대상이었다. 그러나 이제 여가나 관광이 단순히 소비하는 것이 아니라 휴식과 충전을 통해 일을 더 열심히 하게 되는 재창조의 활동이라는 의식이 많아지고 있다. 일과 여가를 대비해서 생각해볼 때 후진국일수록 일을 강조하고 여가는 일을 위한 잠깐의 휴식으로 생각으로 경우가 많다. 다시 말해서 여가나 여행은 일을 더 열심히 하기 위해서 필요한 것일 뿐 삶에 있어서 부수적인 것으로 간주가 되곤 한다. 반면 선진국일수록 여가가 중요하게 다루어진다. 심지어 돈을 버는 이유가 여가나 여행을 즐기기 위한 것일 정도다. 여가는 삶에 있어서 더 이상 부수적이 것이 아니라 핵심적인 활동이다. 선진국을 목표로 달려가고 있는 우리나라에서도 여가나 관광에 대한 의식이 계속 변화될 것으로 보인다. 〈그림 3-5〉는 대학생의 해외문화탐방인데 이것은 소비활동이 아니라 미래를 위한 투자 및 생산활동이다.

그림 3-5 해외문화탐방

출처: 저자 촬영

5) 가족구조의 변화

- 만혼(晩婚)과 독신(獨身)
- 핵가족과 DINK족
- 노령화

여성의 사회 진출이 활발해지고 경제적인 능력을 얻게 되면서 만혼과 독신이 늘어나고 있다. 아울러 이들을 위한 여가관광 시장도 확대되고 있다. 가족의 형태도 전통적인 대가족이 해체되고 핵가족이 되면서 가족 중심의 관광이 늘어나고 있다. 특히 부모들은 어린 자녀에게 각별한 애정을 쏟는데 교육적인 여가활동을 선호한다. DINK(Double Income No Kids)족은 맞벌이면서 자식이 없는 부부를 일컫는데, 이들은 부양해야 할 자식이 없기 때문에 자유롭게 여행을 할 수 있다. 우리나라도 의학과 식품의 발달로 수명이 늘어나면서 고령화 사회가 되었다. 요즘의 노년층은 신체적으로 건강하고 시간과 경제적 여유도 있어서 관광산업에 상당한 비중을 차지하고 있다. 크루즈와 같이 장기간의 고가상품이 바로 실버관광의 대상이다. 〈그림 3-6〉은 에버랜드와 일본 오사카의 유니버설 스튜디오의 모습으로, 어린 자녀를 동반한 가족들이 공연을 보고 놀이기구도 타면서 즐거운 시간을 보내고 있다.

▮그림 3-6▮ 가족 나들이

출처: 저자 촬영

6) 관광발전 저해요소

- 경기침체
- 전쟁과 테러
- 전염병
- 기타 거리, 비용 등

관광은 경기침체, 전쟁과 테러, 전염병 등 외부 영향을 많이 받는다. 우리나라의 경제적 위기였던 1998년 IMF 때에 여행시장은 32.5% 감소했고, 많은 여행사들이 도산했다. 2008년 세계적 경제침체기에도 세계여행 시장이 크게 위축되었다. 전쟁이나 테러 또는 질병의 문제가 발생하면 불안감이 높아지기 때문에 여행을 가지 못하게 된다. 〈표 3-2〉를 살펴보면 우리나라를 입국한 외래관광객 수가 전반적으로 증가하고 있는데 2001년과 2003년에는 감소하고 있는 것을 알 수 있다. 미국 9・11테러와 이라크전쟁 및 사스(SARS) 때문인데 우리나라가 아닌 다른 나라에서 일어난 사건일지라도 우리나라 여행시장이 영향을 받는다.

표 3-2 외래관광객 수와 증감률

구분	인원 수	증가율(%)	구분	인원 수	증가율(%)
1997	3,908	6.1	2004	5,818	22.4
1998	4,250	8.8	2005	6,022	3.5
1999	4,660	9.6	2006	6,155	2.2
2000	5,322	14.2	2007	6,448	4.8
2001	5,147	-3.3	2008	6,890	6.9
2002	5,347	3.9	2009	7,817	13.4
2003	4,753	-11.1	2010	8,797	12.5

출처: 문화관광체육부(2011)

| 관련 기사 |

여행업 연이은 악재 … "여행사 절반은 문 닫을 판"

여행업계의 위기는 올 초부터 빠르게 진행됐다. 티베트 시위와 쓰촨 지진으로 중국 시장이 위기를 맞았고, 독도 문제로 일본 시장이 한 번 강타 당했다. 그런데 이번에는 '유류할증료'라는 악재가 찾아왔다. 항공사들이 유가 상승으로 인한 재원을 보충하기 위해 2005년 7월 도입한 유류할증료는 도입 당시 중국 기준 10달러 수준이었으나 올 9~11월 기준으로 왕복 200달러에 육박하고 있다. 항공사들은 적자를 보전하기 위한 조치였다고 하지만 이 조치는 결국 배(항공료)보다 배꼽(유류할증료)이 큰 사태를 빚어내 여행시장의 축소를 불러왔다.

이후 베이징올림픽은 중국 여행시장의 최대 악재가 됐다. 7~8월은 베이징 항공권 경쟁이 벌어지는 시기이지만 턱없이 올라간 호텔 이용료, 차량비, 까다로워진 비자 문제로 인해 중국 여행객은 급감했다. 베이징올림픽이 끝나고 나서는 환율 급등이 찾아왔다. 달러당 900원대를 전망한 환율은 1,400원을 넘어 1,500원을 바라보고 있다. 이런 환율에 대해 항공사 출신으로 중견 여행사를 이끄는 한 사장은 "예전에 계약된 팀은 제발 취소되기를 간청하고 있다"면서 "9월 말에 티베트로 스님들 단체여행을 보냈는데 수백만 원의 적자를 내서 결국 지난 몇 년 동안 이 단체여행 상품으로 번 수익을 날렸다"고 푸념했다.

여행사들이 보는 여행업 가능 여부의 마지노선은 '1달러당 1,200원' 정도다. 이 중견 여행사 사장은 "이것도 엄청난 수준이지만 만약 연말까지 환율이 이보다 높게 유지된다면 절반 이상의 여행사가 문을 닫아야 할 것"이라고 말했다. 사실 연말까지라도 버틸 수 있는 여행사는 양호한 편이다. 이미 경력이 십수 년 이상인 여행사들이 문 닫는다는 소식이 하루 걸러서 들려오고 있다.

출처: 오마이뉴스(2008. 10. 29)

4 관광이 지역사회에 미치는 영향

1) 긍정적 영향

(1) 경제적 효과와 고용창출

- 관광개발이나 축제의 개최 등은 지역경제를 활성화함
- 관광은 직접산업과 간접산업을 동시에 발전시키고 세수입을 증대함
- 2002 한일월드컵 – 8조 원의 경제적 효과와 18만 명의 고용효과

관광은 지역사회에 경제적 효과와 고용창출, 문화적 고양, 자긍심과 결속력 강화 등 긍정적 영향을 미친다. 지역 관광개발이나 축제의 개최 등은 지역경제를 활성화시키기 때문에 따라서 지역에서는 관광을 육성하기 위해 최선의 노력을 기울이고 있다. 지역이 보유하고 있는 자연자원과 문화자원을 최대한 활용하거나 독특한 자원이 없으면 축제를 개최해서 관광객을 유인한다. 가령 화천은 관광지로 유명한 곳이 아니었지만 산천어 축제를 개최하여 겨울 인기 관광지가 되었다. 관광객이 입장료를 지불하고, 지역 음식을 사먹고, 토산품을 구입하고, 숙박을 하면서 지역경제도 활성화되고 있다. 이렇게 관광은 직접 연관된 산업뿐만 아니라 간접산업까지도 동시에 발전시켜 결과적으로 세수입도 증대한다. 2002 한일월드컵의 경우 국내에 8조 원의 경제적 효과와 18만 명의 고용효과를 창출하기도 했다.

▮그림 3-7▮ 화천 산천어 축제

출처: 저자 촬영

(2) 문화적 고양

- 문화시설의 양적 질적 수준 증대
- 지역주민의 문화적 접촉 기회 증대
- 관광객들과의 문화적 교류 기회

관광은 지역의 문화적 유산을 인식하고 지역문화를 계승 및 발전시킨다. 관광으로 인해 전통문화는 원형을 갖추고 새로운 문화가 생성된다. 관광객은 타 지역의 문화와 생활에 대한 지적 욕구가 있는데 지역의 전통음식, 민요, 문화재 등이 방문객의 다양한 욕구를 충족시켜 준다.

지역관광이 활성화되면 지역민들도 음악, 미술, 공연 등을 즐기게 되어 지역민의 생활수준과 삶의 질을 높이는 효과가 있다. 또한 관광은 지역민과 관광객 간의 문화적 교류도 가능하게 한다.

(3) 자긍심과 결속력

- 지역의 관광발전은 자긍심을 상승시킴
- 행사를 준비하고 실행하는 과정에서 지역의 결속력 강화됨
- 지역 인력의 외부유출이 감소되고, 외부로 떠났던 인력이 다시 지역으로 돌아옴

관광은 지역에 대한 향토의식을 높이고 소속감과 결속력 그리고 자긍심을 높여준다. 지역민은 지역 행사를 준비하고 운영하면서 지역관광의 성공이라는 목표 아래 협동하고 결속력을 강화된다. 관광객이 많이 오고 지역이 유명해질수록 자기 지역이 아름다운 고장으로 인정받았다는 자긍심을 갖게 되어 지역 인력이 외부로 유출되는 것을 막을 수 있고, 외부로 떠났던 인력도 다시 지역으로 돌아오게 된다.

2) 부정적 영향

(1) 소비향락과 물가상승

- 관광산업은 지역의 소비향락산업을 방관하거나 조장함
- 부동산 가격상승
- 일반 소비물가상승

관광의 발전은 지역사회에 부정적인 영향을 끼치기도 한다. 한 지역이 관광지화 되면 유흥업소, 나이트클럽, 모텔 등이 건설되고 밤늦게까지 영업을 하여 조용한 마을을 유흥지로 만든다. 또 관광은 지역의 땅값, 집값 등 부동산 가격을 상승시키고 소비물가도 상승시킴으로써 지역에 소비향락과 물가상승의 문제를 불러일으킨다.

한번은 저자가 이탈리아 베니스를 여행하면서 곤돌라를 타고 정취를 감상하다가 문득 뱃사공에게 이런 곳에 살고 있는 당신이 부럽다고 했더니 이렇게 대답하였다. 어릴 때는 이곳에서 살았지만 지금은 땅값과 집값이 올라 해외 유명 배우나 부자들이 다 사들이고 진짜 지역주민들은 외곽에서 산다는 것이다. 관광산업이 지역경제를 활성화시킬 것이라고 기대했지만 오히려 지역민을 내몰고 외지인이 점령하는 씁쓸한 결과가 된 것이다.

▮그림 3-8▮ 동남아 유흥가

출처: 저자 촬영

(2) 가치관 혼란

- 돈이 우선시되고 공동체 질서가 훼손됨
- 관광객 하루 소비금액이 주민 1년 노동금액
- 관광객 우월의식, 자신의 문화 폄하

관광은 지역주민의 가치관에 혼란을 초래하기도 한다. 관광이 활성화되면 돈이 제일 중요한 가치로 변해서 전통 예의가 무너지고 공동체 질서가 훼손되는 일이 발생한다. 젊은이들이 마을 어른에 대한 공경이나 농사일보다 관광으로 돈을 버는 데만 집중하는 것이다. 따라서 전통가치와 관광 돈벌이 사이에서 갈등과 혼란이 빚어지게 된다. 또 관광객이 지역에 돈을 뿌리고 가는 모습을 보면서 관광객을 우월하게 보는 의식이 생기고 지역민은 스스로를 초라하게 생각한다. 심지어 자신의 문화와 전통에 대해 의문을 갖거나 낙후되고 하찮은 것으로 생각하게 된다.

(3) 전시효과

- 지역주민의 관광객 행동 모방
- 지역주민들의 소비 증가, 사치풍조, 도박 등 생활패턴 변화
- 음주, 흡연, 마약, 일탈, 범죄 등 사회적 문제 초래

전시효과는 지역주민이 관광객의 행동을 모방하는 것이다. 관광객의 화려하고 세련된 복장이나 신기한 물건을 보면서 지역민도 같은 옷과 물건을 갖고 싶어 한다. 자기도 모르는 사이 지역주민의 소비가 증가하고 사치풍조가 스며들게 되고 도박에 빠지기도 한다. 또한 음주, 흡연, 마약, 일탈, 범죄 등 사회적 문제가 늘어나기도 한다. 국내의 한 연구에 따르면 지역에 리조트를 건립해서 관광객이 늘어난 이후 도박과 범죄율 등 사회 문제들이 눈에 띄게 증가했다는 보고가 있다.

지역의 관광산업은 선택이 아닌 필수가 되고 있다. 이상에서 살펴본 내용을 바탕으로 관광이 지역사회에 미치는 긍정적 영향을 최대화하고 부정적 영향은 최소화할 수

있도록 철저한 계획과 관리가 요구된다.

5 지역사회의 관광객 수용태도

지역에 관광객이 오게 되면 처음에는 반갑고 고마워서 환대하지만 시간이 지나 관광이 일상화되면 관광객에 대해 무감각해진다. Doxey(1975)는 지역이 관광지화되면서 지역주민의 태도가 어떻게 바뀌는지 5단계로 설명하였다. 첫 번째는 행복감(euphoria)의 단계로 주민들은 관광객의 방문에 감사하고 행복해하며 진심으로 환영한다. 주민들이 돈을 벌 수 있는 기회가 생긴다. 그러나 관광지화에 대한 체계적인 계획은 없다. 두 번째는 무감동(apathy) 단계로 관광객이 오는 것은 당연한 것이고 점차 관광객은 돈벌이의 대상이 된다. 관광객에 대한 태도는 사무적이고 형식적이 된다. 세 번째는 불쾌감(annoyance) 단계로 너무 많은 관광객 때문에 마을이 포화상태에 빠져 주민들은 관광에 대해 의구심을 갖게 된다. 관광객의 숫자를 줄이지는 않고 시설과 인프라를 늘려서 문제를 해결하려고 한다. 네 번째는 적대심(antagonism)의 단계로 공개적으로 짜증스러운 여론이 나타난다. 관광지로서 이미지 타격을 받지 않기 위해 홍보를 늘린다. 관광객은 뭔가 속는 것 같은 기분이 들고 마을에 범죄가 늘어나고 세금이 올라가고 여러 가지 문제들이 연이어 발생한다. 다섯 번째는 수용(acceptance)의 단계로 마을이

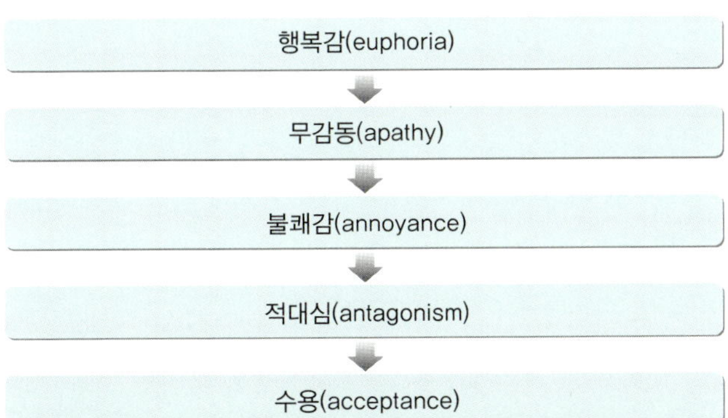

▮그림 3-9▮ 관광객에 대한 지역주민의 태도 변화 과정

출처: Doxey(1975)

예전의 모습을 잃고 완전히 다른 모습으로 변하며 주민들은 이것을 받아들인다. 그리고 처음 관광객이 방문했을 때의 마을 모습이 어떠했는지 잊어버린다.

지역은 관광을 통해 지역이 활성화되기를 기대하지만 역설적으로 너무 유명해져서 관광객이 몰리면 이와 같은 단계를 거쳐 원래 목적에서 벗어날 수도 있다. 관광지는 이런 부작용이 발생하지 않도록 주의해야 한다. 아직 문제가 심각하지 않다고 방심하면 나중에는 복구될 수 없는 상황에 직면할 수도 있다. 따라서 처음부터 치밀한 계획을 세우고 발생할 수 있는 문제를 사전에 점검하고 관리해야 하다.

학·습·정·리

- 관광은 정치구조, 국가의 빈부, 산업구조, 계급사회 여부 등 사회구조와 밀접한 관계를 가지고 있다.

- 조선시대는 신분계급사회여서 양반 등 특권층에게만 여행의 기회가 부여되었고 일제강점기, 6·25전쟁, 1970년대, 1980년대까지 관광이 활성화되지 못하다가 국민 해외여행 자유화와 경제성장 등을 거치면서 1990년대부터 관광이 급격히 성장하였다. 2000년대에는 관광이 인간의 기본권으로서 전 국민 관광시대가 되었다.

- 현대사회의 개방화와 자유왕래, 소득증가와 여가시간 증대, 기술발전과 정보의 다양화, 여가와 관광에 대한 인식 변화, 가족구조의 변화 등으로 관광산업에 큰 변화가 일어나고 있으며 경기침체, 전쟁과 테러, 전염병 등은 관광산업을 저해하는 요인이다.

- 관광이 지역사회에 미치는 긍정적인 영향은 경제적 효과와 고용창출, 문화적 고양, 자긍심과 결속력 고취 등이며 부정적인 영향은 소비향락과 물가상승, 가치관 혼란, 전시효과 등이다.

- Doxey는 관광객에 대한 지역민의 태도가 행복감 → 무감동 → 불쾌감 → 적대심 → 수용의 단계를 거친다고 하였다.

연 · 습 · 문 · 제

01 사회구조와 관광의 관계에 대한 설명으로 거리가 먼 것은?

① 경제적으로 가난한 국가보다는 풍요로운 국가에서 관광이 활발하다.
② 농경사회보다는 산업도시사회에서 관광이 활성화된다.
③ 신분계급사회에서는 주로 특권층에게만 여행이 허용된다.
④ 민주주의/자본주의 국가에서는 국민의 자유로운 여행을 허가하지 않는다.

02 현대 관광산업의 발전에 관한 이유로 거리가 먼 것은?

① 개방화와 자유왕래
② 경기침체
③ 소득증가와 여가시간 증대
④ 기술발전과 정보의 다양화

03 관광이 지역사회에 미치는 긍정적인 영향으로 거리가 먼 것은?

① 경제적 효과와 고용창출
② 문화적 고양
③ 가치관 혼란
④ 자긍심과 결속력 고취

정답 1. ④ – 민주주의/자본주의 국가에서는 국민의 자유로운 여행을 허용한다.
2. ② – 경기침체, 전쟁과 테러, 전염병 등은 관광산업을 저해하는 요인이다.
3. ③ – 소비향락과 물가상승, 가치관 혼란, 전시효과 등은 관광이 지역사회에 미치는 부정적 영향이다.

참 · 고 · 문 · 헌

문화관광체육부 (2008). 2007 관광 동향에 관한 연차보고서.

오마이뉴스 (2008. 10. 29). 여행업 연이은 악재. “여행사 절반은 문 닫을 판”.

Doxey, G. V. (1975). A causation theory of visitor-resident irritants: methodology and research inferences, Proceedings of the Travel Research Association, 6th Annual Conference, San Diego, California, USA, pp. 195-198.

UNWTO (2008). World Tourism Barometer.

말레이시아 관광청(http://www.mtpb.co.kr)

아시아나항공(http://flyasiana.com)

참좋은여행(http://www.verygoodtour.com)

한양사이버대학교 호텔관광경영학과(http://tour.hycu.ac.kr)

Reference

Chapter 04

관광과 문화

관광과 문화

| 학습목표 |

- 문화의 개념과 특성에 대해서 설명할 수 있다.
- 문화관광의 개념, 발전 배경, 유형 등을 설명할 수 있다.
- 현지문화, 관광자문화, 모형문화에 대해 이해하고 설명할 수 있다.
- 관광이 현지문화에 미치는 긍정적, 부정적 영향에 대해 설명할 수 있다.
- 한국의 문화상징과 세계문화유산에 대해 설명할 수 있다.

생각열기

세계의 궁전

출처: 저자촬영

각 나라의 궁전은 중요한 문화관광자원이다. 궁전은 그 나라의 최고 장인이 건축하기 때문에 예술적으로 아름답고 당시 왕족이 사용하던 의복, 장식, 물건, 음식, 음악 등 최고급 문화를 체험할 수 있게 해준다. 따라서 관광객에게 현지의 문화와 예술의 정수를 보여줄 수 있기 때문에 궁전을 하나의 관광자원으로 활용하고 있다. 우리나라에도 서울에 경복궁, 창덕궁, 창경궁, 경운궁(덕수궁), 경희궁 등 5개의 궁궐이 있다. 세계에는 어떤 궁전이 있을까? 위의 사진은 오스트리아 쇤부른 궁전, 프랑스 베르사유 궁전, 한국 경복궁, 영국 버킹검 궁전이다. 각 이미지에 해당하는 이름을 맞춰보자.

1 문화의 개념과 특성

1) 개념

문화는 인간이 살아가면서 만들어낸 정신적 · 물질적 산물이다. 인간에 의해 인위적으로 만들어진 모든 것을 문화라고 할 수 있으며 여기에는 의복, 조각, 건축물과 같이 유형적 형태를 띤 것도 있고 음악, 공연, 전통과 같이 정형화된 형태를 띠지 않은 것도 포함된다.

문화(文化)는 유교의 문치교화(文治敎化)에서 비롯되었는데 문(文)은 인간에게 필요한 예의나 규범을 뜻하며, 문치(文治)는 군주가 형벌, 강제력, 공포로 백성을 다스리는 것이 아니라 덕을 갖추고 도덕적 감화의 의해서 백성을 다스리는 것이다. 백성에게는 교육이 필요한데 자연상태의 인간에게 예의, 규범, 행동양식 등을 가르쳐 인간답게 만든 것을 교화(敎化)라고 한다.

문화에 대한 영어 단어는 culture다. culture는 cultivate와 같은 어원으로 '경작하다'라는 의미를 가지고 있다. 즉 인간이 오랜 시간의 노력으로 창조해내는 산물이나 행위를 문화라고 한다. 에디슨이나 빌게이츠 등과 같이 훌륭한 창조물을 만들어 내는 사람이 높이 평가되는 이유는 이들의 창조물이 새로운 문화를 만들었기 때문이다.

2) 특성

(1) 행동양식이나 가치관의 유사성

미국 문화, 일본 문화, 기성세대 문화, 10대 문화 등 집단별로 구성원들 간에 동질적인 행동양식이나 가치관을 갖는데 가령 동양문화와 서양문화를 비교한다면 동양 사람은 동양 사람들끼리 행동양식이나 가치관이 유사하고 서양 사람과는 다르다. 동양 사람은 공동체의 이익을 우선시하고 어른을 공경하는 경향이 있지만 서양 사람은 개인의 능력을 최대한 발휘하려고 애쓰고 수평적인 인간관계를 가지고 있다.

(2) 습득, 축적, 변화, 전승

인간은 태어나서 죽을 때까지 자신이 속해 있는 집단의 문화를 습득한다. 문화는 세대를 거쳐 축적되고 변화하며 전승된다. 우리나라의 문화는 수천 년을 거치면서 현재의 모습을 갖추게 되었다. 또 앞으로 해를 거듭하면서 다른 모습으로 변화될 것이다. 내부와 외부의 영향을 주고받으면서 기존의 문화와 새로운 문화가 융합하여 또 다른 모습을 갖추게 된다. 조선시대까지 우리나라는 중국의 문화를 받아들였으며 일제를 거치면서 일본문화, 해방 이후에 미국 및 서구문화의 영향을 받았다. 이렇게 새로운 문화가 들어오더라도 과거의 문화가 완전히 없어지는 것이 아니라 뿌리와 밑바탕을 이루면서 새로운 문화를 받아들인다.

(3) 관광욕구 유발

사람들은 이문화에 대해 호기심을 가지고 있다. 우리와 다른 문화를 접하는 것은 신기하고 재미있는 체험이 된다. 태국의 불교문화, 일본의 온천과 음식, 호주의 아름다운 건축물, 유럽의 예술작품 등 색다른 문화를 경험하고 싶은 욕구가 관광으로 이어진다. 따라서 각 지역은 독특하고 고유한 문화를 잘 보존하고 계승하는 것이 관광산업을 육성하는 지름길이다. 요즘 전 세계가 글로벌화되면서 자연스럽게 서구화되고 있지만 우리의 문화를 버리지 말고 잘 지켜야 한다는 점을 유념해야 하겠다.

2 문화관광

1) 개념

문화관광(culture tourism)은 관광지의 유적, 박물관, 미술관, 공연 등 현지의 문화를 관람하고 체험하는 것이 주된 목적인 관광이다. 문화관광과 대비되는 것이 자연관광인데 기암괴석이 즐비한 산, 형형색색의 물고기가 있는 바다, 엄청난 양의 물을 쏟아내는 폭포 등 자연을 감상하는 관광이 과거에 주를 이루었지만 현대로 올수록 오랜 전통의 지역문화나 예술작품 또는 현대건축물과 최첨단시설을 감상하는 문화관광이 증가하고 있다.

문화관광이 발전하는 배경에는 사람들의 교육수준과 생활수준이 높아지면서 문화욕구가 증대되었고 서구화 및 획일화되어 가는 현대사회에서 지역의 전통적이고 고유한 문화를 향유하려는 욕구가 높아졌기 때문이다. 과거에는 사찰이나 유적지를 관광할 때 눈으로만 둘러보고 돌아가는 경우가 많았으나 요즘에는 문화유산 해설사의 설명을 들으면서 좀 더 깊이 있게 지역문화를 탐구하는 관광객이 늘어나고 있다.

문화관광객의 특징을 살펴보면 첫째, 교육수준이나 생활수준이 높은 편이다. 이들은 학력도 높고 소득도 많은 편이며 직업도 전문직이나 관리직이 많다. 둘째, 여행기간이 길고 여행비용도 많이 지출한다. 따라서 해당 지역에 미치는 경제적 효과가 크다. 셋째, 문화관광객은 문화를 진지하게 대한다. 이들은 현지 문화를 차분히 오래 감상하는 특징이 있다. 넷째, 지역문화를 적극적으로 접촉하고 지역 축제나 행사에 참여하는 데 거리낌이 없으며 지역민과의 교류도 활발하다. 문화관광객은 지역문화와 지역민을 존중하기 때문에 지역문화를 체험할 수 있는 기회에 대해 주저하지 않는다.

2) 종류

(1) 유적관광

유적관광(heritage tourism)은 지역의 오랜 역사를 간직한 유적을 감상하는 것으로서 관광객은 과거의 영광과 쇠퇴를 회상하고 오늘의 삶을 반추해 보는 기회를 갖게 된다. 〈그림 4-1〉의 왼쪽 사진은 그리스 고린도의 유적인데 허물어진 건축물과 깨진 돌멩이만이 뒹굴고 있지만 관광객들은 이곳에서 과거에 융성했던 도시를 상상하곤 한다. 이곳은 한때 육상교통과 해상교통의 요지로 상업과 무역이 번창하였고 신약성경에도 고린도전서와 고린도후서라는 이름으로 알려진 곳이다. 오른쪽 사진은 이탈리아 폼페이인데 약 2000년 전에는 활발한 도시였지만 베수비오 화산이 폭발하면서 도시 전체가 화산재에 뒤덮여 역사에서 사라졌었다. 그러다가 1592년부터 1800년대에 걸쳐 발굴이 되었으며 현재는 일반인에게 공개되어 이탈리아의 대표적인 유적지 중에 하나가 되었다.

▮그림 4-1▮ 그리스 고린도 유적과 이탈리아 폼페이 유적

출처: 저자 촬영

(2) 예술관광

예술관광(art tourism)은 음악, 미술, 건축, 문학 등 예술가 및 장인의 작품을 감상하는 여행이다. 관광객은 이런 작품을 만나기 위해 종종 미술관이나 박물관을 방문한다. 〈그림 4-2〉의 왼쪽 사진은 피렌체 여행에서 만날 수 있는 미켈란젤로의 다비드상이다. 진품은 미술관에 잘 보관되어 있고 이 사진은 야외에 세워져 있는 모조품이다. 그러나 일반 관광객도 거리를 거닐면서 무료로 훌륭한 작품을 감상할 수 있는 기회를 제공한다는 장점이 있다. 오른쪽 사진은 루브르 박물관에 있는 밀로의 비너스상이다. 고대 그리스 말기에 제작된 것으로 1820년 밀로섬에서 한 농부가 발견하였고, 당시 이 섬에 정박 중이던 프랑스 해군이 입수하여 현재 루브르 박물관에 소장되어 있다.

 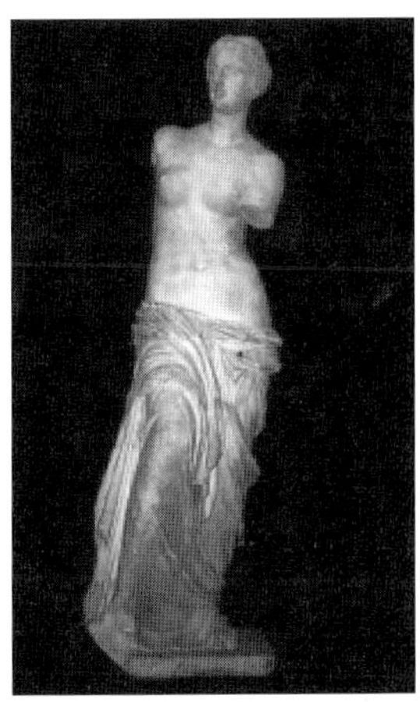

▮그림 4-2▮ 미켈란젤로의 다비드와 밀로의 비너스

출처: 저자 촬영

(3) 종족생활 체험관광

종족생활 체험관광(ethnic toursim)은 현대문명에서 벗어나 자신만의 독특한 생활양식으로 살아가는 인디언이나 소수민족의 삶을 체험하는 것이다. 태국의 치앙마이나 아마존에는 이들 부족을 만날 수 있는 트래킹 코스가 개발되어 있다. 〈그림 4-3〉 왼쪽의 사진은 대만 원주민이 결혼식을 하는 장면을 관광객에게 보여주고 있고, 오른쪽 사진은 중국 장가계의 고산족이 관광객에게 물건을 파는 모습이다. 아이를 바구니에 들쳐 업은 여인의 얼굴에서 삶의 치열함을 엿볼 수 있다.

그림 4-3 대만 원주민과 중국 장가계 고산족

출처: 저자 촬영

3 관광지와 관광객 문화

1) 관광지 문화

관광지 문화는 오랜 세월 동안 만들어진 지역의 독특한 문화이며 주요 관광자원이 된다. 관광지의 문화는 과거와 현대에 걸쳐 지역에 스며 있는 모든 문화이다. 관광의 주된 이유 중 하나가 현지의 유·무형 문화체험이라는 점에서 관광지의 문화는 중요하다. 관광객은 바쁜 일상 속에서 시간과 마음의 여유가 없기 때문에 문화생활을 하기가 쉽지 않다. 따라서 관광을 하면서 공연, 전시, 스포츠 등에 적극적이고 일상에서 접하기 힘든 관광지의 문화를 많이 체험하길 원한다. 〈그림 4-4〉의 시드니 오페라 하우스의 독특한 디자인과 홍콩의 빌딩들이 빚어내는 황홀한 야경은 토속문화는 아니지만

이 지역을 대표하는 현대의 문화로서 관광객들의 사랑을 받고 있다.

▮그림 4-4▮ 시드니 오페라하우스와 홍콩 야경

출처: 저자 촬영

2) 관광객 문화

관광객은 자신의 문화에 따라 복장을 하고 행동을 하기 때문에 관광지 문화와 구별되곤 한다. 관광객은 카메라, 선글라스, 모자, 배낭, 지도 등을 소지하고 있어서 한 눈에 봐도 관광객이라는 것을 알 수 있고 심지어 어느 나라 사람인지 가늠할 수도 있다. 그런데 너무 튀는 복장이나 행동은 현지에 반감을 줄 수도 있고 시기의 대상이 될 수도 있다. 또한 바가지와 범죄의 대상이 되기 때문에 현지의 문화를 존중하면서도 자신의 안전을 지키는 복장과 행동을 하도록 권장된다. 〈그림 4-5〉는 필리핀 세부로 졸업 여행을 간 학생들의 모습으로 현지인과 구별되는 복장이나 표정이 관광객임을 말해준다.

▮그림 4-5▮ 필리핀 세부의 관광객

출처: 저자 촬영

3) 모형문화

모형문화는 현지의 생활 모습을 모형으로 제작하여 관광객이 체험하도록 한 것이다. 예를 들어 용인의 한국민속촌, 제주 성읍민속마을, 하와이 폴리네시아 컬처센터, 뉴질랜드 테푸이아 마오리 민속촌 등이다. 관광객이 현지의 생활 모습을 직접 보게 하지 않는 이유는 무엇일까? 그 이유는 현지인의 사생활을 침해할 수 있기 때문이다. 청학동이 처음 세상에 알려지게 되었을 때 외지인들이 찾아와 불쑥 대문 안으로 들어오고, 방문이나 부엌을 벌컥 열고, 댕기머리를 한 사람에게 카메라를 들이대곤 했다고 한다. 얼마나 당황스럽고 불쾌했을까? 현지인이 대문을 잠그고 관광객을 피해 다니자 이런 사정을 모르는 관광객은 청학동에 와서 댕기머리 한 사람을 볼 수 없고 집집마다 문이 닫혀 있어서 불평을 했다고 한다.

모형문화는 현지인의 피해를 줄이면서 관광객의 욕구를 충족시켜 줄 수 있는 방법이다. 모형문화는 현대에 더 이상 존재하지 않는 옛날의 생활모습을 재현하기 위해서도 필요하다. 가령 한국민속촌은 조선시대의 생활 모습을 재현하고 있다. 또 모형문화는 원거리에 있거나 접근하기 어려운 장소를 모형으로 제작하여 관광객들에게 체험할 수 있게 해준다. 〈그림 4-6〉은 뉴질랜드 테푸이아 민속촌에서 마오리족이 외부인을 환영하는 의식을 하고 전통의복을 만드는 과정을 설명하는 모습이다.

그림 4-6 뉴질랜드 테푸이아 마오리 민속촌

출처: 저자 촬영

4) 관광이 현지 문화에 미치는 영향

(1) 긍정적 영향

관광은 현지 문화를 발전시킨다. 현지 문화를 향유하고 소비하는 관광객을 위해 현지에서는 자신의 문화를 잘 전달하려고 노력한다. 이 과정에서 자신의 문화에 대한 소중함과 가치를 깨닫고 되고, 잊거나 소홀했던 문화를 복원하고 개발하게 된다. 또 관광객을 사로잡기 위해 자기 문화를 더욱 세련되게 표현하려고 노력하고 그만큼 현지 예술가들이 많아지고 작품도 훌륭해진다. 〈그림 4-7〉은 도자기 명인이 관광객의 도자기 체험을 도와주는 장면과 외래관광객이 도자기를 구입하는 모습이다.

▮그림 4-7▮ 이천 도자기 축제

출처: 저자 촬영

(2) 부정적 영향

관광은 토속문화를 상업화하여 원형을 변질시킨다는 문제가 제기되곤 한다. 특히 문화인들과 인류학자들은 개탄의 한숨을 쉬곤 한다. 이들은 관광객에게 보여주기 위해 문화의 원래 모습이 변형되는 것에 반감을 갖고 있다. 또 문화의 일부만 보여줌으로써 관광객의 인식이 왜곡될 수 있다는 점을 우려한다. 또 관광이 지역민의 문화적 자존심에 상처를 주기도 한다. 관광객이 현지 문화를 존경심 또는 최소한 대등한 시각으로 바라보는 것이 아니라 딴따라를 대하는 것 같은 태도와 관계가 형성될 때 심적 분노와 실망이 들게 된다. 관광의 반달리즘(vandalism)도 문제로 지적되곤 한다. 관광객들이 무지해서 또는 고의적으로 지역의 문화재를 훼손하는 경우가 있다. 〈그림 4-8〉 왼쪽 사진처럼 왕이 가마를 타고 지나다니던 답도를 아이들이 천진하게 미끄럼틀 삼아 노는 바람에 봉황 문양이 반질반질해졌다. 뒤늦게 답도 주위에 테두리를 쳐서 보존하기도 하지만 이미 원형이 사라진 뒤다. 오른쪽의 사진은 필리핀 마닐라에 있는 위령비인데 아이들에게는 그저 놀이터일 뿐이다. 훼손에 대한 우려가 있지만 이 위령비가 전통 문화재나 현대 예술품이 아니기 때문에 충격이 덜하다. 한편으로는 국가 수호를 위해 목숨 바친 전사들과 시간을 함께 보낸다는 긍정적인 측면도 있다. 관광지에서 유명한 나무 위에 올라가거나 매달리거나 문화재에 낙서를 하거나 돌맹이를 던지거나 조약돌을 주워오지 않도록 해야 할 것이다. 관광이 지역문화에 미치는 긍정적인 영향을 최대한 살리고 부정적인 영향은 최소화할 수 있도록 하는 노력이 필요하다.

그림 4-8 궁궐 답도와 필리핀 위령비

출처: 저자 촬영

한국의 10대 문화 상징

문화체육부는 우리나라가 세계 10대 무역국으로 성장했지만 한국의 이미지가 그 격에 걸맞지 않게 호의적이지 않다는 판단 아래 한국 문화에 대한 막연하고 산만한 이미지를 체계적으로 정리하고 상징성과 대표성이 있는 이미지를 형성하고자 10개의 문화 상징을 선정하였다. 문화 상징을 선정한 기준은 다음과 같다.

- 대표성과 정체성: 한국문화를 대표하고 외국문화와 뚜렷이 구별되는 차별성 보유
- 단순성과 가시성: 의미 있는 상징성이 누구나 쉽게 이해할 수 있도록 단순하며, 시각적으로 가시화되는 내용

- 인기도와 인지도: 지구촌에 어느 정도 인지되어 있거나 인기가 있는 내용
- 호감성 : 인종과 종교를 초월하여 호감을 주는 내용
- 홍보의 용이성: 광고, 이벤트 등을 쉽게 홍보할 수 있는 내용
- 생활화 가능성: 생활 속에서 쉽게 접할 수 있어 반복적으로 사용될 수 있는 내용

문화관광부(1997) 선정 한국의 문화 상징

한복	한국 전통의 생활과 아름다운 색상 표현
한글	한국인의 우수한 문자운영 및 과학성, 독창성 대표
김치 · 불고기	한국인의 전통 식생활 및 음식문화 상징
석굴암 · 불국사	신라문화, 불교미 및 한국 건축미의 극치
태권도	한국인의 심신단련 및 생활체육의 무도
고려인삼	한국인의 전통생활모습 및 다도와 다기 표현
탈춤 · 탈놀이	한국민속무용의 독창성, 해학성 대표
종묘제례악	한국 궁중문화의 전통성, 역사성, 차별성 부각
설악산	금수강산의 한국 자연 이미지, 관관진흥 및 환경보호
세계적 예술인	한국 현대예술의 세계적 수준 과시

문화관광부(2005)는 한국의 10대 문화 상징이 얼마나 한국 문화를 대표하고 있는지 내국인과 외국인을 대상으로 조사하였다. 내국인은 한복이나 한글이 한국 문화를 대표한다는 데에 대체로 동의했지만 설악산에 대해서는 의구심을 나타냈다. 외국인은 김치와 불고기에 대해 가장 긍정적인 반응을 보였으며 역시 한복과 한글에 높은 점수를 주었다. 그리고 설악산에 대해서는 내국인과 마찬가지로 낮은 점수를 주었다.

10대 문화상징의 한국문화 대표성: 내국인

품목	긍정	보통	부정	계
한복	94.3%	4.0%	1.7%	100%
한글	93.1%	5.7%	1.1%	100%
김치 · 불고기	90.9%	8.0%	1.1%	100%
석굴암 · 불국사	68.0%	26.3%	5.1%	100%
태권도	90.3%	5.7%	4.0%	100%
고려인삼	73.7%	20.6%	5.7%	100%
탈춤 · 탈놀이	61.7%	28.6%	9.1%	100%
종묘제례악	61.7%	26.9%	10.9%	100%
설악산	29.7%	42.3%	28.0%	100%
세계적 예술인	51.4%	28.0%	20.6%	100%

10대 문화상징의 한국문화 대표성: 장기 체류 외국인

품목	긍정	보통	부정	계
한복	79.2%	17.0%	2.8%	100%
한글	84.0%	10.4%	5.7%	100%
김치 · 불고기	85.8%	8.5%	4.7%	100%
석굴암 · 불국사	47.2%	40.6%	9.4%	100%
태권도	70.8%	20.8%	8.5%	100%
고려인삼	75.5%	17.9%	6.6%	100%
탈춤 · 탈놀이	45.3%	37.7%	14.2%	100%
종묘제례악	42.5%	35.8%	19.8%	100%
설악산	36.8%	37.7%	25.5%	100%
세계적 예술인	22.6%	44.3%	31.1%	100%

출처: 문화관광부(2005). 한국 문화상징 홍보 및 전달체계 개선방안.

4 한국의 세계문화유산

1) 유네스코 세계문화유산 등록 목적과 효과

유네스코에서는 자연재해나 전쟁 등으로 파괴될 위기에 처한 유산의 복구 및 보호활동 등을 통하여 보편적 인류유산의 파괴를 근본적으로 방지하고, 문화유산 및 자연유산의 보호를 위한 국제적 협력 및 각 나라별 유산보호활동을 장려한다.

세계문화유산에 등록되면 국내 · 외로부터의 관광객이 크게 증가하며 고용 기회와 수입이 늘어나고, 정부의 추가적인 관심과 지원으로 지역의 계획과 관리를 향상시킬 수 있고 지역 및 국가의 자부심이 고취된다. 또한 국제적 보존 및 보호를 받을 수 있는 법적기구로의 발전 가능성에 대비할 수 있게 된다. 그리고 보존관리에 대한 유네스코의 보조금 및 기술적 지원을 받을 수 있다. 세계문화유산에 등록된 문화유산 및 자연유산은 세계문화유산 로고 사용 및 유네스코를 통한 지속적 홍보를 할 수 있으며, CD 같은 디지털기술을 활용하여 많은 대중에게 소개된다.

2) 한국의 세계문화유산

(1) 해인사 장경판전

해인사 장경판전은 13세기에 만들어진 세계적 문화유산인 고려대장경판 8만여 장을 보존하는 보고로서 해인사의 현존 건물 중 가장 오래된 건물이다. 장경판전은 정면 15칸이나 되는 큰 규모의 두 건물을 남북으로 나란히 배치하였다. 해인사 팔만대장경은 오랜 역사와 내용의 완벽함, 그리고 고도로 정교한 인쇄술의 극치를 엿볼 수 있는 세계 불교경전 중 가장 중요하고 완벽한 경전이다. 장경판전은 대장경의 부식을 방지하고 온전한 보관을 위해 15세기경에 건축된 건축물로 자연환경을 최대한 이용한 보존과학의 소산물로 높이 평가되고 있다.

▮그림 4-9▮ 해인사 장경판전

출처: 한국의 세계문화유산
(http://www.unesco.or.kr/)

(2) 종묘

종묘는 조선왕조 역대 왕과 왕비 및 추존된 왕과 왕비의 신주를 모신 유교사당으로서 가장 정제되고 장엄한 건축물 중의 하나이다. 종묘는 태조 3년(1394) 10월 조선왕조가 한양으로 도읍을 옮긴 해에 착공하여 이듬해 9월에 완공된 후 개성으로부터 태조의 4대조인 목조, 익조, 도조, 환조의 신주를 모셔왔다. 종묘는 제왕을 기리는 유교사당의 표본으로서 16세기 이래로 원형이 보존되고 있으며 세계적으로 독특한 건축양식을 지닌 의례공간이다. 종묘에서는 의례와 음악과 무용이 조화된 전통의식과 행사가 개최된다.

▮그림 4-10▮ 종묘

출처: 한국의 세계문화유산
(http://www.unesco.or.kr/)

(3) 석굴암과 불국사

석굴암은 서기 751년 신라 경덕왕 때 당시 재상이었던 김대성이 창건하기 시작하여 서기 774년인 신라 혜공왕 때 완공하였으며 건립 당시의 명칭은 석불사였다. 석굴암은 신라시대 전성기의 최고 걸작으로 그 조영계획에 있어 건축, 수리, 기하학, 종교, 예술이 총체적으로 실현된 유산이다.

불국사는 석굴암과 같은 서기 751년 신라 경덕왕 때 김대성이 창건하여 서기 774년 신라 혜공왕 때 완공하였다. 토함산 서쪽 중턱의 경사진 곳에 자리한 불국사는 심오한 불교사상과 천재 예술가의 혼이 독특한 형태로 표현되어 세계적으로 우수성을 인정받는 기념비적인 예술품이다. 불국사는 불교 교리가 사찰 건축물을 통해 잘 형상화된 대표적인 사례로, 아시아에서도 그 유례를 찾기 어려운 독특한 건축미를 지니고 있다.

그림 4-11 석굴암

그림 4-12 불국사의 다보탑

출처: 한국의 세계문화유산(http://www.unesco.or.kr/)

(4) 창덕궁

창덕궁은 조선왕조 제3대 태종 5년(1405) 경복궁의 이궁으로 지어진 궁궐로 인정전, 편전인 선정전, 침전인 희정당, 대조전 등의 전각이 건립되었다. 그 뒤 태종 12년(1412)에는 돈화문이 건립되었고 세조 9년(1463)에 약 6만2천 평이던 후원을 넓혀 15만여 평의 규모로 크게 확장하였다. 창덕궁은 동아시아 궁전 건축사에 있어 비정형

그림 4-13 창덕궁

출처: 한국의 세계문화유산(http://www.unesco.or.kr/)

적 조형미를 간직한 대표적 궁으로 주변 자연환경과의 완벽한 조화와 배치가 탁월하다.

▮그림 4-14▮ 수원 화성
출처: 한국의 세계문화유산
(http://www.unesco.or.kr/)

(5) 수원 화성

수원 화성은 조선왕조 제22대 정조대왕이 뒤주 속에서 생을 마감한 아버지 사도세자의 능침을 양주 배봉산에서 조선 최대의 명당인 수원의 화산으로 천봉하고 화산 부근에 있던 고을을 수원의 팔달산 아래로 옮기면서 축성되었다. 수원 화성은 동서양의 군사시설 이론을 잘 배합시킨 독특한 성으로서 뛰어난 방어적 기능이 특징이다. 약 6km에 달하는 성벽 안에는 4개의 성문이 있으며 모든 건조물의 디자인이 서로 다르다.

▮그림 4-15▮ 고인돌
출처: 한국의 세계문화유산
(http://www.unesco.or.kr/)

(6) 고창 · 화순 · 강화 고인돌유적

고인돌은 선사시대 돌무덤의 일종으로 영어로는 돌멘(Dolmen)이라고 한다. 고인돌은 거석기념물의 일종으로 이집트의 피라미드와 오벨리스크, 영국의 스톤헨지, 프랑스 카르낙의 열석 등이 거석문화의 산물이다. 고창, 화순, 강화의 고인돌 집단지는 2000~3000년 전의 무덤과 장례의식 기념물로서 선사시대의 기술과 사회현상을 생생하게 보여주고 있다.

▮그림 4-16▮ 경주 역사유적지구
출처: 한국의 세계문화유산
(http://www.unesco.or.kr/)

(7) 경주 역사유적지구

경주 역사유적지구는 신라 천년(B.C. 57~A.D. 935)의 고도(古都)인 경주의 역사와 문화를 고

스란히 담고 있다. 불교유적과 왕경(王京)유적이 잘 보존되어 있으며 일본의 교토와 나라의 역사유적과 비교해도 유적의 밀집도나 다양성이 더 뛰어난 것으로 평가되고 있다.

(8) 조선왕릉

조선왕릉은 조선왕조 시대에 재위했던 총 27대 왕과 왕비 및 추존된 왕과 왕비의 무덤이다. 조선왕릉은 우리나라의 유교적인 문화 전통이 확고하게 드러나는 문화유산으로 조선왕조의 독특한 장묘문화와 세계관, 종교관 및 자연관을 잘 나타내고 있다.

그림 4-17 조선왕릉

출처: 한국의 세계문화유산 (http://www.unesco.or.kr/)

(9) 한국의 역사마을 : 하회와 양동

안동하회마을은 조선 중기인 1600년대부터 풍산 류씨들이 모여 주택과 서원 등을 건축하고 마을을 조성한 집성촌이다. 이곳은 14~15세기 조성된 한국의 대표적인 전통마을로서 자연과 조화를 이루는 전통사상을 잘 반영하고 있다. 또한 조선시대 유교 교육의 중심지답게 유교적 삶의 양식과 전통문화를 현재까지 잘 계승하고 있다.

그림 4-18 안동하회마을

출처: 한국의 세계문화유산 (http://www.unesco.or.kr/)

학·습·정·리

- 문화는 인간이 살아가면서 만들어낸 정신적, 물질적 산물로 지역의 문화는 관광욕구를 유발한다.
- 문화관광은 관광지의 유적, 공예, 박물관, 미술관, 공연 등을 관람하고 체험하는 것이 주된 목적이다.
- 관광지 문화는 오랜 세월 동안 만들어진 지역의 독특한 문화이며 주요 관광자원이 된다.
- 관광객은 자신의 문화에 따라 복장을 하고 행동을 하기 때문에 관광지 문화와 구별되곤 한다.
- 모형문화는 현지의 생활공간을 제작하여 관광객이 체험하도록 한다.
- 관광이 관광지 문화를 발전시키는 긍정적인 영향을 주지만 토속문화를 상업화하여 원형을 변질시킨다는 문제가 제기되곤 한다.
- 문화관광부에서 선정한 한국의 10대 문화상징은 한복, 한글, 김치·불고기, 석굴암·불국사, 태권도, 고려인삼, 탈춤·탈놀이, 종묘제례악, 설악산, 세계적 예술인이다.
- 한국의 세계문화유산은 석굴암과 불국사, 종묘, 해인사 장경판전, 창덕궁, 수원 화성, 경주 역사유적지구, 고창·화순·강화 고인돌유적, 조선왕릉, 한국의 역사마을인 하회와 안동이 있다.

연 · 습 · 문 · 제

01 한국의 세계문화유산이 아닌 것은?

① 창경궁　　② 종묘
③ 석굴암과 불국사　　④ 수원화성

02 문화관광부에서 선정한 한국문화의 상징이 아닌 것은?

① 한복　　② 한글
③ 설악산　　④ 경복궁

03 모형문화의 예로 거리가 먼 것은?

① 용인 한국민속촌
② 제주 소인국 테마파크
③ 하와이 폴리네시아 컬처센터
④ 뉴질랜드 테푸이아 마오리 민속마을

정답 1. ① – 창덕궁이 등재되어 있다.
2. ④ – 문화관광부에서 선정한 한국의 문화상징은 한복, 한글, 김치 · 불고기, 석굴암 · 불국사, 태권도, 고려인삼, 탈춤 · 탈놀이, 종묘제례악, 설악산, 세계적 예술인이다.
3. ② – 제주 소인국 테마파크는 축소 건축물을 전시한 곳이다.

참·고·문·헌

손대현 (2008). **한국문화의 매력과 관광이해**. 서울: 일신사.

문화관광부 (2005). 한국 문화상징 홍보 및 전달체계 개선방안.

문화관광부. Image of Korea(http://www.mct.go.kr/imagesofkorea/kor/main.htm)

한국의 세계문화유산(http://www.unesco.or.kr)

Chapter 05

관광사업

1. 관광사업의 정의와 종류
2. 여행업
3. 관광숙박업
4. 관광객이용시설업
5. 국제회의업
6. 카지노업
7. 유원시설업
8. 관광편의시설업

관광사업

| 학습목표 |

- 관광사업의 정의와 종류를 설명할 수 있다.
- 관광사업의 종류별 세부내용을 설명할 수 있다.

생각열기

다음 중 관광진흥법에 포함된 관광사업이 아닌 것은?

① 관광숙박업

② 항공업

③ 여행업

④ 카지노업

⑤ 국제회의업

⑥ 유원시설업

관광진흥법에 의해 지정되는 관광사업을 여행업, 관광숙박업, 관광객이용시설업, 국제회의업, 카지노업, 유원시설업, 관광편의시설이다. 이들은 모두 문화체육관광부의 관리감독을 받는다. 그러나 항공업은 국토해양부 관할이며 항공법에 의해 설립된다. 일반적으로는 항공업을 관광사업으로 여기고 있지만 행정 및 법적으로 관광사업에 포함되지 않는다. 항공업은 관광수단이라기 보다는 교통수단이라는 인식이 강하여 교통부 시절부터 현재까지 교통관련 정보조직으로부터 관리감독을 받고 있다. 항공업을 관광사업으로 편입시켜야 한다는 목소리가 있지만 정치, 법, 행정 등이 복잡하게 얽혀 있어서 쉽지 않다.

1 관광사업의 정의와 종류

• **정의**: 관광사업은 관광객을 위하여 운송·숙박·음식·운동·오락·휴양 또는 용역을 제공하거나 그 밖에 관광에 딸린 시설을 갖추어 이를 이용하게 하는 업이다(관광진흥법 제2조).
• **종류**: 관광사업의 종류는 여행업, 관광숙박업, 관광객이용시설업, 국제회의업, 카지노업, 유원시설업, 관광편의시설업으로 구분된다(관광진흥법 제3조).

관광기업은 관광진흥법에 근거하여 허가를 받거나 등록을 해야 한다. 관광사업의 정의를 살펴보면 관광사업은 '관광객'을 위한 사업이다. 관광객이 관광을 하는 동안 관광버스 등 운송, 호텔 등 숙박, 전통식 등 음식, 스키 등 운동, 공연 등 오락, 해수욕장 등 휴양, 가이드 등 인적서비스(용역), 기타 관광시설을 제공하는 것이 관광사업이다.

관광사업에는 여행업, 관광숙박업, 관광객이용시설업, 국제회의업, 카지노업, 유원시설업, 관광편의시설업이 포함된다. 여행업은 국내를 여행하느냐 국외를 여행하느냐 그리고 내국을 대상으로 하느냐 외국인을 대상으로 하느냐에 따라 일반여행업, 국외여행업, 국내여행업으로 나뉜다. 관광숙박업에는 호텔과 콘도미니엄업이 있는데 호텔은 규모와 서비스 그리고 시설에 따라 특1급, 특2급, 1급, 2급, 3급으로 분류되고, 콘도미니엄은 관광객이 객실 내에서 취사를 할 수 있는 것이 특징이다. 관광객이용시설업은 용평리조트·에버랜드 등과 같은 위락시설이 포함되고, 국제회의업은 컨벤션센터와 같은 국제회의시설과 국제회의가 잘 진행되도록 업무를 대행해주는 업이 포함된다. 카지노업은 내국인이 출입할 수 있는 정선 강원랜드 카지노를 비롯해 20여 개의 외국인전용 카지노가 영업 중이다. 유원시설업은 청룡열차나 회전목마와 같은 놀이기구를 운영하는 업으로 그 규모나 신청 요건에 따라 관광객이용시설업 또는 유원시설업으로 등록된다. 관광객편의시설업에는 관광식당, 관광사진, 토속주 등이 포함된다.

2 여행업

1) 정의

• 여행업은 여행자 또는 운송시설·숙박시설, 그 밖에 여행에 딸리는 시설의 경영자 등을 위하여 그 시설 이용 알선이나 계약 체결의 대리, 여행에 관한 안내, 그 밖의 여행 편의를 제공하는 업이다.

초기의 여행업은 관광객의 숙박이나 교통, 기타 관광시설을 안내하고 예약해주는 중개적인 업무를 했지만 차츰 독자적인 여행상품을 개발해서 판매하는 형태로 발전하였다. 여행사가 기획한 여행상품은 관광객에게 편리함과 저렴함을 제공하여 대중관광시대를 열었다. 최근에 여행의 패턴이 단체관광에서 개인여행으로 전환되면서 여행 일정에 관한 다양한 상담이나 맞춤정보를 제공하는 여행사의 코디네이터 역할이 강조되고 있다.

관광진흥법에서 정의하는 여행업은 여행자 또는 운송시설·숙박시설, 그 밖에 여행과 연관된 시설의 경영자 등을 위하여 그 시설 이용 알선이나 계약 체결의 대행, 여행에 관한 안내, 그 밖의 여행 편의를 제공하는 업이다. 그러나 단순히 편의를 제공하는 업에 그치지 않고, 관광객에게 새롭고 독특하고 신비로운 체험을 제공하여 추억과 낭만 그리고 꿈을 주는 사업이다.

2) 종류

① 국내여행업

• 국내를 여행하는 내국인을 대상으로 하는 여행업
• 자본금: 3천만 원 이상
• 사무실: 소유권 또는 사용권이 있을 것

② 국외여행업

• 국외를 여행하는 내국인을 대상으로 하는 여행업(사증을 받는 절차를 대행하는 행위를 포함한다)

• 자본금: 6천만 원 이상
• 사무실: 소유권 또는 사용권이 있을 것

③ **일반여행업**
• 국내외를 여행하는 내국인 및 외국인을 대상으로 하는 여행업(사증을 받는 절차를 대행하는 행위를 포함한다)
• 자본금: 2억 원 이상
• 사무실: 소유권 또는 사용권이 있을 것

국내여행업은 국내를 여행하는 내국인을 대상으로 하는 여행업으로 인트라바운드(intrabound)에 해당한다. 등록기준은 자본금 3천만 원 이상과 사무실의 소유권 또는 사용권이 있어야 한다.

국외여행업은 국외를 여행하는 내국인을 대상으로 하는 여행업으로 아웃바운드(outbound)에 해당한다. 해외를 여행하려면 여권과 사증(비자)이 필요한데 과거에는 국외여행업으로 등록한 여행사에서 여권을 받는 절차도 대행했으나 최근에는 사증 업무만 대행한다. 등록기준은 자본금 6천만 원 이상과 사무실의 소유권 또는 사용권이 있어야 한다.

일반여행업은 국내외를 여행하는 내국인 및 외국인을 대상으로 하는 여행업으로 인트라바운드(intrabound)와 아웃바운드(outbound)뿐만 아니라 인바운드(inbound)도 포함한다. 국외여행업과 마찬가지로 사증 업무를 대행한다. 등록기준은 자본금 2억 원 이상과 사무실의 소유권 또는 사용권이 있어야 한다.

이상의 내용을 정리하면 3천만 원~2억 원의 자본금과 사무실만 있으면 여행사를 쉽게 설립할 수 있다. 과거 5천만 원~3억5천만 원과 보증보험이나 영업보증금이 필수조건이었을 때보다 등록기준이 대폭 완화되었다. 그 결과 몇 년 사이에 여행사가 30%가량 증가하고 일자리 창출과 실업자 대책이라는 긍정적인 효과를 만들어냈지만 반면에 여행사의 난립, 경쟁 심화, 그리고 영세화로 이어지게 되는 부작용도 발생하고 있다. 또한 보증보험이나 영업보증금이 사라지면서 여행사가 부도가 났을 때 여행자를 보호할 수 없다는 우려의 목소리가 높다. 또한 근본적으로 관광진흥법에 영업 중에 자본금을 유지해야 한다는 규정이 없어서 여행사 등록이 끝나면 자본금을 잠식하더라도 법적으로 제재를 할 수 없는 것이 문제로 지적되고 있다.

▮표 5-1▮ 전국 여행업 현황

지역	국내여행업	국외여행업	일반여행업	소계
서울	1,174	3,067	1,109	5,350
부산	371	533	53	957
대구	282	314	32	628
인천	121	131	34	286
광주	171	177	28	376
대전	205	209	22	436
울산	83	83	10	176
경기	640	758	93	1,491
강원	168	149	24	341
충북	176	161	12	349
충남	217	203	1	421
전북	197	199	43	439
전남	267	201	15	483
경북	254	217	18	489
경남	305	294	27	626
제주	257	71	113	441
계	4,888	6,767	1,634	13,289

출처: 문화관광체육부(2012a)

| 보증보험 사용 사례 |

인필투어 피해 접수

서울시관광협회는 최근 부도로 인해 폐업한 블루오션투어여행사(인필투어, 대표 윤경숙)에 대한 여행피해신고를 1월 7일부터 3월 9일까지 접수한다.

블루오션투어여행사는 3,000만 원 보증보험에 가입, 이번 부도로 인해 피해를 본 채권자들은 여기에서 피해액을 구제받을 수 있다. 그러나 전체 피해액은 1억 원 안팎에 이를 것으로 보여 보증보험을 통한 완전구제는 불가능한 상태다.

블루오션투어여행사와의 여행계약과 관련해 피해를 본 채권자는 신고기간 동안 피해사실확인서, 여행계약서, 여행일정표, 입금영수증원본, 고소장 및 민원접수증 등 관련 서류를 제출해야 변상 대상이 된다.

한편 피해자들은 본지 5일자 관련 기사 중 "부득이하게 영업을 중단하게 됐지만 미리 소비자에게 고지하고 뒤처리를 위해 노력하고 있다"며 대표자 잠적설을 부인한 인필투어 측의 주장과 관련해 "피해자 모두 사전에 전혀 연락을 받지 못했으며, 인필투어의 실질적인 경영을 맡은 K씨는 피해자 모임에 한 번도 나오지 않은 것은 물론 휴대폰 전원도 꺼놓아 전혀 연락이 닿지 않고 있다"며 "영업중단 직전까지 입금을 유도하는 등 사태 방지 노력을 하지 않은 것은 물론 영업중단 전후로 사실상 잠적한 채로 피해보상협의 등에 나서지 않고 있다"고 전면 반박했다.

출처: 여행신문(2009. 1. 12)

3) 유통업으로서의 여행사

- **랜드(Land Operator)** : 지상수배업자.
  현지의 교통, 숙박, 관광시설을 홀세일러나 대리점에 판매함
- **홀세일러(Wholesaler)** : 여행도매업사.
  여행상품을 기획하여 대리점에 판매함
- **대리점(Travel Agent)** : 여행소매업자.
  랜드 또는 홀세일러로부터 여행상품을 제공받아 관광객에게 판매함

여행업은 상품을 생산하기보다 다른 기업의 상품, 즉 항공좌석·호텔 객실·외식·공연·박물관 입장권을 예약해주거나 판매하기 때문에 관광산업의 유통업으로 불린다. 여행사를 유통업이라는 관점에서 랜드(land operator), 홀세일러(wholesaler), 대리점(travel agent)으로 구분하는데 랜드는 외국 여행사가 한국에 사무실을 개설한 지상수배업자를 말한다. 랜드는 현지의 교통, 숙박, 관광시설을 한국 홀세일러나 대리점에 판매한다. 한국 여행사들이 현지에 직접 연락하기가 곤란하거나 불편하기 때문에 랜드에서 현지와 한국 여행사를 중계해주는 것이다. 예를 들어 싱가포르의 한 여행사가 한국에 랜드를 설립해서 싱가포르의 호텔과 관광상품을 한국 여행사들에게 판매하는 것이다.

홀세일러는 운송, 숙박, 관광, 체험 등 여행 요소를 조합 또는 기획해서 패키지로 만들어 대리점에 판매하는 여행도매업자이다. 홀세일러는 원래 대리점에만 상품을 판매하지만 일부 홀세일러는 관광객에게 직접 상품을 판매하기도 한다. 대표적인 홀세일러는 하나투어, 모두투어, 세방여행, 한진관광, 노랑풍선 등이다.

대리점은 홀세일러 또는 랜드가 기획한 여행상품을 관광객들에게 판매하는 여행소

매업자이다. 동네 소규모 여행사에서 자체 기획상품 없이 하나투어와 모두투어 등의 홀세일러 상품을 판매하는 경우가 이에 해당한다.

▮그림 5-1▮ 현지 가이드의 설명을 듣고 있는 해외관광객

출처: 저자 촬영

관광객이 현지의 호텔이나 관광상품을 구매하는 과정은 다양하다.

① 관광객이 현지에 직접 전화로 예약하거나 인터넷을 이용해서 구매할 수 있다.

② 관광객이 홀세일러의 상품을 구매한다.

③ 관광객이 대리점에서 홀세일러의 상품을 구매한다.

④ 관광객이 홀세일러에서 랜드의 상품을 구매한다.

⑤ 랜드를 통해서 홀세일러가 기획한 상품을 대리점에서 구매한다.

⑥ 랜드에서 기획한 상품을 대리점에서 구매한다.

이런 구매과정을 정리하면 다음과 같다.

① 생산자(교통, 숙박, 관광시설) → 관광객

② 생산자 → 홀세일러 → 관광객

③ 생산자 → 홀세일러 → 대리점 → 관광객

④ 생산자 → 랜드사 → 홀세일러 → 관광객

⑤ 생산자 → 랜드사 → 홀세일러 → 대리점 → 관광객

⑥ 생산자 → 랜드사 → 대리점 → 관광객

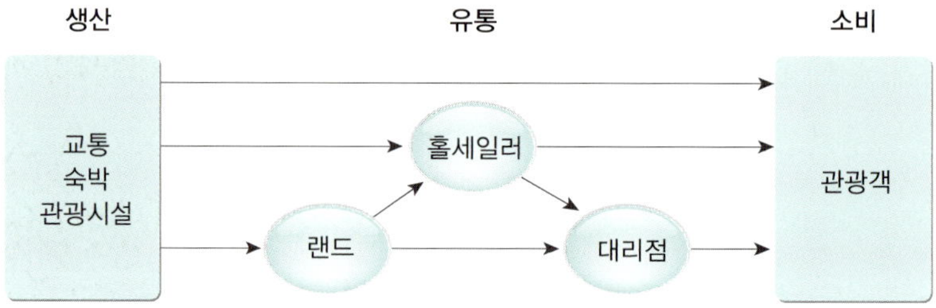

그림 5-2 여행상품 유통경로

3 관광숙박업

1) 호텔업

관광숙박업에는 호텔업과 휴양 콘도미니엄업이 있다. 호텔업은 관광객의 숙박에 적합한 시설을 갖추어 이를 관광객에게 제공하거나 숙박에 딸린 음식·운동·오락·휴양·공연 또는 연수에 적합한 시설 등을 함께 갖추어 이를 이용하게 하는 업이다. 호텔업에는 관광호텔업, 가족호텔업, 한국전통호텔업, 수상관광호텔업, 호스텔업이 있다.

(1) 관광호텔업

관광호텔업은 관광객의 숙박에 적합한 시설을 갖추어 관광객에게 이용하게 하고 숙박에 딸린 음식·운동·오락·휴양·공연 또는 연수에 적합한 시설을 갖추어 관광객에게 이용하게 하는 업이다. 관광호텔업은 관광객의 편의를 도모하고 관광숙박시설 및 서비스의 수준을 효율적으로 유지·관리하기 위하여 등급을 나누고 있다. 관광호텔업의 등급은 서비스 상태, 건축·설비·주차시설, 전기·통신시설, 소방·안전상태, 소비자만족도 등을 평가하여 90% 이상 특1등급, 80% 이상 특2등급, 70% 이상 1등급, 60% 이상 2등급, 50% 이상 3등급으로 구분한다. 전국에 644개의 관광호텔 중 서울이 141개로 가장 많다.

▮표 5-2▮ 관광호텔업의 등급

등급	평가점수	무궁화 수	바탕색
특1등급	90%	5개	금색
특2등급	80%	5개	녹색
1등급	70%	4개	녹색
2등급	60%	3개	녹색
3등급	50%	2개	녹색

▮표 5-3▮ 전국 관광호텔업 현황

지역	특1등급		특2등급		1등급		2등급		3등급		등급 미정		합계	
	업체	객실	업체	객실	업체	객실	업체	객실	업체	객실	업체	객실	업체	객실
서울	21	10,294	26	5,823	33	3,740	21	1,309	14	716	26	1,942	141	23,824
부산	6	2,469	4	621	13	1,209	12	585	11	1,516	3	288	49	6,688
대구	3	696	3	417	2	105	–	–	–	–	12	727	20	1,945
인천	3	1,020	6	1,380	1	94	11	506	8	330	13	643	42	3,973
광주	2	325	2	198	6	363	6	252	1	44	4	174	21	1,356
대전	1	174	2	393	5	361	6	225	4	193	3	486	21	1,832
울산	2	495	–	–	1	75	2	146	–	–	2	65	7	781
경기	2	474	5	744	20	1,644	16	818	12	667	27	1,481	82	5,828
강원	7	1,811	8	1,278	11	716	4	215	2	114	7	521	39	4,655
충북	1	328	1	180	15	1,077	1	30	3	103	1	45	22	1,763
충남	–	–	3	467	1	60	7	311	–	–	5	238	16	1,076
전북	1	118	2	277	4	306	7	328	1	38	3	183	18	1,250
전남	1	208	1	46	9	582	5	248	2	91	10	526	28	1,701
경북	5	1,661	3	532	15	967	9	524	7	331	10	516	49	4,531
경남	2	401	4	478	13	1,093	7	361	4	172	8	379	38	2,884
제주	12	3,622	5	507	18	1,600	5	284	2	123	9	540	51	6,676
계	69	24,096	75	13,341	167	13,992	119	6,142	71	4,438	143	8,754	644	70,763

* 등급 미정은 신규등록업체 및 등급유효기간 만료업체로서 현재일 기준 등급심사가 이루어지지 않은 업체

출처: 문화체육관광부(2012a)

(2) 가족호텔업

가족호텔업은 가족단위 관광객의 숙박에 적합한 시설 및 취사도구를 갖추어 관광객에게 이용하게 하거나 숙박에 딸린 음식·운동·휴양 또는 연수에 적합한 시설을 함께 갖추어 관광객에게 이용하게 하는 업이다. 전국에 58개소가 있으며 가족단위의 여행이 늘면서 가족호텔도 늘어나고 있다. 제주도가 17개로 가장 많고, 전남 9개, 경남 8개, 서울 7개, 강원 7개, 전북 4개, 경기·부산·인천·울산·충남·충북 각 1개가 분포되어 있다.

표 5-4 전국 가족호텔업 현황

지역	호텔명	위치	등록일	객실 수
서울 (7)	오크우드프리미어	강남구 삼성동 159	2001.10	280
	반얀트리호텔	중구 장충동 2가 산 5-5	2007.09	218
	프로비스타 가족호텔	서초구 서초동 1677-6	2007.01	170
	매리어트 이그제큐티브	영등포구 여의도동 26	2007.08	103
	프레이저스위츠 서울 가족호텔	종로구 낙원동 272	2007.09	213
	프레이저플레이스 센트럴 서울	중구 순화동 214 외 1 필지	2008.10	240
	이스트게이트타워호텔	중구 을지로 6가 17-2 케레스타빌딩 18-2	2009.05	280
부산	금강국민호텔	동래구 온천동 1-4	1985.11	17
인천	무의아일랜드 가족호텔	중구 무의동 370 외 4 필지	2005.04	30
울산	블루오션뷰	울주군 서생면 진하리 77-12	2009.07	35
경기	브니엘 청평 가족호텔	가평군 상면 덕현리 산 7 4-12	1990.07	52
강원 (7)	호산비치가족호텔	삼척시 원덕읍 호산리 39	1999.02	39
	호텔 굿모닝	속초시 조양동 1432-1	2002.01	88
	설악교육문화회관	속초시 도문동 155	1996.02	77
	오색그린야드호텔	양양군 서면 오색리 511	2008.05	155
	엘카지노호텔	정선군 남면 무릉리 471	2008.11	54
	엘스호텔	정선군 사북읍 사북리 356-87	2009.12	46
	호텔올림피아	평창군 대관령면 차항리 266-14	-	98
충북	후랜드리 가족호텔	충주시 호암동 540-10	1990.07	52
충남	천안상록 가족호텔	천안시 수신면 장산리 669-1	2007.07	100
전북 (4)	남원가족호텔	남원시 신촌동 437	1989.05	43
	무주리조트 가족호텔	무주군 설천면 심곡리 산 43	1990.12	974
	무주리조트 국민호텔	무주군 설천면 심곡리 산 43	1997.02	418
	대명리조트 변산	부안면 변산면 격포리 257	2008.07	504

전남 (9)	빅토리아호텔	고흥군 도화면 발포리 89-1	2005.07	55
	담양리조트온천호텔	담양군 금성면 원율리 399	2003.11	36
	은혜가족호텔	고흥군 도하면 발포리 89-1	2005.07	32
	한화리조트/지리산	구례군 마산면 황전리 32-3	1997.10	57
	지리산가족호텔	구례군 산동면 대평리 729	2003.01	134
	흑산비치가족호텔	신안군 흑산면 진리 31 외 7	2000.12	53
	두륜산온천가족호텔	해남군 삼산면 구림리 138-8	2007.01	34
	TOP가족관광호텔	목포시 대의동 12-1	2010.12	30
	완도해조류스파랜드	완도군 신지면 명사십리 61번길 230	2011.12	30
경남 (8)	아이스밸리 가족호텔	밀양시 산내면 남명리 1-5	1997.12	45
	거제훼미리호텔	거제시 남부면 갈곶리 263-3	2006.07	30
	오아이스호텔	거제시 신현읍 장평리 815-21	2007.04	99
	남해스포츠파크	남해군 서면 서상리 1182-9	2002.05	95
	남승가족호텔	남해군 삼동면 물건리 5-1	2005.02	37
	호텔씨팰리스	거제시 일운면 와현리 622	2009.03	138
	CLUB E. S 통영리조트	통영시 산양읍 미남리 697-2	2009.04	106
	라베르호텔	통영시 도남동 201-19	2010.08	44
제주 (17)	중문훼미리호텔	서귀포시 상예동 2729-2	2006.05	32
	꼬르도르가족호텔	제주시 구좌읍 동복리 827	2000.12	30
	그랑빌가족호텔	서귀포시 색달동 25-12	2007.07	42
	중문빌리지가족호텔	서귀포시 하예동 141	2007.08	30
	그림리조트	제주시 용담 3동 1020-4	2008.01	30
	송악리조트	서귀포시 대정읍 상모리 78	2008.01	30
	다인리조트	제주시 애월읍 고내리 79-5	2008.03	33
	조은리조트	서귀포시 강정동 2486	2008.03	33
	담앤루	서귀포시 대포동 1174	2008.06	30
	올레리조트	제주시 애월읍 신엄리 2867-3	2008.06	48
	호텔 네이버후드	제주 제주시 노형동 1295-16	2008.08	346
	뷰티플리조트	서귀포시 대포동 1265-1	2008.08	32
	다인리조트 투(2차)	제주시 애월읍 고내리 79-8	2009.03	33
	중문리조트	서귀포시 색달동 1821-3	2009.08	44
	재즈마을리조트	서귀포시 상예동 2850	2009.09	46
	중문통나무가족호텔	서귀포시 대포동 249	2011.08	30
	아모렉스	제주시 서해안로 216 (도두일동)	2011.12	45
계	58개소			6,255

출처: 문화체육관광부(2012b)

(3) 한국전통호텔업

한국전통호텔업은 한국전통의 건축물에 관광객의 숙박에 적합한 시설을 갖추거나 부대시설을 함께 갖추어 관광객에게 이용하게 하는 업이다. 1991년 제주도 중문관광단지에 씨에스호텔이 한국전통호텔로 등록된 이래 2010년 경주 신라밀레니엄 라궁, 2011년 영암 영산재가 등록하여 총 3개소가 운영 중이다. 한국전통호텔은 가옥의 형태와 서비스의 특성으로 인하여 객실 수가 많지 않다. 3개 호텔을 모두 합하여 객실이 63개이다.

표 5-5 전국 한국전통호텔업 현황

지역	호텔명	위치	등록일	객실 수
제주	씨에스호텔	서귀포시 중문동 2563-1	1991.07	26
경북	신라밀레니엄 라궁	경주시 신평동 719-10	2010.07	16
전남	한국호텔 영산재	영암군 삼호읍 나불리 292	2011.10	21
계	3개소			63

출처: 문화체육관광부(2012b)

그림 5-3 신라밀레니엄 라궁

출처: 신라밀레니엄파크(http://www.smpark.co.kr)

(4) 호스텔업

호스텔업은 배낭여행객 등 개별 관광객의 숙박에 적합한 시설로서 샤워장, 취사장 등의 편의시설과 외국인 및 내국인 관광객을 위한 문화・정보 교류시설 등을 함께 갖추어 이용하게 하는 업이다. 2010년 제주도에 누가빌리지호스텔이 등록한 이래 제이하우스, 비울채울, 가산토방호스텔, 아마스빌호스텔 그리고 인천에 델로스호스텔 등 6개소가 운영 중이다.

표 5-6 전국 호스텔업 현황

지역	호텔명	위치	등록일	객실 수
제주 (5)	누가빌리지호스텔	서귀포시 토평동 3201	2010.12	36
	제이하우스	서귀포시 강정동 3786-1	2011.07	21
	비울채울	서귀포시 보목동 1569	2011.08	20
	가산토방호스텔	서귀포시 토평동 3077 외 1	2011.08	20
	아마스빌호스텔	제주시 애월읍 신엄안 3길 101 외 1	2011.12	20
인천	델로스호스텔	인천광역시 중구 을왕7동 81	2011.10	15
계	6개소			132

출처: 문화체육관광부(2012b)

그림 5-4 비울채울 호스텔

출처: 비울채울 펜션(http://www.beewoolchaewool.com)

(5) 수상관광호텔업

수상관광호텔업은 수상에 구조물 또는 선박을 고정하거나 매어 놓고 관광객의 숙박에 적합한 시설을 갖추거나 부대시설을 함께 갖추어 관광객에게 이용하게 하는 업이다. 2000년 부산 해운대구에 객실 수 53실의 수상관광호텔이 등록되었으나, 태풍으로 인해 멸실되었다.

2) 휴양 콘도미니엄업

휴양 콘도미니엄업은 관광객의 숙박과 취사에 적합한 시설을 갖추어 이를 그 시설의 회원이나 공유자, 그 밖의 관광객에게 제공하거나 숙박에 딸리는 음식・운동・오락・휴양・공연 또는 연수에 적합한 시설 등을 함께 갖추어 이용하게 하는 업이다. 전국에 182개 업체가 등록하였으며 강원도가 59개로 가장 많고 제주 41개, 경북 16개, 경기 16개, 충남 15개 순이다.

표 5-7 전국 휴양콘도미니엄업 현황

구분	부산	인천	경기	강원	충북	충남	전북	전남	경북	경남	제주	합계
콘도 수	4	2	16	59	8	15	7	6	16	8	41	182
객실 수	1,385	351	3,113	18,706	1,817	2,729	815	942	3,010	1,338	4,397	38,623

출처: 문화관광체육부(2012b)

표 5-8 강원도 휴양콘도미니엄

지역	시 설 명	객실 수			
		66m^2 이하	66~132m^2	132m^2 이상	소계
춘천시 (2)	두산큐벡스(주) 라데나콘도	0	110	15	125
	엘스위트강촌 휴양콘도미니엄	0	210	12	222
원주시 (5)	한솔오크밸리 사우스	0	122	44	166
	한솔골프콘도	0	348	96	444
	한솔오크밸리 노스	0	0	103	103
	오크밸리 스키골프지역콘도	0	240	0	240
	스키골프시설지역 연립식 휴양콘도	0	85	60	145
강릉시 (3)	경포산장 휴양콘도미니엄	92	0	0	92
	경포비치리조트	70	344	5	419
	주문진리조트	21	30	19	70
태백시	오투리조트 휴양콘도미니엄	70	268	86	424
속초시 (11)	동해휴양콘도	0	62	0	62
	연호콘도미니엄	0	115	4	119
	사조마을설악휴양콘도	4	212	3	219
	코레스코설악	0	153	0	153
	설악파인리조트	3	134	4	141

	설악비치콘도	24	84	6	114
	영랑호(동양)리조트	188	41	31	260
	현대수콘도미니엄	0	470	7	477
	한화호텔앤드리조트	0	1,465	99	1,564
	금호설악콘도	0	237	10	247
	이랜드파크 한국콘도설악	0	52	0	52
홍천군 (4)	대명비발디파크 1차·2차	480	600	10	1,090
	메이플휴양콘도	0	453	70	523
	소노펠리체 휴양콘도미니엄	0	0	504	504
	대명리조트체리 휴양콘도미니엄	0	279	0	279
횡성군 (3)	치악산 휴양콘도미니엄	0	162	0	162
	청우골프클럽	0	52	6	58
	현대성우리조트	191	513	63	767
영월군	동강시스타	0	284	16	300
평창군 (13)	신세계 대관령리조트	0	150	0	150
	스카이 휴양콘도미니엄	347	195	214	756
	용평1차 휴양콘도미니엄	182	23	0	205
	용평2차 휴양콘도미니엄	182	293	146	621
	용평버치힐 휴양콘도미니엄	0	0	450	450
	용평5차(2차) (포레스트)콘도	0	0	106	106
	용평4차(2차) 베르데힐콘도	0	0	224	224
	한화리조트/휘닉스파크	0	317	123	440
	용평(4차) 그린피아콘도	0	336	2	338
	용평5차 (포레스트)콘도	0	0	61	61
	노블스윙 휴양콘도미니엄	0	8	43	51
	알펜시아 타운	0	339	4	343
	홀리데이인스위트2차	0	40	36	76
고성군 (11)	일성설악	148	150	43	341
	(주)포유리조트	49	79	19	147
	대명설악	190	472	21	683
	설악썬밸리	0	127	71	198
	금강산	74	151	0	225
	이랜드파크	48	148	17	213
	이랜드파크켄싱턴리조트설악비치	36	122	24	182

	알프스	0	468	32	500
	삼포리조트	0	251	0	251
	아이파크콘도	178	84	68	330
	파인리즈빌라휴양콘도	36	108	24	168
정선군 (3)	하이원리조트 휴양콘도미니엄	90	666	147	903
	메이힐스리조트 휴양콘도미니엄	0	486	109	595
	하이캐슬리조트 휴양콘도미니엄	0	313	26	339
양양군 (2)	대명리조트쏠비치 휴양콘도미니엄	0	186	33	219
	골든비치리조트 비치골프텔	0	30	20	50

출처: 문화관광체육부(2012b)

"홈스테이로 부수입 올려볼까?"

'코리아스테이' 가입으로 초보도 쉽게 시작 가능

최근 홈스테이가 '외국인 관광 도시민박업'으로 관광진흥법상의 관광편의시설업에 추가되면서 새롭게 각광을 받고 있다. 그러나 무경험자의 경우 홈스테이를 해보고 싶어도 막상 외국인 관광객 유치 등과 같은 운영 노하우가 없어 시작이 쉽지 않다.

한국관광공사는 홈스테이 활성화를 위한 통합브랜드로 '코리아스테이'를 마련해 운영하고 있다고 2일 밝혔다. 코리아스테이에 등록되면 전용 웹사이트(www.koreastay.or.kr) 및 관광공사 해외 지사의 홍보마케팅 채널을 통해 방문객 유치가 한결 쉬워진다. 또 홈스테이 운영에 필요한 객실관리 및 게스트 응대 요령, 글로벌 에티켓 등 운영 노하우도 습득할 수 있다.

코리아스테이는 지난해 10월 처음으로 230여 가구를 인증하고, 올해 1월까지 727박을 유치했다. 또 오는 3월 16일까지 신규 모집에 나설 예정이다. 추가 홈스테이 가정은 올해 7월 말까지 현장실사와 심의 등 절차를 거쳐 인증할 계획이다.

전용찬 한국관광공사 관광환경개선팀 팀장은 "홈스테이는 큰 투자비용이나 특별한 지식 없이도 시작해 볼 수 있는 부수입 사업"이라며 "이와 더불어 외국인 관광객, 해외 청소년, 대학생 등과 교류하는 특별한 기회도 될 수 있을 것"이라고 말했다.

출처: 머니투데이(2012. 2. 1)

4 관광객이용시설업

관광객이용시설업은 관광객을 위하여 음식 · 운동 · 오락 · 휴양 · 문화 · 예술 또는 레저 등에 적합한 시설을 갖추어 이를 관광객에게 이용하게 하는 업 또는 대통령령으로 정하는 2종 이상의 시설과 관광숙박업의 시설 등을 함께 갖추어 이를 회원이나 그 밖의 관광객에게 이용하게 하는 업이다. 관광객이용시설업에는 전문휴양업, 종합휴양업, 자동차야영장업, 관광유람선업, 관광공연장업, 외국인전용 관광기념품판매업으로 구분되는데 전문휴양업 47개 업체, 종합휴양업 20개 업체, 자동차야영장업 12개, 관광유람선업 45개 업체, 관광공연장업 7개, 외국인전용 관광기념품판매업 189개 업체가 영업 중이다.

1) 전문휴양업

전문휴양업은 관광객의 휴양이나 여가 선용을 위하여 숙박업 시설, 휴게음식점영업, 일반음식점영업 또는 제과점영업의 신고에 필요한 시설을 갖추고 전문휴양시설 중 한 종류의 시설을 갖추어 관광객에게 이용하게 하는 업으로 전국에 47개 업체가 등록하였다. 제주도가 29개로 가장 많으며, 경기 7개, 충남 4개, 경북 3개, 강원 2개, 부산 · 전북 · 전남 각 1개로 분포되어 있다.

▌그림 5-5▌ 소인국 테마파크

출처: 소인국 테마파크(http://www.soingook.com)

표 5-9 전국 전문휴양업 현황

지역	업소 수	업체명
부산	1	부산아쿠아리움
경기	7	돌석도예박물관, 장흥자생수목원, 서울리조트, 아리지, 테마동물원 주주, (주)서림리조트, (주)동승골프앤리조트
강원	2	(주)대명레저산업, 알프스리조트
충남	4	아산스파비스, (주)파라다이스 도고지점, 서대산드림리조트, 그림이 있는 정원
전북	1	부안상록해수욕장
전남	1	금호화순온천장
경북	3	영천 사일온천, 신라밀레니엄파크, 소백산 풍기호텔리조트
세수	29	(주)대유산업, 퍼시픽랜드, 여미지식물원, (주)미니미니랜드, (주)테디베어뮤지엄, (주)소인국 테마파크, (주)삼영관광일출랜드, (주)한림공원, 제주휘트니스타운, (주)아프리카박물괸, 빙림원, (주)아쿠아랜드, (주)제주드림랜드, 석부작테마공원, 생각하는 정원, 팜빌리지관광농원, 조이월드, 나비공원 프시케월드, 제주러브랜드, 테마공원 선녀와나무꾼, 세계 성 문화박물관, 한국공항 (주)제주민속촌, (주)제주 유리의성, 제주아트랜드, 제주허브동산, (주)라온랜드, 셰프라인 월드, 농업회사법인 (주)메이즈랜드
합계	47개소	

출처: 문화관광체육부(2012a)

2) 종합휴양업

종합휴양업은 제1종과 제2종으로 나뉘는데 제1종 종합휴양업은 관광객의 휴양이나 여가 선용을 위하여 숙박시설 또는 음식점시설을 갖추고 전문휴양시설 중 두 종류 이상의 시설을 갖추어 관광객에게 이용하게 하는 업이나, 숙박시설 또는 음식점시설을 갖추고 전문휴양시설 중 한 종류 이상의 시설과 종합유원시설업의 시설을 갖추어 관광객에게 이용하게 하는 업이다. 전국에 15개 업체가 제1종 종합휴양업으로 등록하여 영업 중이다. 부산에 신세계 센텀시티, 대구에 스파밸리, 인천에 송도유원지, 경기도에 웅진플레이도시 · 한국민속촌 · 에버랜드 · (주)오아시스 씨앤씨, 강원도에 남이섬 · 설악워터피아, 충북에 상수허브랜드, 충남에 천안상록리조트 · 천안종합휴양관광지, 경북에 경주월드, 경남에 부곡하와이 · 드림랜드 자연휴양림이 있다.

▮표 5-10▮ 전국 제1종 종합휴양업 현황

지역	업소 수	업체명
부산	1	신세계 샌텀시티
대구	1	스파밸리
인천	1	송도유원지
경기	4	웅진플레이도시, 한국민속촌, 에버랜드, (주)오아시스 씨앤씨
강원	2	남이섬, 설악워터피아
충북	1	상수허브랜드
충남	2	천안상록리조트, 천안종합휴양관광지
경북	1	경주월드
경남	2	부곡하와이, 드림랜드 자연휴양림
합계	15개소	

출처: 문화관광체육부(2012a)

▮그림 5-6▮ 에버랜드

출처: 저자 촬영

제2종 종합휴양업은 관광객의 휴양이나 여가 선용을 위하여 관광숙박업의 등록에 필요한 시설과 제1종 종합휴양업의 등록에 필요한 전문휴양시설 중 두 종류 이상의 시설 또는 전문휴양시설 중 한 종류 이상의 시설 및 종합유원시설업의 시설을 함께 갖추어 관광객에게 이용하게 하는 업이다. 전국에 8개 업체가 제2종으로 등록하였다. 서울에 롯데월드 · 한화호텔앤드리조트, 강원도에 현대성우 · 청우골프클럽 · 용평리조트 · 보광휘닉스파크 · 알펜시아리조트, 전북에 무주리조트가 영업을 하고 있다.

▌표 5-11▐ 전국 제2종 종합휴양업 현황

지역	업소 수	업체명
서울	2	롯데월드, 한화호텔앤드리조트
강원	5	현대성우, 청우골프클럽, 용평리조트, 보광휘닉스파크, 알펜시아리조트
전북	1	(주)무주리조트
합계	8개소	

출처: 문화관광체육부(2012b)

▌그림 5-7▐ 용평리조트

출처: 저자 촬영

3) 자동차야영장업

자동차야영장업은 자동차를 이용하는 여행자의 야영·취사 및 주차에 적합한 시설을 갖추어 관광객에게 이용하게 하는 업이다. 자동차야영장업 등록기준은 차량 1대당 80제곱미터 이상의 주차 및 휴식공간을 확보하고, 주차 및 야영에 불편이 없도록 수용인원에 적합한 상하수도시설·전기시설·통신시설·공중화장실·공동취사시설 등 편의시설과 2차선 이상의 진입로를 갖추어야 한다. 경기 가평군 자라섬캠핑장, 강원 동해시 망상오토캠핑리조트, 강원 고성군 송지호오토캠핑장, 전남 해남군 땅끝오토캠핑장 등이 운영 중이다.

표 5-12 전국 자동차야영장업 현황

지역	업체명	소재지	연이용객 수
경기 가평군	자라섬캠핑장	경기도 가평군 가평읍 달전리 산8번지 일원	100,000
강원 동해시	망상오토캠핑리조트	동해시 망상동 393-39	90,297
강원 고성군	송지호오토캠핑장	고성군 죽왕면 오봉리 8-1	17,174
전남 해남군	땅끝오토캠핑장	해남군 송지면 송호리 산14-1	7,064

출처: 문화관광체육부(2012b)

그림 5-8 땅끝오토캠핑장

출처: 땅끝오토캠핑장(http://autocamp.haenam.go.kr)

4) 관광유람선업

관광유람선업은 일반관광유람선업과 크루즈업으로 나뉘는데 일반관광유람선업은 「해운법」에 따른 해상여객운송사업의 면허를 받은 자나 「유선 및 도선사업법」에 따른 유선사업의 면허를 받거나 신고한 자가 선박을 이용하여 관광객에게 관광을 할 수 있도록 하는 업이다. 크루즈업은 「해운법」에 따른 순항(順航) 여객운송사업이나 복합 해상여객운송사업의 면허를 받은 자가 해당 선박 안에 숙박시설, 위락시설 등 편의시설을 갖춘 선박을 이용하여 관광객에게 관광을 할 수 있도록 하는 업이다.

5) 관광공연장업

관광공연장업은 관광객을 위하여 공연시설을 갖추고 한국전통가무가 포함된 공연물을 공연하면서 관광객에게 식사와 주류를 판매하는 업이다.

6) 외국인전용 관광기념품 판매업

외국인전용 관광기념품 판매업은 외국인 관광객에게 물품을 판매하기에 적합한 시설을 갖추어 국내에서 생산되는 주원료를 이용하여 제조하거나 가공된 물품을 판매하는 업이다.

5 국제회의업

1) 정의

국제회의업은 대규모 관광수요를 유발하는 국제회의(세미나 · 토론회 · 전시회 등을 포함한다)를 개최할 수 있는 시설을 설치 · 운영하거나 국제회의의 계획 · 준비 · 진행 등의 업무를 위탁받아 대행하는 업으로 국제회의시설업과 국제회의기획업으로 나뉜다. 국제회의업은 1986년 국제회의용역업이라는 명칭으로 관광진흥법상의 관광사업으로 포함되었다. 이를 계기로 국제회의를 관광과 연계하여 발전시키고, 86 아시안게임과 88 서울올림픽을 위해 건립된 관광수용시설을 최대한 활용하고, 국제회의 전문 용역업체를 육성할 수 있게 되었다. 1996년 국제회의산업 육성에 관한 법률이 제정되면서 국제회의 산업이 더욱 발전할 수 있는 기반이 마련되었다. 1998년에는 기존의 국제회의용역업을 국제회의기획업으로 명칭을 변경하고 국제회의시설업을 추가하여 국제회의업으로 확대되었다. 국제회의산업 육성에 관한 법률에 따라 아래 두 가지 조건 중 하나를 만족할 때 국제회의로 간주하고 개최 지원, 국외 홍보, 관련 정보 수집 및 배포, 교육, 재정 지원 등을 한다.

- **국제회의로 인정되기 위한 규모**

① 국제기구 또는 국제기구에 가입한 기관 또는 법인 · 단체가 개최할 경우
- 해당 회의에 5개국 이상의 외국인이 참가할 것
- 회의 참가자가 300인 이상이고 그중 외국인이 100인 이상일 것
- 3일 이상 진행되는 회의일 것

② 국제기구에 가입하지 아니한 기관 또는 법인·단체가 개최하는 경우
  - 회의참가자 중 외국인이 150인 이상일 것
  - 2일 이상 진행되는 회의일 것

2) 종류

(1) 국제회의시설업

국제회의시설업은 대규모 관광수요를 유발하는 국제회의를 개최할 수 있는 시설을 설치하여 운영하는 업이다. 국제회의시설은 국제회의 개최에 필요한 전문회의시설, 준회의시설, 전시시설, 부대시설을 가지고 있다. 전문회의시설은 2천 명 이상의 인원을 수용할 수 있는 대회의실, 30명 이상의 인원을 수용할 수 있는 중소회의실이 10실 이상, 옥내와 옥외의 전시면적을 합쳐서 2,000m^2 이상을 갖추어야 한다. 준회의시설은 국제회의 개최에 필요한 회의실로 활용할 수 있는 호텔연회장, 공연장, 체육관 등이며 200명 이상의 인원을 수용할 수 있는 대회의실, 30명 이상의 인원을 수용할 수 있는 중소회의실 3실 이상을 갖추어야 한다.

전시시설은 옥내와 옥외의 전시면적을 합쳐서 2,000m^2 이상 확보하고 30명 이상의 인원을 수용할 수 있는 중소회의실 5실 이상을 갖추어야 한다. 부대시설은 국제회의

▌그림 5-9▌ 제주국제컨벤션센터

출처: 저자 촬영

개최 및 전시의 편의를 위하여 제공하는 숙박시설 · 주차시설 · 음식점시설 · 휴식시설 · 판매시설 등이다. 우리나라 국제회의시설업으로는 코엑스(COEX), 한국국제전시장(KINTEX), 대구전시컨벤션센터(EXCO), 부산전시컨벤션센터(BEXCO), 제주국제컨벤션센터(ICC JEJU) 등 11개 업체가 등록되어 있다.

(2) 국제회의기획업

국제회의기획업은 대규모 관광수요를 유발하는 국제회의의 계획 · 준비 · 진행 등의 업무를 위탁받아 대행하는 업이다. 국제회의기획업체는 간단히 PCO(Professional Convention Organizer)라고 하며 국제회의나 전시회의 주최측으로부터 행사의 일부 또는 전체를 대행해줌으로써 인력과 예산을 효율적으로 사용하면서도 전문적이고 세련된 행사를 만들 수 있도록 해준다. 2011년 12월 기준으로 국제회의기획업은 295개가 등록되어 있다.

그림 5-10 국제회의 기획업체 인터컴

출처: 인터컴(http://www.intercompco.co.kr)

6 카지노업

1) 정의

카지노업은 전용 영업장을 갖추고 주사위, 트럼프, 슬롯머신 등 특정한 기구 등을 이용하여 우연의 결과에 따라 특정인에게 재산상의 이익을 주고 다른 참가자에게 손실을 주는 행위를 하는 업이다. 카지노는 17, 18세기에 유럽에서 시작되었으며 1930년대 미국 라스베이거스에서 은광이 발견되면서 광산노동자의 여가선용을 위해 건립되다가 대규모 산업으로 발전하였다. 카지노는 엄청난 관광 수익을 획득할 수 있기 때문에 전 세계적으로 중요한 관광사업으로 육성되고 있다. 미국 라스베이거스는 카지노 도시답게 수많은 카지노가 성업 중이고 마카오와 싱가포르 등에서도 카지노를 건립하면서 관광산업에 활력을 얻고 있다.

한편 카지노는 도박 중독으로 인한 사회적 문제에 대한 부정적 시각을 안고 있다. 이를 극복하기 위하여 카지노는 도박 산업이 아니라 종합엔터테인먼트산업이라는 이미지를 구축하기 위하여 애쓰고 있다. 그를 위해 카지노에 호텔, 테마파크, 레저시설, 국제회의, 쇼핑, 레스토랑 등을 함께 건설해서 관광, 레저, 비즈니스 활동의 장으로 만들어 나가고 있다. 카지노 이용자들이 카지노에서 일확천금을 얻겠다는 도박심리에서 벗어나 게임을 이용하는 비용을 지불한다는 생각을 가지고, 일정 시간 또는 일정 금액으로만 즐긴다면 건전한 카지노 문화를 만들 수 있을 것이다.

▮그림 5-11▮ 미국 라스베이거스의 벨라지오 카지노 호텔

출처: 저자 촬영

우리나라의 카지노업은 1962년부터 사행행위단속법에 의해 외국인을 상대로 하는 오락시설로서 외화획득에 기여할 수 있다고 인정될 때만 허가되었으며, 경찰청이 사행사업으로 관리하다가 1994년부터 관광진흥법에 의해 카지노가 관광사업으로 전환되어 문화관광부에서 허가권과 지도감독권을 갖게 되었다. 현재 전국적으로 17개의 카지노가 운영 중이다. 국내 카지노는 외국인만 출입이 가능하지만 예외적으로 폐광지역개발지원에 관한 특별법에 의거해 강원랜드 카지노는 한시적으로 내국인 출입이 가능하다. 강원랜드 카지노의 월평균 매출액은 1,000억 원에 달하며 다른 16개의 외국인전용 카지노의 매출액을 합한 금액보다 많다.

표 5-13 전국 카지노업체 현황

지역	업소명	허가일	2011년 매출액 (백만 원)	2011년 입장객 (명)
서울	파라다이스카지노 워커힐	1968.03.05	344,975	339,114
	세븐럭카지노 강남점	1905.01.28	269,191	381,336
	세븐럭카지노 강북점	1905.01.28	188,912	847,260
부산	세븐럭카지노 부산점	1905.01.28	64,017	199,499
	파라다이스카지노 부산	1978.10.29	75,773	92,454
인천	파라다이스인천카지노	1967.08.10	74,194	37,880
강원	알펜시아카지노	1980.12.09	239	4,145
대구	호텔인터불고대구카지노	1979.04.11	6,546	18,021
제주	라마다프라자카지노	1975.10.15	12,411	31,334
	파라다이스그랜드카지노	1990.09.01	23,865	36,311
	신라호텔카지노	1991.07.31	9,459	21,309
	로얄팔레스카지노	1990.11.06	13,599	14,612
	파라다이스롯데카지노	1985.04.11	22,707	31,941
	엘베가스카지노	1990.09.01	5,229	11,274
	하얏트호텔카지노	1990.09.01	5,549	10,295
	골든비치카지노	1995.12.28	8,674	23,913
16개 업체(외국인 대상)			1,127,351	2,100,698
강원	강원랜드카지노(내 · 외국인 대상)	2000.10.12	1,186,299	2,983,440
17개 업체(내 · 외국인 대상)			2,313,650	5,084,138

출처: 문화관광체육부(2012c)

2) 허가 및 기금 납부

카지노 허가는 매우 엄격하다. 허가 조건도 까다롭지만 조건을 갖춘다고 해도 정부의 의지가 있어야만 가능하다. 카지노를 설립하기 위해서는 국제공항 또는 국제여객선터미널이 있는 특별시・광역시 또는 도 안에 있거나 관광특구 안에 있는 관광숙박업 중 호텔시설(관광숙박업의 등급 중 최상등급을 받은 시설에 한하며, 시・도 안에 최상등급의 시설이 없는 경우에는 그 다음 등급의 시설에 한한다) 또는 대통령령이 정하는 국제회의업시설의 부대시설 안에서 카지노업을 하고자 하는 경우로서 대통령령이 정하는 일정요건에 적합해야 한다. 또는 우리나라와 외국을 왕래하는 1만 톤급 이상의 여객선 안에서 카지노업을 하고자 하는 경우로서 역시 대통령령이 정하는 요건에 적합해야 한다. 카지노 사업자는 총매출액의 100분의 10의 범위 안에서 일정 비율에 상당하는 금액을 관광진흥개발기금으로 납부하여야 한다.

그림 5-12 강원랜드호텔과 카지노

출처: 저자 촬영

7 유원시설업

1) 정의

유원시설업은 유기시설 또는 유기기구를 갖추어 이를 관광객에게 이용하게 하는 업이다. 유원시설업은 종합 유원시설업, 일반 유원시설업, 기타 유원시설업으로 구분되는데 관람객들의 사고에 위험이 있는 유기기구는 일정기간이 지나면 안전성 검사를 반드시 받아야 한다. 안전성 검사 대상 유기기구는 주행형, 고정형, 관람형, 놀이형이 있으며 범퍼카, 회전관람차, 회전목마, 가상현실 특급, 파도풀 등이 포함된다.

표 5-14 전국 카지노업체 현황

지역	업체 수	지역	업체 수
서울	8	강원	24
부산	15	충북	7
대구	13	충남	18
인천	9	전북	12
광주	3	전남	16
대전	4	경북	13
울산	7	경남	16
경기	40	제주	11
합계	216개소		

출처: 문화관광체육부(2012a)

2) 종류

① 종합 유원시설업: 유기시설이나 유기기구를 갖추어 관광객에게 이용하게 하는 업으로서 대규모의 대지 또는 실내에서 안전성 검사 대상 유기시설 또는 유기기구 여섯 종류 이상을 설치하여 운영하는 업

② 일반 유원시설업: 유기시설이나 유기기구를 갖추어 관광객에게 이용하게 하는 업으로서 안전성 검사 대상 유기시설 또는 유기기구 한 종류 이상을 설치하여 운영하는 업

③ **기타 유원시설업**: 유기시설이나 유기기구를 갖추어 관광객에게 이용하게 하는 업으로서 안전성 검사 대상이 아닌 유기시설 또는 유기기구를 설치하여 운영하는 업

그림 5-13 롯데월드 어드벤처

출처: 저자 촬영

8 관광편의시설업

1) 정의

위의 관광사업 이외에 관광 진흥에 이바지할 수 있다고 인정되는 사업이나 시설 등을 운영하는 업이다.

2) 종류

① **관광유흥음식점업**: 식품위생법령에 따른 유흥주점 영업의 허가를 받은 자가 관광객이 이용하기 적합한 한국 전통 분위기의 시설을 갖추어 그 시설을 이용하는 자에게 음식을 제공하고 노래와 춤을 감상하게 하거나 춤을 추게 하는 업

② **관광극장유흥업**: 식품위생법령에 따른 유흥주점 영업의 허가를 받은 자가 관광객이 이용하기 적합한 무도(舞蹈)시설을 갖추어 그 시설을 이용하는 자에게 음식을 제공하고 노래와 춤을 감상하게 하거나 춤을 추게 하는 업

③ **외국인전용 유흥음식점업**: 식품위생법령에 따른 유흥주점영업의 허가를 받은 자가 외국인이 이용하기 적합한 시설을 갖추어 그 시설을 이용하는 자에게 주류나 그 밖의 음식을 제공하고 노래와 춤을 감상하게 하거나 춤을 추게 하는 업

④ **관광식당업**: 식품위생법령에 따른 일반음식점영업의 허가를 받은 자가 관광객이 이용하기 적합한 음식 제공시설을 갖추고 관광객에게 특정 국가의 음식을 전문적으로 제공하는 업

⑤ **시내순환관광업**: 「여객자동차 운수사업법」에 따른 여객자동차운송사업의 면허를 받거나 등록을 한 자가 버스를 이용하여 관광객에게 시내와 그 주변 관광지를 정기적으로 순회하면서 관광할 수 있도록 하는 업

⑥ **관광사진업**: 외국인 관광객과 동행하며 기념사진을 촬영하여 판매하는 업

⑦ **여객자동차터미널시설업**: 「여객자동차 운수사업법」에 따른 여객자동차터미널사업의 면허를 받은 자가 관광객이 이용하기 적합한 여객자동차터미널시설을 갖추고 이들에게 휴게시설·안내시설 등 편익시설을 제공하는 업

⑧ **관광펜션업** : 숙박시설을 운영하고 있는 자가 자연·문화체험 관광에 적합한 시설을 갖추어 관광객에게 이용하게 하는 업

⑨ **관광궤도업**: 「궤도운송법」에 따른 궤도사업의 허가를 받은 자가 주변 관람과 운송에 적합한 시설을 갖추어 관광객에게 이용하게 하는 업

⑩ **한옥체험업**: 한옥(주요 구조부가 목조구조로서 한식기와 등을 사용한 건축물 중 고유의 전통미를 간직하고 있는 건축물과 그 부속시설을 말한다)에 숙박 체험에 적합한 시설을 갖추어 관광객에게 이용하게 하는 업

⑪ **외국인관광 도시민박업**: 「국토의 계획 및 이용에 관한 법률」 제6조 제1호에 따른 도시지역(「농어촌정비법」에 따른 농어촌지역 및 준농어촌지역은 제외한다)의 주민이 거주하고 있는 주택을 이용하여 외국인 관광객에게 한국의 가정문화를 체험할 수 있도록 숙식 등을 제공하는 업

학 · 습 · 정 · 리

- 관광사업은 관광객을 위하여 운송 · 숙박 · 음식 · 운동 · 오락 · 휴양 또는 용역을 제공하거나 그 밖에 관광에 딸린 시설을 갖추어 이를 이용하게 하는 업으로 여행업, 관광숙박업, 관광객 이용시설업, 국제회의업, 카지노업, 유원시설업, 관광편의시설업으로 구분된다.

- 여행업은 등록기준에 따라 국내여행업, 국외여행업, 일반여행업으로 나뉘고 유통이라는 관점에서 랜드, 홀세일러, 대리점으로 나누어진다.

- 관광숙박업은 호텔업과 휴양콘도미니엄업으로 구분되며 호텔업에는 관광호텔업, 가족호텔업, 한국전통호텔업, 호스텔업, 수상관광호텔업이 있다.

- 관광객이용시설업은 전문휴양업, 종합휴양업, 자동차야영장업, 관광유람선업, 관광공연장업, 외국인전용관광기념품판매업이 있다.

- 국제회의업은 대규모 관광수요를 유발하는 국제회의(세미나 · 토론회 · 전시회 등을 포함)를 개최할 수 있는 시설을 설치 · 운영하거나 국제회의의 계획 · 준비 · 진행 등의 업무를 위탁받아 대행하는 업으로 국제회의시설업과 국제회의기획업이 있다.

- 카지노는 전용영업장을 갖추고 주사위 · 트럼프 · 슬롯머신 등 특정한 기구 등을 이용하여 우연의 결과에 따라 특정인에게 재산상의 이익을 주고 다른 참가자에게 손실을 주는 행위 등을 하는 업이다.

- 유원시설업은 유기시설 또는 유기기구를 갖추어 이를 관광객에게 이용하게 하는 업이다.

- 관광편의시설업은 위의 관광사업 이외에 관광진흥에 이바지할 수 있다고 인정되는 사업이나 시설 등을 운영하는 업으로 관광유흥음식점업, 외국인전용유흥음식점업, 관광식당업, 시내순환관광업, 관광사진업, 여객자동차터미널업, 관광펜션업, 관광궤도업, 한옥체험업, 외국인관광 도시민박업이 있다.

연 · 습 · 문 · 제

01 다음 중 관광진흥법상의 여행업이 아닌 것은?

① 국제여행업 ② 일반여행업
③ 국외여행업 ④ 국내여행업

02 다음 중 관광진흥법상의 호텔업이 아닌 것은?

① 관광호텔업 ② 모텔업
③ 한국전통호텔업 ④ 가족호텔업

03 다음 중 대규모 관광수요를 유발하는 국제회의의 계획 · 준비 · 진행 등의 업무를 위탁받아 대행하는 업은 무엇인가?

① 국제회의시설업 ② 국제회의기획업
③ 컨벤션업 ④ 국제회의관광업

정답 1. ① – 여행업은 일반여행업, 국외여행업, 국내여행업으로 구분된다.
2. ② – 관광숙박업은 호텔업과 휴양콘도미니엄업으로 구분되며 호텔업에는 관광호텔업, 수상관광호텔업, 한국전통호텔업, 가족호텔업이 있다.
3. ② – 국제회의기획업(PCO)은 대규모 관광수요를 유발하는 국제회의의 계획 · 준비 · 진행 등의 업무를 위탁받아 대행하는 업이다.

참·고·문·헌

손대현 (2001). **한국문화의 매력과 관광이해**. 서울: 백산출판사.
손대현, 장희정, 삼성에버랜드 (2008). **관광산업론, 파주**: 김영사.
관광진흥법.
관광진흥법시행규칙.
관광진흥법시행령.
문화체육관광부 (2012a). 2011년 기준 관광 동향에 관한 연차보고서.
문화체육관광부 (2012b). 2012년 관광숙박업 등에 관한 현황.
문화체육관광부 (2012c). 2012년 카지노 통계.
여행신문 (2009. 1. 12). 인필투어 3월 9일까지 피해 접수.

강원랜드(http://www.kangwonland.com)
땅끝오토캠핑장(http://autocamp.haenam.go.kr)
비울채울 호스텔(http://www.beewoolchaewool.com)
소인국 테마파크(http://www.soingook.com)
신라밀레니엄 라궁(http://www.smpark.co.kr)
인터컴(http://www.intercompco.co.kr)
제주국제컨벤션센터(http://www.iccjeju.co.kr)

Chapter 06

관광마케팅

1. 관광마케팅의 개념
2. 관광마케팅 계획
3. STP
4. 관광마케팅 믹스

관광마케팅

| 학습목표 |

- 관광마케팅의 개념을 이해하고 관광마케팅 계획을 수립할 수 있다.
- 관광마케팅 환경분석과 STP 전략을 수립하고 실행할 수 있다.
- 관광마케팅 믹스 전략을 수립하고 실행할 수 있다.

생각열기

두 항공사의 광고에서 떠오르는 단어는 무엇인가?

출처: 대한항공(http://kr.koreanair.com), 아시아나항공(http://www.flyasiana.com)

관광기업은 광고를 통해서 고객에게 정보와 메시지를 전달한다. 상품의 품질과 기능 그리고 가격을 제시하면서 상품이 얼마나 우수한지 그리고 얼마나 저렴한지 정보를 제공함으로써 고객이 상품을 구매하도록 유도한다. 또한 광고의 모델, 색깔, 카피, 이미지 등을 통해서 따뜻함, 세련됨, 배려, 사랑, 재미 등을 전달해 상품에 대해 정서적 이미지를 형성한다. 위의 두 항공사의 광고에서 어떤 정보를 얻게 되었고 어떤 이미지를 갖게 되었는가? 두 항공사의 광고는 얼마나 잘 만들어졌는가? 그 이유는 무엇인가? 생각해 보고 토론해 보자.

1 관광마케팅의 개념

마케팅(marketing)이라는 용어는 19세기 후반부터 미국에서 성행하게 되었는데 산업혁명 이후 생산과 공급이 과잉되면서 기업이 생존에 위협을 느끼게 되자 이를 극복하기 위해 가격, 판촉, 광고, 디자인, 기능 등을 개선했던 노력과 경험이 마케팅이 되었다. 여러 경쟁자가 나타나서 레드오션이 되면 기업은 자신의 상품을 더 잘 팔기 위해 가격을 내리거나, 사은품을 끼워주거나, 독특한 상품을 개발하는 등 다양한 개발과 판촉의 노력을 하게 되는데 이것이 체계화되면서 마케팅으로 이어진 것이다. 그런데 경쟁 환경이 아니라 독점 환경이라도 과연 마케팅이 필요한가? 경쟁 환경보다는 필요성이 낮은 것이 사실이다. 그러나 경쟁자의 진입을 방어하고 독점적 환경을 유지하기 위해서, 특히 현대와 같이 고객의 욕구가 다양해진 상황에서는 끊임없이 고객의 욕구를 충족시켜 줄 수 있는 상품과 서비스의 개발이 필요하다.

마케팅은 소비자의 욕구를 조사하고 그것을 신제품 계획에 반영시킴으로써 소비자가 원하는 상품을 개발한 후, 시장에 적정한 가격으로 유통시키고, 판매촉진을 일으켜 소비자의 만족과 기업의 소득증대를 일으키는 활동이다. 마케팅은 다양하게 정의될 수 있는데 한국 마케팅학회(Korean Marketing Association : KMA)와 미국 마케팅학회(American Marketing Association : AMA)에서 내린 대표적인 마케팅의 정의는 다음과 같다.

- 마케팅은 조직이나 개인이 자신의 목적을 달성하기 위해 교환을 창출하고 유지할 수 있도록 시장을 정의하고 관리하는 과정이다.
- 마케팅이란 개인이나 조직의 목적을 충족시켜 주는 교환을 창조하기 위하여 아이디어, 서비스의 창안, 가격결정, 촉진, 유통을 계획하고 실행하는 과정이다.

관광마케팅(tourism marketing)은 관광기업이 경쟁 속에서 생존과 성장하기 위해 고객이 만족하는 상품과 서비스, 가격, 유통, 촉진 활동을 계획하고 실행하는 과정이다. 세계관광기구(UNWTO)는 관광기업이 최대의 이익을 얻기 위해 관광수요를 조사하고 예측하고 관광상품이 시장에서 가장 좋은 위치를 차지하도록 노력하는 것이 관광마케팅이라고 정의하고 있다. 여기에서 시장이란 물리적인 공간, 즉 재래시장이나 백화점이 아니라 고객 또는 고객의 마음을 말한다. 즉 상품을 고객의 마음에 어떻게 위치시키느냐가 마케팅의 핵심이라는 것이다.

〈그림 6-1〉은 캐나다 빅토리아라는 도시의 한 백패커스에서 찍은 사진이다. 수십 종의 광고지들이 빼곡히 진열되어 있는데 광고지 하나도 고객에게 선택받기 위해 얼마나 경쟁이 심한지 알 수 있다. 광고지가 꽂힌 위치와 디자인에 따라 선택이 유리할 수 있지만 결국 상품 구성, 상품 설명, 가격, 쿠폰 여부, 할인 여부, 포함 사항 등에 따라 최종 선택이 달라질 것이다.

▮그림 6-1▮ 캐나다 빅토리아 백패커스의 광고지 진열

출처: 저자 촬영

2 관광마케팅 계획

마케팅 활동은 신중한 사고와 종합적인 접근을 통해서 철저하게 계획이 수립된 이후에 실시되어야 한다. 과거의 경험이나 육감에 의해서 마케팅 상황을 판단하고 활동을 전개하는 것은 위험하다. 간혹 이런 육감에 의해 마케팅 활동이 일시적인 성공을 가져다주기도 하지만 이에 도취하고 의존하게 되면 장기적인 성장에는 한계에 부딪힐 수 있다. 관광마케팅 계획은 관광기업이 관광 환경 분석, 경쟁사 분석, 소비자 조사 등을 통해 종합적이고 다각적으로 시장을 관찰하고 이에 따라 자원의 분배와 시기를 계획하여 마케팅 목표를 달성하는 것이다.

관광마케팅 계획에는 환경 분석, 목표 설정, 전략 수립, 예산 계획 등이 포함되고 마케팅 전략을 실행한 후 그 결과를 피드백하여 마케팅 활동을 수정해나간다. 환경 분석은 마케팅 활동과 관련된 환경 요인들의 현황과 변화 추세를 파악하고 이들이 내포하고 있는 마케팅 전략상의 시사점을 분석하는 것으로 거시환경분석(political, economical, social, technological: PEST), 3C 분석(corporation, customer, competitor), SWOT 분석(strength, weakness, opportunity, threat) 등의 방법이 있다.

표 6-1 외식사업의 거시환경분석 예

구분	내용
정치적 요인 (political environment)	식품위생법 강화, 가맹사업법 강화, 소방법 강화, 외식산업진흥법 제정 추진 등
경제적 요인 (economic enviroment)	식재료비 인건비 임대료 등의 인상, 경제 악화로 인한 매출 감소
사회문화적 요인 (social environment)	여가시간 확대, 고령화 사회로 진입, 수요의 다양화
기술적 요인 (techincal environment)	주방기기의 개발, 외식정보화 발전, 연구개발 및 조리 능력

표 6-2 3C 분석 항목

구분	내용
자사분석(corporation)	자사의 재정, 종업원의 능력, 시장 점유율, 상품, 가격, 촉진, 유통, 이미지 등
고객분석(customer)	타깃 고객의 인구통계 특성, 심리적 특성, 행동적 특성 등
경쟁사분석(competitor)	경쟁사의 강점, 약점, 시장점유율, 상품, 가격, 촉진, 유통, 이미지 등

표 6-3 외식업체의 SWOT 분석 예

강점(strength)	약점(weakness)
• 높은 인지도 • 가격과 음식의 경쟁력 • 좋은 이미지	• 지하 1층에 위치함 • 주차 공간 부족 • 숙련된 종업원 부족
기회(opportunity)	**위협(threat)**
• 국민의 소득 증가 • 외식에 대한 호기심 증가 • 외식 빈도 증가	• 경기침체 • 유사업체의 난립 • 식재료에 대한 불신 상승

마케팅 목표는 마케팅 활동을 통해 달성하고자 하는 목표이다. 여기에는 매출액, 이익, 인지도, 만족도 등이 포함된다. 마케팅 목표는 현실적이고 구체적이어야 하는데 국내의 작은 여행사가 1년 안에 전 세계 여행 시장에서 1위를 하겠다는 등의 비현실적인 목표를 세운다든가 막연하게 매출액을 증가시키겠다는 식의 목표는 적절치 않다. 1년 간 판매이익을 7% 늘린다거나 고객만족도를 10% 올린다는 것처럼 수치로 나타낸다면 기업 구성원들의 공감대를 이끌어내고 동기를 부여할 수 있다.

전략 수립은 시장 환경 속에서 마케팅 목표를 달성할 수 있도록 상품 전략, 가격 전략, 촉진 전략, 유통 전략을 수립하는 것이다. 상품 전략에는 신상품 개발 또는 기존 상품 유지, 기능이나 서비스의 추가 또는 삭제, 성능 향상 또는 유지, 고급화 또는 저렴화 등이 포함된다. 가격 전략에는 할인 가격, 특별 촉진 가격, 고가 전략, 저가 전략, 경쟁자에 대한 가격 등이 포함된다. 촉진 전략에는 광고 전략, 홍보 전략, 판매 촉진 이벤트, 판촉 기간, 판촉 장소 등이 포함한다. 유통 전략에는 상품 판매처, 파트너십, 온라인 판매 등이 포함한다.

예산 계획은 마케팅 활동에 필요한 예산을 산출하는 것으로 기업에서 조달할 수 있는 금액, 상품의 매출, 상품의 원가, 기타 비용 등을 고려하여야 한다. 상품, 가격, 촉진, 유통전략을 잘 수립하면 예산을 최소화하면서도 최대의 효과의 낼 수 있다. 한 가지 유의할 점은 마케팅 목표를 달성할 수 있는 최소의 예산이어야 한다.

환경분석, 목표설정, 전략수립, 예산계획까지 완료하면 마케팅 전략을 실행한다. 마케팅 활동의 진행 상황을 시기별로 평가하여 달성되지 못한 부분은 전략을 수정 및 보완한다. 또한 예산과 인력도 조정한다. 이와 같이 체계적인 마케팅 계획을 수립하고 실시할 때 좀 더 안정적으로 마케팅 목표를 달성할 수 있다. 이상의 내용을 정리하면 〈표 6-4〉와 같다.

표 6-4 관광마케팅 계획 단계

단계	내용
환경분석	거시환경분석(PEST), 3C 분석, SWOT 분석 등
목표설정	현실적이고 구체적인 목표 설정
전략수립	상품 전략, 가격 전략, 판촉 전략, 유통 전략
예산계획	마케팅 활동에 필요한 예산 산출 및 배분
실행 및 피드백	마케팅 전략을 실행하고, 그 결과를 피드백하여 전략 수정, 예산 및 인력 조정

3 STP

현재는 하나의 상품으로 모든 고객을 만족시키기 어려워졌다. 그 이유는 경쟁자가 많아지고 고객의 욕구가 다양해졌기 때문이다. 따라서 기업은 일부 고객만 선택해서 그들의 욕구와 특성에 맞는 상품을 개발하고 서비스를 제공해야 하는데 한마디로 선택과 집중이 필요하다. 이런 일련의 과정을 시장세분화(segmentation), 표적시장 선정(targeting), 포지셔닝(positioning)이라고 한다. 이들의 첫 글자를 따서 간단히 STP라고 한다.

1) 시장세분화

시장세분화(segmentation)는 어떤 기준에 의하여 전체 고객 시장을 여러 개의 세분시장으로 나누는 것이다. 예를 들어 소득이라는 기준으로 전체 고객 시장을 세분화한다면 고소득층, 중소득층, 저소득층으로 나눌 수 있다. 또 연령이라는 기준으로 시장을 세분화하면 10대, 20대, 30대, 40대, 50대, 60대 이상으로 나눌 수 있다. 이렇게 시장을 세분화하여 하나의 시장을 집중적으로 공략하게 된다.

〈그림 6-2〉의 에버랜드 홈페이지는 어떤 기준으로 시장을 세분화했을까? 화면 한가운데에 보이는 '우리 가족의 행복 출발점'이라는 카피를 통해 '동반자'를 기준으로 시

그림 6-2 동반자를 기준으로 시장을 세분화한 예

출처: 에버랜드(http://www.everland.com)

장을 세분화한 것임을 알 수 있다. 시장을 세분화하는 기준 변수는 〈표 6-5〉와 같이 인구통계 변수, 지리 변수, 심리분석 변수, 행동분석 변수 등이 있다.

▮표 6-5▮ 시장세분화 기준 변수

기준	세부 내용
인구통계	연령, 성별, 소득, 직업, 교육, 종교, 가족 등
지리	대도시, 중소도시, 시외, 아파트 밀집지역, 일반 주택지역
심리분석	사회계층, 성격, 개성, 취미, 라이프스타일
행동분석	사용 상황, 상품이나 서비스의 편익, 사용량, 상표충성도

2) 표적시장 선정

표적시장 선정(targeting)은 여러 개의 세분시장 중에서 하나(또는 그 이상)를 선택하는 것이다. 표적시장을 선정할 때는 기업의 목적과 자원, 세분시장의 규모와 성장률, 세분시장의 매력도를 평가하여 가장 적합한 세분시장을 선택한다. 〈그림 6-3〉은 어떤 세분시장을 표적으로 선정한 것일까? 바로 배낭여행이다. 전체 여행상품을 여행사 의존도에 따라 일반 패키지, 배낭여행, 개인 자유여행으로 나누고 항공과 호텔 예약 그

▮그림 6-3▮ 배낭여행객을 표적시장으로 선정한 예

출처: 여행천하(http://www.baenangpark.com)

리고 여행정보만을 제공하는 배낭여행 시장을 표적으로 선정한 것이다. 특히 중소 여행사는 특정 지역이나 여행 형태를 표적시장으로 선정하여 전문화하는 경우가 종종 있다. 모든 시장을 확보하려다가 오히려 이것도 저것도 아닌 비전문화가 되는 것보다 선택과 집중을 통해 전문성을 갖는 것이 안정적이고 장기적인 발전에 유리하다.

3) 포지셔닝

포지셔닝(positioning)은 고객의 마음속에 자사의 브랜드나 상품을 이미지화하는 것이다. 다시 말해서 광고나 홍보의 노력을 통해 기업이나 상품에 대해서 특정 이미지가 떠오르게 하거나 느낌이 들게 하는 것이다. 예를 들어 도시에 있는 중소 규모의 이비스 호텔(ibis hotel)은 비즈니스맨을 대상으로 편리한 접근성과 저렴하면서도 깨끗하다는 이미지를 포지셔닝하고 있다. 포지셔닝은 실제 상품의 질이나 가격보다 고객이 어떻게 인식하느냐를 더욱 중요하게 여긴다. 특히 관광상품과 같은 무형상품은 실제 상품을 보고 구매하는 것이 아니라 이미지로 구매를 하기 때문에 포지셔닝을 어떻게 구축하느냐에 따라 구매가 결정된다. 포지셔닝 방법은 상품 포지셔닝, 이용자 포지셔닝, 경쟁 포지셔닝, 재포지셔닝이 있다. 상품 포지셔닝은 상품의 품질, 가격, 양, 서비스 등 상품의 속성을 활용하여 포지셔닝을 한다. 이용자 포지셔닝은 이용자의 연령이나 성격 등

▌그림 6-4▐ 유기농 식자재로 상품 포지셔닝

출처: 마르쉐(http://www.marche.co.kr)

에 따라 포지셔닝을 한다. 경쟁 포지셔닝은 경쟁 기업에 대한 상대적인 차이를 포지셔닝 한다. 마지막으로 재포지셔닝은 현재의 포지션을 다른 이미지로 변경하는 것이다.

4 관광마케팅 믹스

1) 개념

마케팅 믹스(marketing mix)는 마케팅 수단을 적절히 결합하고 조절하는 것이다. 전통적인 마케팅 수단(marketing tools)으로는 상품(product), 가격(price), 유통(place), 촉진(promotion)이 있으며 영어의 앞 글자를 따서 4P라고 부른다. 관광마케팅 수단은 여기에 패키지(package), 프로그래밍(programming), 파트너십(partnership), 종사원(people)을 더하여 8P를 사용하곤 한다. 마케팅 믹스를 할 때는 기업의 자원, 시장상황, 경쟁상황 등을 고려해야 한다. 예를 들어 최고의 상품을 최저의 가격으로 제공한다면 최상의 매출을 달성할 수 있지만 기업의 예산이나 기술이 최고의 상품을 만들기 어렵거나 가격을 너무 낮게 책정해서 수익이 나지 않는다면 아무 소용이 없다.

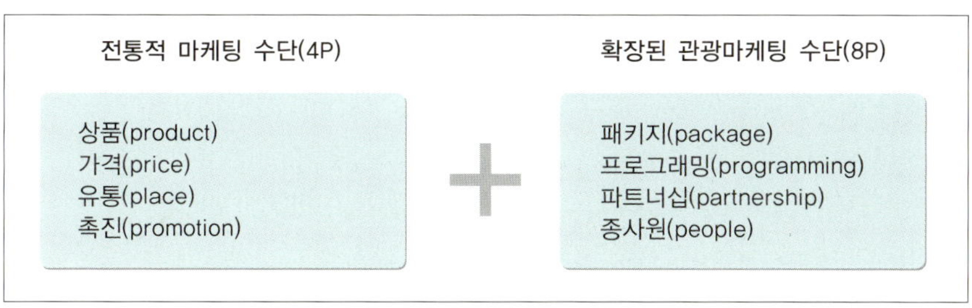

그림 6-5 관광마케팅 수단

2) 관광마케팅 수단

(1) 관광상품

관광상품은 고객의 욕구를 충족시켜 주는 모든 것으로써 유형상품(tangible products), 무형서비스, 시설, 장소 등을 포함한다. 유형상품은 특산물, 기념품, 음식 등이며 무형

서비스(intangible service)는 종업원의 서비스, 안내 등이다. 〈그림 6-6〉은 저자가 학생들과 함께 일본에 졸업여행을 갔을 때의 사진인데 후지산 자체도 훌륭한 관광상품이지만 이에 더해 온천을 하고, 유카타를 입고, 다다미방에 앉아 일본의 전통음식을 먹고, 전통복장을 한 종업원의 세심한 서비스를 받는 것 또한 관광상품이라고 할 수 있다.

그림 6-6 일본 후지산과 온천 호텔

출처: 저자 촬영

감성마케팅 시대 관광상품 개발 전략

흔히 현대를 감성마케팅 시대라고 한다. 요즘 소비자들이 제품의 특징이나 편익에 좌우되지 않고, 제품에 담긴 이야기나 자신의 마음을 움직일 수 있는 감성에 따라 상품을 구매하고 있기 때문에 붙여진 이름이다. 따라서 과거와 달리 소비자의 상품구매 결정요인이 기능이나 편리보다는 그 상품을 사용할 때의 즐거움으로 옮겨 가면서 기업의 판매방식도 바뀔 수밖에 없게 된 것이다.

요즘 관광객들은 관광지의 수려한 자연경관이나 훌륭한 관광 인프라에만 만족하지 않는다. 수려한 자연경관과 훌륭한 관광 인프라 못지않게 인간미를 느낄 수 있는 체험활동을 원한다. 이들은 좋아하는 자극이나 정보를 통해 호의적인 감정을 불러일으키고, 인간미 넘치는 경험으로 감동되는 관광상품을 선호한다. 그래서 시골장터나 동대문시장, 남대문시장을 관광지라고 말하는 것이 전혀 이상하지 않다. 왜냐하면 시골장터에는 아직도 관광객들의 마음을 움직일 수 있는 감성적 요소가 많이 남아 있기 때문이다.

감성마케팅 시대의 총아는 단연 스토리텔링(story telling)이라고 한다. 컴퓨터 앞에 앉아 하루 종일 쏘고 부수는 사이버 게임을 즐기는 세대들에게 기쁠 때 같이 손뼉 치며 웃을 수 있고, 슬플 때 서로 눈물을 닦아줄 수 있는 감성을 되찾게 하는 사람 사는 이야기들이야 말로 최근 사회적 이슈로 대두되고 있는 사이코패스(psychopath, 반사회적 인격장애자) 문제를 해결할 수 있는 방법이 될 수 있다.

이러한 감성마케팅 시대의 관광상품 개발 전략이 홍길동의 고향을 만들었고, 춘향이의 생가를 조성하게 하였다. 늘 볼 수 있었던 자연현상에 불과하던 진도의 바닷길은 '뽕 할머니 전설'을 더하면서 훌륭한 관광상품으로 포장되어 '모세의 기적 현장'이 되었고, 서구 관광객들이 즐겨 찾는 관광지로 탈바꿈되었다. 또 춘천의 이름 없는 무인도였던 위도는 '도깨비 난장'과 같은 감성적인 이야기의 발원지가 되어 전국적인 관광명소로 부상하고 있다.

우리 모두의 가슴에 있는 감성은 관광상품에 의미를 부여하고 또 이를 통해 관광만족도를 증대시키는 데 도움을 주게 된다. 그래서 감성마케팅을 가슴마케팅이라고도 하며, 이러한 가슴마케팅은 시각, 청각, 미각, 후각, 촉각 등 오감을 충분히 활용하여야 그 효과성을 높일 수 있다. 감성시대의 관광상품 개발은 훌륭한 인프라를 새롭게 구축하는 것이 능사가 아니라 관광객들 마음속에 있는 감정을 관광지 상황에 맞게 어떻게 조합하고 융합하느냐가 더 중요할 수 있다.

출처: 대전일보(2012. 8. 9)

(2) 관광가격

관광가격은 관광상품이나 서비스를 판매하는 가격이다. 적정한 가격은 판매를 증대시키고 기업에 이윤을 가져다준다. 그런데 이 가격을 어떻게 설정할 것인가? 가격은 수요와 공급의 관계에 의해서 결정되며 계절성, 기업의 마케팅 목표, 경쟁구도, 외부환경 등에 의해서도 달라진다. 〈그림 6-7〉은 서울-뉴욕 간의 항공요금이다. 같은 구간

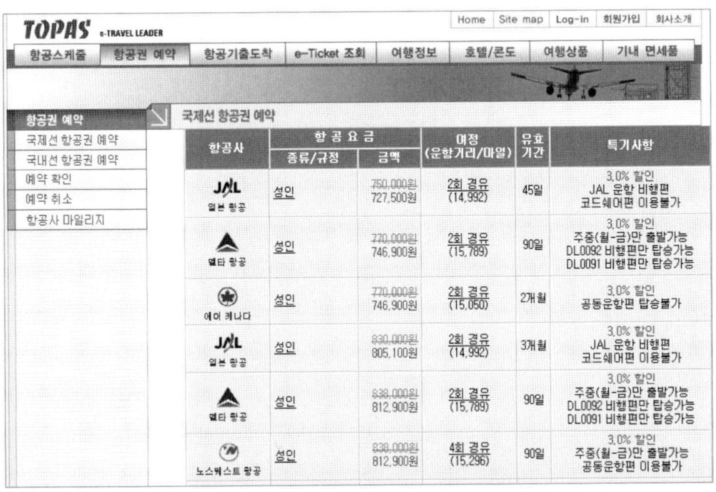

항공사	항공요금 종류/규정	항공요금 금액	여정 (운항거리/마일)	유효기간	특기사항
일본 항공	성인	~~750,000원~~ 727,500원	2회 경유 (14,992)	45일	3.0% 할인 JAL 운항 비행편 코드쉐어편 이용불가
델타 항공	성인	~~770,000원~~ 746,900원	2회 경유 (15,789)	90일	3.0% 할인 주중(월-금)만 출발가능 DL0092 비행편만 탑승가능 DL0091 비행편만 탑승가능
에어 캐나다	성인	~~770,000원~~ 746,900원	2회 경유 (15,050)	2개월	3.0% 할인 공동운항편 탑승불가
일본 항공	성인	~~830,000원~~ 805,100원	2회 경유 (14,992)	3개월	3.0% 할인 JAL 운항 비행편 코드쉐어편 이용불가
델타 항공	성인	~~838,000원~~ 812,900원	2회 경유 (15,789)	90일	3.0% 할인 주중(월-금)만 출발가능 DL0092 비행편만 탑승가능 DL0091 비행편만 탑승가능
노스웨스트 항공	성인	~~838,000원~~ 812,900원	4회 경유 (15,296)	90일	3.0% 할인 주중(월-금)만 출발가능 공동운항편 이용불가

그림 6-7 서울→뉴욕 항공요금 비교

출처: 토파스(http://www.topas.net)

이라도 항공사마다 다른 요금을 책정하고 있는데 항공사의 명성이나 이용 조건에 따라서 가격이 결정된다.

(3) 관광유통

관광유통은 생산자를 대신해서 관광상품을 고객에게 판매해주는 기업이다. 즉 생산과 소비를 연결해주는 매개체이다. 여행사는 대표적인 관광유통인데 여행상품, 항공, 호텔 객실, 유레일 좌석, 공연티켓 등을 고객에게 판매한다. 〈그림 6-8〉은 여행사에서 호텔 객실을 판매하는 장면이다. 즉 여행사가 호텔 객실을 판매하는 유통의 역할을 하는 것이다. 그 밖에 인터넷, 직접방문, 전화, 카드회사, 호텔, 기념품점, 관광안내소 등 다양한 경로를 통해서 관광상품이 유통된다.

▮그림 6-8▮ 여행사의 호텔 예약 시스템

출처: 레드캡투어(http://www.redcaptour.com)

(4) 관광촉진

관광촉진은 상품의 특징을 알리고 구매를 설득하는 것으로 광고, 홍보, 인적판매, 판매촉진의 방법이 있다. 광고에 현지의 멋진 경치를 넣어서 관광객을 유혹하거나 회사의 고객만족상 수상, 우수여행상품 인증 등을 내새워 신뢰감을 형성하거나 초저가 할인, 땡처리 등으로 유인하는 것이 관광촉진이다.

표 6-6 관광촉진

방법	특징	매체
광고	많은 제작비용이 소요됨	TV, 라디오, 신문, 잡지 등
홍보	보도자료 형식으로 알림	TV, 라디오, 신문, 잡지 등
인적판매	판매원이 상품을 상세히 설명	방문판매, 시연 등
판매촉진	단기적 인센티브로 신속한 반응	쿠폰, 할인, 경품, 샘플 등

(5) 패키지

패키지(package)는 2개 이상의 상품을 하나로 묶어서 판매하는 것이다. 패키지는 기업측면에서 생산성 증대, 시설과 자원의 활용, 신상품 효과, 비관심 상품 판매, 판매량 증대, 광고 홍보 효과, 비수기 해소의 장점이 있다. 또 고객측면에서 비용절약, 편리성, 위험 감소, 만족도 향상의 장점이 있다. 여행 패키지는 항공, 버스, 입장료, 가이드 설명, 식사, 여행자보험을 하나로 묶어서 판매하는 것이다. 호텔 패키지는 객실, 레스토랑 식사, 온천, 마사지, 와인, 과일, 수영장, 스키 리프트 등을 묶어서 각각을 합친 가격보다 저렴하게 판매하는 것이다.

그림 6-9 호텔 패키지

출처: 그랜드 하얏트 서울(http://www.grandhyattseoul.co.kr)

(6) 프로그램

프로그램(program)은 2개 이상의 상품 요소를 순차적으로 결합하는 것이다. 여행상품의 경우 관광일정, 식사, 숙박 등 각 요소를 어떤 순서로 조합하느냐에 따라 상품의 질이 달라진다. 프로그램 기획자는 고객의 만족도를 높이기 위해서 각 상품 요소에 대한 정보력, 분석능력, 아이디어 창출, 경험, 육감 등 다양한 능력을 갖추어야 한다. 〈표 6-7〉과 〈표 6-8〉은 각각 정선의 당일 여행 일정표와 1박 2일 일정표이다. 〈표 6-7〉의 당일 일정을 살펴보면 서울-정선 간 이동은 기차로 하고 현지에서는 버스로 이동한다. 기차를 이용하기 때문에 교통체증도 없고, 피곤하지도 않고, 낭만과 즐거움이 있다. 중식은 자유식이므로 관광객이 먹고 싶은 것을 자유롭게 선택할 수 있고, 여행경비도 적어 보이는 장점이 있다. 그러나 관광 활동은 레일바이크와 아라리촌 두 개뿐이다. 정선은 당일에 다녀오기는 다소 멀다. 거기다 단지 정선에 다녀올 뿐 지역문

표 6-7 정선 여행 당일 프로그램

일정	내용
정선으로 출발	오전 08:50 청량리역 무궁화호
중식	자유식
정선 레일바이크	2인 또는 4인용 탑승
아라리촌 관람	정선 민속촌
석식	자유식
청량리로 출발	오후 18:47 사북역 무궁화호

표 6-8 정선 여행 1박 2일 프로그램

일자	일정	비고
1일	오전 08:00 정선으로 출발	개인 차량
	중식(옥산장)	주인 할머니의 정선아리랑과 수석
	아우라지, 뗏목체험	정선아리랑 발상지
	정선 레일바이크	4인승
	화암동굴, 화암약수	한국최대 석회암 동굴 모노레일(매표소-동굴), 도보(동굴-약수터)
	강원랜드 카지노	40분간 자유 견학
	석식	현지 맛집
	하이원리조트	뒤풀이
2일	조식	리조트 식당
	아라리촌	정선 민속촌
	정선5일장	정선5일장 체험, 아리랑 공연 관람
	중식	장터에서 자유식사
	오후 1:30 서울로 출발	-

화를 충분히 향유하는 프로그램은 아니다. 반면 〈표 6-8〉의 1박 2일 일정은 좀 더 풍성하게 정선의 문화와 자연을 느낄 수 있게 구성되어 있다. 1일차 일정을 살펴보면 영동고속도로에서 가까운 옥산장에서 강원도 토속음식으로 점심을 먹고, 하이원까지 남쪽으로 내려오면서 이동경로에 따라 다양한 자연관광지와 문화관광지를 관람하고, 2일차는 다시 하이원에서 북쪽으로 올라가면서 아라리촌을 방문하고 정선5일장을 체험한다.

(7) 파트너십

파트너십(partnership)은 다른 기업과 공동으로 상품을 개발하거나 마케팅을 하기 위해서 협력하는 것이다. 파트너십은 기술과 정보의 공유, 위험분산, 규모의 경제성, 비용개선, 수익 개선 등의 장점을 가지고 있는 반면 상호 문화 차이, 상호 이해 부족, 제휴 운영 능력 부족, 우열 관계, 의사결정의 지연, 목표미달에 대한 관점의 차이 등의 단점도 있다. 〈그림 6-10〉은 대한항공을 비롯한 전 세계의 여러 항공사들이 스카이팀(Sky Team)이라는 이름으로 제휴관계를 맺고 있는 모습을 보여주고 있다. 이들은 서로의 노선을 이용하고 코드쉐어 운항을 하고 공동으로 마케팅을 하여 시너지효과를 얻고 있다.

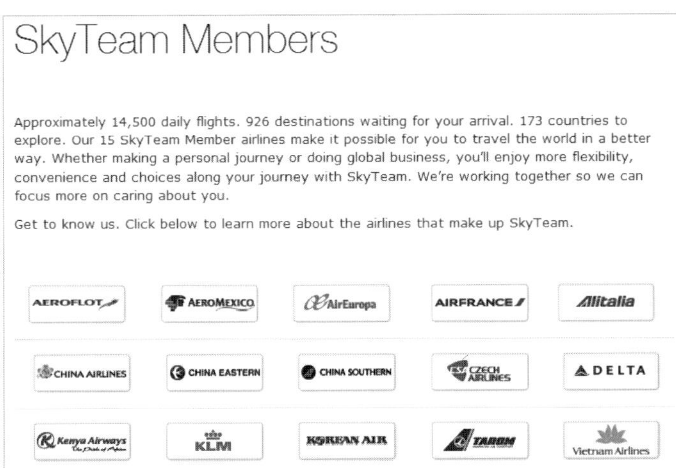

그림 6-10 항공사 파트너십

출처: 스카이팀(http://www.skyteam.com)

(8) 종사원

종사원(people)은 고객에게 정보를 제공하고, 고객의 요구사항을 들어주고, 고객을 안내해주고, 고객이 상품을 구매하도록 유도한다. 따라서 종사원의 역할이 관광객 만족도에 크게 영향을 미치므로 종사원의 채용, 훈련, 교육, 배치에 각별히 신경을 써야 한다. 또 종사원을 내부 고객이라는 생각으로 종사원의 만족에도 관심을 기울여야 한다. 〈그림 6-11〉은 캐나다 퀘벡을 여행하던 중에 만난 유명 전통 레스토랑이다. 이곳의 종업원 서비스가 세련되지는 않았지만 순박함과 진심을 느낄 수 있었다. 또 손님과 종업원이 비즈니스 관계가 아닌 친구나 가족이 된 것 같아 인상적이었다. 그래서인지 음식도 더욱 맛있게 느껴졌다.

그림 6-11 레스토랑 종사원

출처: 저자 촬영

학 · 습 · 정 · 리

- 관광마케팅은 관광기업이 경쟁 속에서 생존과 성장하기 위해 고객이 만족하는 상품과 서비스, 가격, 유통, 촉진 활동을 계획하고 실행하는 과정이다.

- 관광마케팅 계획은 관광기업이 관광 환경 분석, 경쟁사 분석, 소비자 조사 등 종합적이고 다각적으로 시장을 관찰하고 이에 따라 자원의 분배와 시기를 계획하여 마케팅 목표를 달성하는 것이다. 관광마케팅 계획에는 환경 분석, 목표 설정, 전략 수립, 예산 계획 등이 포함되고 마케팅 전략을 실행한 후 그 결과를 피드백하여 마케팅 활동을 수정해 나간다.

- 기업은 일부 고객만 선택해서 그들의 욕구와 특성에 맞는 상품을 개발하고 서비스를 제공해야 하는데 한마디로 선택과 집중이 필요하다. 이런 일련을 과정을 시장세분화, 표적시장 선정, 포지셔닝 또는 간단히 STP라고 한다.

- 마케팅 믹스(marketing mix)는 마케팅 수단을 적절히 결합하고 조절하는 것이다. 전통적인 마케팅 수단으로는 상품, 가격, 유통, 촉진이 있으며 영어의 앞 글자를 따서 4P라고 부른다. 관광마케팅 수단은 여기에 패키징, 프로그래밍, 파트너십, 종사원을 더하여 8P를 활용한다.

연 · 습 · 문 · 제

01 다음 중 3C 분석으로 거리가 먼 것은?

① 외부환경분석 ② 경쟁사분석
③ 자사분석 ④ 고객분석

02 다음 중 STP에 대한 설명으로 가장 적합한 것은?

① 시장세분화(market segmentation), 표적시장 선정(targeting), 포지셔닝(positioning)
② 시장세밀화(market segmentation), 표적시장 선정(targeting), 포지셔닝(positioning)
③ 시장세분화(market segmentation), 표적상품 선정(targeting), 포지셔닝(positioning)
④ 시장세분화(market segmentation), 표적상품 선정(targeting), 포지팅(positing)

03 다음 중 마케팅 4P 믹스 요소로 가장 적합한 것은?

① 샘플, 가격, 유통, 촉진 ② 상품, 가치, 유통, 촉진
③ 상품, 가격, 유형, 촉진 ④ 상품, 가격, 유통, 촉진

정답 1. ① – 3C 분석에는 자사 분석(Corporation), 고객 분석(Customer), 경쟁사 분석(Competitor)이 포함된다.
2. ① – STP는 시장세분화(market segmentation), 표적시장 선정(targeting), 포지셔닝(positioning)이다.
3. ④ – 마케팅 4P 믹스요소는 상품(product), 가격(price), 유통(place), 촉진(promotion)이다.

참·고·문·헌

고재용 (2004). **관광마케팅**, 서울: 현학사.
이학식, 현용진 (2002). **마케팅**, 파주: 법문사.
McIntosh, R. (1977). *Tourism: Principles, practices, philosophies*. OH: Columbus.
Kotler, P. (1980). *Principles of Marketing*. N.J.: Prenties-Hall.
대전일보 (2012. 8. 9). 감성마케팅시대 관광상품 개발 전략에서 발췌.

그랜드 하얏트 서울(http://www.grandhyattseoul.co.kr)
대한항공(http://kr.koreanair.com)
마르쉐(http://www.marche.co.kr)
스카이팀(http://www.skyteam.com)
아시아나항공(http://www.flyasiana.com)

Reference

Chapter 07

관광자행동

관광자행동

| 학습목표 |

- 관광자행동의 개념에 대해 이해하고 설명할 수 있다.
- 관광자 구매행동 과정을 설명할 수 있다.
- 관광자행동의 영향요인을 분석하고 관광마케팅에 활용할 수 있다.

생각열기

여행 만족도

필자가 근무하는 학과에서는 매년 해외로 졸업여행을 다녀온다. 학생들은 전공자답게 사전에 철저히 준비하고 체계적으로 일정을 계획하여 현지의 자연과 문화를 흠뻑 체험한다. 그런데 여행을 마칠 즈음 각자 소감을 얘기해 보라고 하면 놀랍게도 서로 느낌이 상당히 다르다. 동일한 시간에 동일한 장소를 여행했음에도 불구하고 사람들은 다른 여행을 한다. 그 이유는 무엇일까? 어떤 요소가 사람들의 여행 만족도에 영향을 미치는 것일까? 아래의 보기에서 여행 만족도에 영향을 미칠 것으로 생각되는 요소를 두 개씩 선택하여 빈 칸에 적어보자.

호텔	연령	학력	서비스	가이드
식사	성격	항공	동기	비용

영향력이 가장 큰 요소 2개

①________________

②________________

영향력이 가장 적은 요소 2개

①________________

②________________

1 관광자행동 연구

관광자행동 연구는 관광객이 관광상품의 정보를 검색하고, 비교하고, 구매 또는 체험을 하고, 사후에 구전을 하는 과정을 분석한다. 다시 말해 관광활동을 계획하는 단계에서부터 활동 중에 일어나는 현상 그리고 여행결과에 대한 평가에 이르는 일련의 과정 속에서 관광객의 심리와 행동이 어떻게 반응하고 변화되는지 연구하는 것이다. 관광자의 행동은 욕구 충족을 목적으로 전개되는데 이러한 행동은 학습, 지각, 동기, 개성 등에 의해 영향을 받는다. 관광자행동에 대한 연구가 과거에는 경제적 요인에 주로 초점이 맞추어져 왔으나 현대에는 관광객의 심리적 요인, 사회적 요인, 문화적 요인에 대해서도 활발한 연구가 이루어지고 있다.

관광자행동 연구는 관광객의 성향, 기호, 만족, 행동 등 관광객의 심리와 행동에 관한 정보를 제공해준다. 이 정보는 관광마케팅과 관광정책에 유용하게 사용된다. 기업은 관광객에 대한 정보를 이용해서 시장세분화, 표적시장 선정, 포지셔닝 등의 마케팅 전략을 구사할 수 있게 된다. 또한 공공기관에서도 일방적인 정책이 아니라 관광객들의 욕구를 충족시켜 줄 수 있는 정책을 세우려고 하기 때문에 관광객 정보가 유용하게 사용될 수 있다. 〈그림 7-1〉은 관광자행동 연구의 활용을 나타낸 것이다.

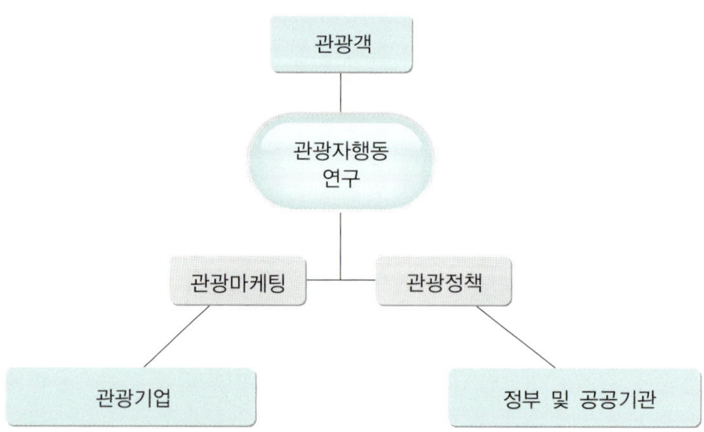

그림 7-1 관광자행동 연구의 활용

2 관광자 구매행동 과정

관광객이 상품을 구매하는 과정을 살펴보면 먼저 관광욕구가 발생하고, 관광상품에 대한 정보를 탐색하고, 여러 상품을 비교하고 그중 하나를 선택하고, 관광활동을 하게 된다. 이후 관광객은 만족 또는 불만족을 느끼게 되고 다른 사람에게 구전하거나 추후에 재구매를 하게 된다. 이를 그림으로 나타내면 〈그림 7-2〉와 같다. 즉 관광객의 구매행동 과정은 관광욕구 → 정보탐색 → 대안평가 → 대안선택 → 관광활동 → 사후평가 및 행동으로 이어진다. 이 과정을 좀 더 자세히 살펴보면 다음과 같다.

▮그림 7-2▮ 관광객의 구매행동 과정

1) 관광욕구

관광자 구매형동은 관광객이 관광을 가고 싶다는 욕구가 생성되면서 시작되는데 관광욕구는 기분전환이나 일상탈출 등 자신의 내부에서 일어나기도 하지만 관광지의 흥미로운 광고라든가 지역 축제에 관한 뉴스를 보면서 발생되기도 한다. 따라서 마케팅 관리자는 소비자의 욕구와 관심을 불러일으키는 정보를 제공하고 분위기를 조성할 필요가 있다.

2) 정보탐색

관광객은 관광욕구가 일어나면 그 욕구를 충족시켜 줄 수 있는 관광상품을 구매하게 되는데 올바른 선택을 하기 위해서 먼저 여러 관광상품에 대한 정보를 탐색하게 된다. 관광객은 어떤 기업의 상품을 구매할까에 대한 정보를 얻기 위해 내적 탐색과 외적 탐색을 한다. 내적 탐색은 자신이 가지고 있는 지식이나 경험을 토대로 탐색하는 것이다. 예를 들어 어떤 사람이 주말에 국내여행을 가려고 할 때 관광지에 대해서 알고 있는 지식을 떠올리거나 과거에 다녀왔던 유사한 국내여행지를 떠올리며 당시의 숙박,

식사, 일정 등이 어떠했는지 기억해내는 것이다. 외적 탐색은 내적 탐색만으로 충분하지 않을 때 서적, 기사, 블로그 등 외부로부터 정보를 얻는 것이다. 특히 해외여행과 같이 낯선 곳을 가게 될 때나 중요한 약속을 위한 맛집을 찾을 때 외적 탐색을 많이 하게 된다. 정보탐색에 얼마나 많은 시간과 노력을 기울일 것인가는 관광욕구의 강도, 내적 정보, 외적 정보탐색의 용이성, 구매의 위험성, 구매의 중요성 등에 달려 있다. 마케팅 관리자는 관광객이 외적 정보탐색을 하는 광고, 대중매체, 판매원, 인터넷 등을 잘 활용해야 할 것이다.

3) 대안평가

관광자 구매행동의 세 번째 단계는 대안평가이다. 대안평가는 정보탐색을 통해서 획득한 정보를 비교하고 평가하는 것이다. 비교 및 평가 속성에 브랜드, 상품의 질과 양, 가격, 분위기, 서비스 수준, 청결함 등이 포함된다. 관광객은 이들 속성을 종합적으로 비교하고 평가한다.

4) 대안선택

관광자 구매행동의 네 번째 단계는 여러 대안 중 욕구를 가장 잘 충족시켜 줄 수 있는 대안을 선택하는 것이다. 최종 결정은 결국 자신이 하지만 주위 사람이나 외부 환경에 영향을 받기도 한다. 예를 들어 여러 대안을 평가한 후에 A상품을 선택하려다가도 친구가 B상품이 더 좋다고 강력하게 추천하거나 B상품이 대폭 할인을 하면 마음이 바뀌기도 한다.

5) 관광활동

관광자 구매행동의 다섯 번째 단계는 현지에서 관광활동을 하는 것이다. 여행이라면 현지를 방문하는 것이고, 외식이라면 식사를 하는 것이고, 호텔이라면 객실을 이용하는 것이다. 또 항공기를 이용하거나 테마파크에서 즐기는 것도 관광 활동이다.

6) 사후평가 및 행동

관광자 구매행동의 마지막 단계는 관광경험에 대한 평가와 사후 행동이다. 관광객은 관광 활동 후에 전반적인 만족도와 항목별 만족도를 평가한다. 만족은 주관적이기 때문에 같은 상품을 이용했더라도 사람들마다 다른 만족도를 가질 수 있다. 상품 자체의 질도 중요하지만 관광객 개개인의 기대치에 따라 만족이 달라진다. 즉 자신의 기대보다 상품이 훌륭했다면 만족할 것이고 그렇지 못했다면 불만족할 것이다. 평가 후 행동으로서 관광객은 칭찬, 불만 제기, 구전, 재구매, 환불요청, 소송 등을 하게 된다. 그런데 한 가지 유념해야 할 것은 만족했을 때보다 불만족했을 때 구전을 더 많이 한다는 것이다.

3 관광자행동의 영향요인

관광객의 행동에 영향을 미치는 요인은 크게 내적/개인적 요인과 외적/환경적 요인으로 구분된다. 내적/개인적 요인으로는 욕구, 동기, 지각, 이미지, 태도, 학습, 성격, 라이프스타일이 있고 외적/환경적 요인으로는 문화, 하위문화, 사회계층, 준거집단, 가족이 있다. 〈그림 7-3〉은 관광자행동의 영향요인을 정리한 것이다. 각 요인들에 대한 세부적인 특징을 아래에서 살펴본다.

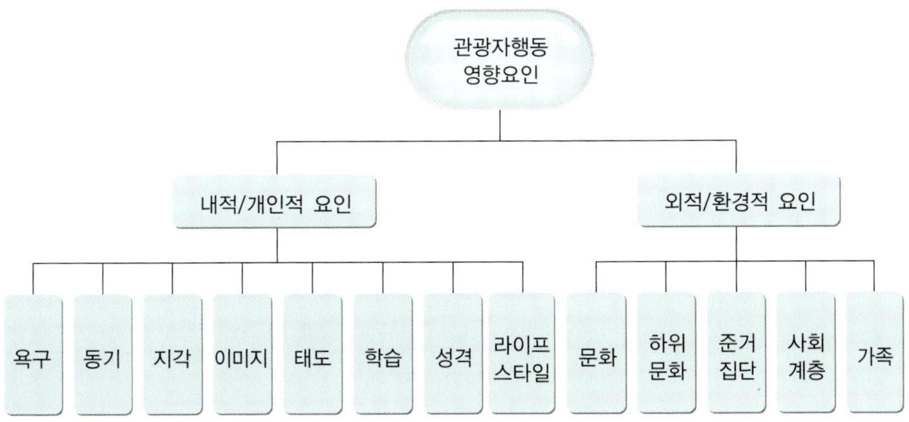

그림 7-3 관광자행동에 영향을 미치는 요인

1) 내적/개인적 요인

(1) 욕구

욕구(need)는 행동을 유도하는 심리적 원동력으로 자신이 추구하는 바람직한 상태와 실제 상태와의 차이가 있을 때 유발된다. 예를 들어 배가 부르지 않으면 뭔가 먹고 싶다는 욕구가 생긴다. Maslow(1943)는 인간의 욕구에 대해서 생리적 욕구, 안전의 욕구, 사랑의 욕구, 존경의 욕구, 자아실현의 욕구로 나누고 이들이 계층적 구조를 가지고 있다고 설명하였다. 즉, 행동에 대한 영향력은 강하지만 욕구 단계는 낮은 생리적 단계와 행동에 대한 영향력은 약하지만 욕구 단계는 높은 심리적 욕구로 연결되어 있다는 것이다. 이 계층에 따라 인간은 낮은 수준의 욕구가 충족되어야만 다음 수준의 욕구를 갖게 된다. 예를 들어 며칠간 굶은 사람이라면 생리적 욕구가 강하여 바닥에 떨어진 빵이라도 기꺼이 주워 먹게 되는데 다른 사람의 눈을 의식하는 존경의 욕구는 일어나지 못한다는 것이다. 생리적 욕구(the physiological need)는 물, 소금, 설탕, 단백질, 지방, 칼슘, 산소 등 신체 균형을 유지하는 데 필요한 것을 얻으려는 욕구다. 만약 이런 것들이 충족되지 않으면 인간은 최우선적으로 이를 충족하기 위해 행동한다. 안전의 욕구(the safety need)는 신체적·정서적 위협으로부터 자신을 보호하고 친숙하고 안전한 것들과 가까이 하고 싶어하는 것이다. 사랑의 욕구(the love need)는 가족이나 친구에게 사랑받고 싶어하고 어떤 단체에 속해서 사람들과 어울리고 싶어하는 것이다. 존경의 욕구(the esteem need)는 사람들로부터 존경받고 싶어하고 인정받고 싶어하는 것이다. 자아실현 욕구(the self-actualization need)는 잠재능력을 발휘해서 발전하고 싶어하고 자기를 완성하려는 것이다. 〈표 7-1〉은 Maslow의 욕구 단계에 해당하는 관광형태를 정리한 것이다.

표 7-1 Maslow(1943)의 욕구 단계와 관광형태

욕구 단계	관광형태
생리적 욕구	휴양지 휴식, 온천
안전의 욕구	가이드투어, 가깝고 친숙하고 안전한 여행지
사랑의 욕구	가족여행, 친목여행, 동문여행
존경의 욕구	새로운 관광지, 고가격의 여행
자아실현의 욕구	개인여행, 주위 의식을 초월한 여행

(2) 동기

동기(motivation)는 욕구로 인해 유발된 긴장을 해소하기 위한 추진력이다. 관광행동은 각종 자극이 결부되고, 경제적 조건과 시간적 조건이 성립되고, 여기에 동기가 부여됨으로써 일어나게 된다. 관광동기에 관한 지식은 관광객의 여행습관과 목적지 결정 그리고 미래여행에 대한 패턴을 예견하는 데 중요한 정보가 된다. 관광동기에 관해서 다양한 학자들이 연구를 했는데, Iso-Ahola(1982)는 두 가지의 동기적 차원을 제시하였다. 즉 관광객은 일상적 환경에서 탈출하고자 하는 동기와 심리적·내재적 보상을 추구하고자 하는 동기에 의해서 여행을 한다고 주장하였다. 다시 말해 복잡한 일상과 콘크리트로 가득 찬 도시로부터 벗어나고 싶다는 동기와 재충전·기분전환·가족과의 유대강화 등을 하기 위한 동기로 여행을 한다는 것이다.

▮그림 7-4▮ 파타야 해양 스포츠

출처: 저자 촬영

Crompton(1979)은 사회심리적 동기와 문화적 동기에 주목하였다. 여기에서 사회심리적 동기는 개인의 심리적 상태와 사회적 환경에 의해서 유발되고 문화적 동기는 관광지에서 제공하는 독특한 상품, 서비스, 문화 등에 의해서 유발되는 동기이다.

Dann(1981)은 추진요인과 흡인요인으로 설명하였다. 추진요인(push factor)은 관광객의 내부심리에서 관광욕구를 자극해서 관광행동을 일으키게 하는 동기이고, 흡인요인(pull factor)은 관광지에 존재하는 모든 것으로써 관광객을 관광지로 유인하는 것이다.

McIntosh(1977)는 관광동기를 신체적 동기, 문화적 동기, 대인적 동기, 지위 및 명예 동기로 구분하였다. 신체적 동기는 휴식, 스포츠 참여, 해변에서의 오락, 건강 등 신체 활동을 안정화 또는 활성화하려는 동기이다. 문화적 동기는 다른 지역의 문화, 즉 음악·예술·민속·춤·그림·종교 등에 대해 알고자 하는 동기이다. 대인적 동기는 가족이나 친구 또는 새로운 사람들과 추억을 만들고자 하는 동기이다. 지위 및 명예 동기는 다른 사람들로부터의 인정·관심·명예 등을 추구하는 동기이다.

Thomas(1964)는 관광동기를 18개로 제시하고 이것을 다시 네 가지로 구분했다. 여기에는 교육문화적 동기, 휴식과 즐거움 동기, 종족지향적 동기, 기타 동기가 포함된다. 교육문화적 동기는 지역문화 감상, 명소 방문, 새로운 것에 대한 이해, 특별행사 참여 등이 포함된다. 휴식과 즐거움 동기는 일상탈출, 즐거운 시간, 낭만적 경험 추구 등이 포함된다. 종족지향적 동기는 조상의 묘지나 생활했던 터를 방문하는 것이다. 마지막으로 기타 동기에는 기후, 건강, 스포츠 등이 포함된다.

표 7-2 주요 관광동기 이론

학자	관광동기
Iso-Ahola(1982)	일상탈출, 심리적·내재적 보상 추구
Crompton(1979)	사회심리적 동기, 문화적 동기
Dann(1981)	추진요인(push factor), 흡인요인(pull factor)
McIntosh(1977)	신체적 동기, 문화적 동기, 대인적 동기, 지위 및 명예 동기
Thomas(1964)	교육문화적 동기, 휴식과 즐거움 동기, 종족지향적 동기, 기타 동기

(3) 지각

지각(perception)은 감각기관을 통해서 유입된 자극을 주관적으로 해석하고 이해하는 것이다. 관광객은 동일한 관광활동이나 서비스에 대해서도 서로 다르게 지각한다.

▮그림 7-5▮ 이집트 피라미드와 스핑크스

출처: 저자 촬영

〈그림 7-5〉를 예로 든다면 두 사람이 이집트의 피라미드와 스핑크스를 함께 방문했어도 서로 다르게 지각할 수 있다는 것이다. 한 사람은 "우와! 대단하다. 이게 정말 그 피라미드와 스핑크스야!"라고 감동하는 반면 다른 사람은 "생각보다는 별로 크지도 않고 많이 부서졌네!"라고 실망한다. 지각에 영향을 주는 요소는 자극의 크기나 형태 그리고 개인의 흥미, 욕구, 기대, 성격, 인구통계, 지식과 경험 등이 있다.

(4) 이미지

이미지(image)는 어떤 대상에 대한 심상(心象, mental picture)으로 그 대상에 대한 정보와 경험 그리고 신념이 만들어낸 지각의 총합이다. 관광상품은 무형상품인데다 현지에 가보기 전에는 품질이 어떤지 가늠해볼 수가 없기 때문에 관광객은 상품 자체를 구매하는 것이 아니라 이미지를 구매하는 것이다. 따라서 기업과 관광지는 이미지 형성에 적극적이어야 한다. 〈그림 7-6〉은 한국관광사가 전 세계 네티즌을 대상으로 한국의 대표 이미지를 조사한 결과이다. 김치, 기타 한국음식, 서울, 영화/드라마 촬영지 순으로 이미지가 형성되어 있는데 이런 이미지는 시간이 지남에 따라 지속적으로 변화하므로 우리가 추구하는 바람직한 한국 이미지가 무엇인지 생각해 보고 이를 구축해 나가기 위해 최선의 노력을 다해야겠다.

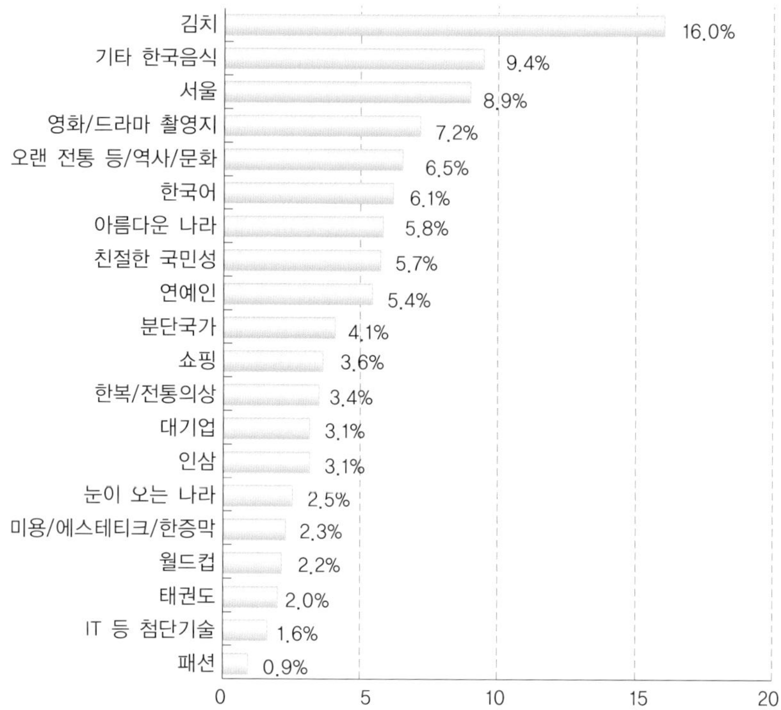

그림 7-6 네티즌이 뽑은 한국의 대표 이미지

출처: 한국관광공사(2004)

문화체육관광부와 한국문화산업교류재단이 2012년 2월부터 4월까지 국내 거주 유학생, 해외 거주 외국인, 국내 기업 CEO 등 총 4,600명을 대상으로 한류 및 한국 이미지에 대한 실태조사를 한 결과에서는 드라마, K-POP, 한식, 전자제품의 순으로 나타났다.

(5) 태도

태도(attitude)는 어떤 대상에 대한 호의적 또는 비호의적인 반응이다. 태도는 상품이나 브랜드에 대해 총체적으로 좋다거나 나쁘다는 평가이며 좋은 태도를 가지고 있으면 구매 가능성이 높아진다. 그래서 기업은 다양한 방법으로 좋은 태도를 형성하려고 노력한다. 〈그림 7-7〉과 같이 불우이웃돕기 행사를 개최하여 기사화가 되면 해당 기업에 대해 호의적인 태도가 형성된다.

▮그림 7-7▮ 빈곤 아동을 돕기 위한 하나투어 희망트리 캠페인

출처: 하나투어(http://www.hanatour.com)

(6) 학습

학습(learning)은 지식을 얻어서 모르는 것을 알게 되거나 체험을 통해서 신체적 능력이 향상되는 것이다. 인간은 독서, 관찰, 사고, 매체, 경험 등을 통해서 지식과 정보를 얻게 된다. 사실 인간의 모든 활동이 학습과 연결되는데 전쟁이나 폭력을 주제로 한 영화를 자주 보면 폭력적인 성향을 가질 확률이 높아지는 반면 로맨스나 휴머니즘을 다룬 영화를 자주 보면 연민이나 사랑의 감정이 많아질 수 있다. 관광기업은 상품에 관한 특징과 장점을 노출시켜서 잠재 관광객이 그 사실을 알도록, 즉 학습되도록 노력하고 있다. 〈그림 7-8〉은 테마파크에서 광고를 통해 삼바축제에 대한 정보를 제공하고 있다. 학습에 관한 이론은 크게 행동주의적 접근과 인지주의적 접근이 있는데 행동주의적 접근은 자극-반응이론에 근거하여 행동의 반복과 습관을 통해 학습하는 것을 다루고, 인지주의적 접근은 인지체계를 바탕으로 인간의 사고와 의사결정과정을 다룬다.

그림 7-8 롯데월드 삼바축제 광고

출처: 롯데월드(http://www.lotteworld.com)

(7) 성격

성격(personality)은 환경에 어떻게 반응하는가를 나타내는 심리적 특성이자 행동패턴이다. 성격은 선천적으로 타고나는 특성과 후천적인 경험이나 학습이 결합되어 형성된다. Plog(1974)는 성격 유형에 따라 관광지 선택과 여행 종류를 예측할 수 있다고

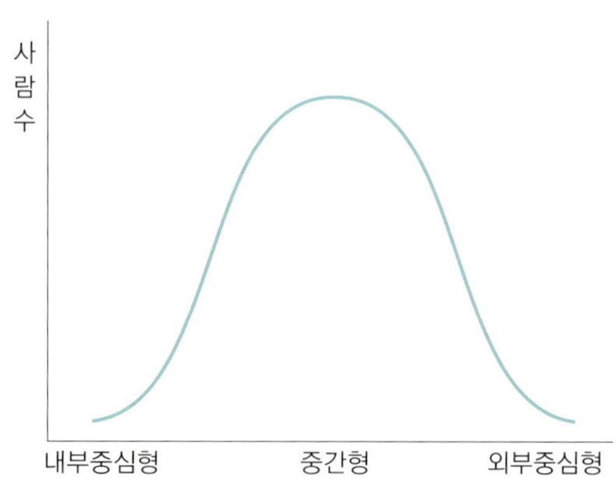

그림 7-9 Plog의 성격 유형

했는데 내부중심형(psychocentrics)은 소극적이고 의존적이며 안전하고 친숙한 것을 추구하기 때문에 여행사의 단체여행을 선호하는 반면 외부중심형(allocentrics)은 적극적이고 모험적이기 때문에 새로운 관광지를 개척하려고 하거나 자유여행을 선호한다. 〈그림 7-9〉는 Plog(1974)의 성격 유형을 보여주고 있다.

(8) 라이프스타일

라이프스타일(lifestyle)은 사람들이 살아가는 방식과 패턴이다. 라이프스타일은 일상생활, 활동, 흥미, 의견, 가치, 요구, 지각, 가족, 준거집단, 사회계층, 문화 등을 반영한다. 생활환경이 변화하고 소비자의 욕구가 다양화되어 인구통계학적 분석만으로는 시장세분화가 어려워졌기 때문에 라이프스타일이 도입되었다. 라이프스타일과 제품사용, 매체이용도, 인구통계적 특성 등을 결합하면 더욱 유용한 고객정보를 얻을 수 있다. 〈표 7-3〉은 라이프스타일에 따른 관광자 행동 특성을 나타낸 것이다. 라이프스타일을 활동형 관광지향, 문화형 관광지향, 소극적 관광지향, 사교적 관광지향으로 구분하였는데 활동형 관광지향은 20대 남자, 중용 성격, 저소득, 친구 및 동료와 여행, 자동차 소유의 특성을 가지고 있고, 선호 여행지는 호반 또는 주제공원, 여행목적은 휴가 또는 건강, 여행지에서 인상적으로 본 것은 기후와 특별행사, 추천해주고 싶은 여행지는 해안 및 주제공원, 의사결정과정은 일반형의 특징을 가지고 있다. 다른 형태의 라이프스타일도 살펴보자.

▮표 7-3▮ 라이프스타일에 따른 관광객 행동 특성

구분		활동형 관광지향	문화형 관광지향	소극적 관광지향	사교적 관광지향
인구요인	성별/연령 성격 소득 동반자 자동차	남자 20대 중용형 저소득 친구, 동료 소유	여자 20대 준사고지향 중산층 가족, 친구 소유	여자 20대 사고지향 저소득 가족 무소유	남자 20대 행동지향 중산층 친구, 동료 소유
선호여행지 여행목적 인상요인 권유여행지 의사결정과정		호반, 주제공원 휴가, 건강 기후, 특별행사 해안, 주제공원 일반형	산악, 명승유적 사교, 휴식 경관, 특별서비스 호반, 명승유적 고몰입형	산악, 해안경관 건강, 기타 경관, 특별행사 산악, 해안경관 고몰입형	공원, 보양온천 사교, 문화 자연경관, 기후 해안, 주제공원 일반형

출처: 안영면(1993)

2) 외적/환경적 요인

(1) 문화

문화(文化, culture)는 인간이 만들어낸 정신적, 물질적 산물이다. 예술・도덕・관습・규범・법률・제도를 포함하여 자동차나 옷과 같은 상품들도 문화적 소산이다. 인간은 어떤 문화적 배경 속에서 성장하고 살아가느냐에 따라 행동에 많은 영향을 받는다. 〈그림 7-10〉의 사진은 호주 퀸즐랜드 선샤인코스트이다. 많은 사람들이 강렬한 태양 아래에서 여유롭게 일광욕을 즐기고 해수욕을 즐기는 모습이 보인다. 반면에 우리나라의 해변 문화는 사람들이 가득하여 북적이고 태양을 피해 파라솔 아래에 몸을 숨기는 장면이 자주 목격된다.

그림 7-10 호주 퀸즐랜드 선샤인코스트

출처: 저자 촬영

(2) 하위문화

하위문화(subculture)는 전체 구성원 중에서 일부 집단이 가지고 있는 독특한 문화이다. 하위문화의 구성원들도 전체 구성원이 가지고 있는 문화적 특징을 가지고 있지만 동시에 자신만의 독특한 문화를 가지고 있다. 가령 한국이라는 전체 문화 속에서 지역별로 경상도 문화, 전라도 문화가 있고 연령별로 10대 문화, 20대 문화가 존재한다. 이런 구분은 인종, 종교, 연령, 직업, 지역, 성별, 라이프스타일 등에 의해 나타난다.

〈그림 7-11〉은 필리핀의 전통식사를 하면서 전통공연을 관람하는 마닐라의 삼보앙가 레스토랑이다. 공연 도중에 손님들 무대로 초청하는 순서가 있는데 서양 사람은 적극적인데 반해 동양 사람은 다소 소극적인 편이다. 한・중・일 3국 중에서는 그나마 한국인이 좀 더 적극적인 것 같다. 그 중에서도 젊은 사람들이 더 적극적인 편이다.

▮그림 7-11▮ 필리핀 마닐라 삼보앙가 레스토랑

출처: 저자 촬영

(3) 사회계층

사회계층(social class)은 직업, 교육수준, 재산, 주거지, 교제집단, 소유물 등을 기초로 나누어진 집단으로 크게 상류층, 중산층, 서민층으로 구분된다. 그러나 이들을 나누는 정확한 기준은 없으며 사회적 통념에 의해 판단한다. 사회계층에 따라 관광활동의 빈도와 종류가 다른데 상류층은 상대적으로 편안하고 고급스러운 것을 추구하고, 중산층은 다양한 상품을 비교 평가하여 가장 합리적인 것을 선택하고, 서민층은 저렴한 상품 위주로 구매하는 경향이 있다. 〈그림 7-12〉는 중국 장자제(장가계) 관광상품인데 관광일정은 거의 비슷하지만 호텔등급과 식사의 질에 따라 가격에 차이를 두고 있다. 상류층은 좀 더 품격 있고 편안한 것을 선호하기 때문에 고가격의 상품을 선택하는 반면 서민층은 '잠이야 뭐 어디서 자면 어때!'라는 생각으로 저렴한 것을 선호하는 경향이 있다.

▌그림 7-12▌ 중국 장자제 관광상품

출처: 모두투어(http://www.modetour.com)

(4) 준거집단

준거집단(reference group)은 자신이 소속되어 있거나 소속되고 싶은 집단이다. 대표적인 준거집단으로는 동문, 동호회, 팬클럽, 가족 등이 있다. 사람들은 준거집단을 통해 행동을 학습하게 되고 향후 행동에도 영향을 받는다. 예를 들어 대학생이라는 준거집단에 소속된 사람은 '내가 대학생이고 지성인이니까 이런 행동을 해야지, 그리고 저런 행동을 하지 말아야지'라고 생각하고 행동의 기준을 갖게 된다. 〈그림 7-13〉의 사진은 스페인의 한 투우경기장이다. 자신이 문화관광객이라는 준거집단에 속해 있다고 생각하는 사람은 스페인의 대표적 문화 중에 하나인 투우경기를 반드시 관람하겠지만,

▌그림 7-13▌ 스페인 투우경기장

출처: 저자 촬영

만약 자신이 동물애호가라는 준거집단에 속해 있다고 생각한다면 인간의 즐거움을 위해 동물을 죽이는 투우경기를 절대로 보지 않을 것이다.

(5) 가족

가족(family)은 부부를 중심으로 자식과 부모 그리고 부모가 함께 생활하는 공동체이다. 가족구성원은 서로 비슷한 성향을 가지고 있을 뿐만 아니라 항상 함께 생활하기 때문에 의사결정에 큰 영향을 미친다. 가족과 여행을 함께 가는 경우에는 가족구성원의 건강, 나이, 기호 등을 고려하게 되는데 어린 아이를 동반한다면 어린이가 좋아하는 수영장이나 놀이동산을 방문하겠지만 나이가 많은 부모님과 함께 여행을 하게 된다면 별로 걷지 않는 편안한 일정을 선호하게 될 것이다. 〈그림 7-14〉의 왼쪽 사진은 감옥을 개조해서 만든 유스호스텔이고, 오른쪽은 주방시설이 갖추어진 레지던스호텔이다. 만약 아이가 없는 젊은 부부라면 둘 중 어떤 형태의 숙박을 선택할까? 또 초등학생 자녀와 함께 여행하는 부부라면 어떤 형태의 숙박을 선택하게 될지 생각해보자.

그림 7-14 캐나다 오타와 인터내셔널호스텔과 호주 브리즈번 옥스 레지던스호텔

출처: 저자 촬영

마인드 산업과 감동연출

세련된 관광소비자(sophisticated tourist consumer)의 기분을 쾌적 · 감동하게 하는 서비스 디자인을 위해서는 마인드웨어(mindware)의 중요성이 특히 강조된다. 세계의 모든 관광기업은 고객에게 환희의 창출을 염원하지만 고객은 결코 만족하는 법이 없고 '서비스 경주는 결승점이 없는 법'(service race has no finish line)이므로 끊임없는 노력을 경주해야 할 숙명을 지니고 있

다. 한국관광의 서비스 인프라 구축과 서비스 체인화가 되기 위해서는 각 서비스 요소의 제대로 된 기능 발휘와 상호 유기적 연계가 중요하다.

서비스를 베푸는 것은 사람의 마음을 주는 것이요, 마음을 준다는 것은 동양적 관점에서 보면 기(氣, chi)요, 기를 준다함은 사람을 기분 좋게 하는 기쁨이다. 이런 뜻에서 보면 관광인은 마인드 산업에 종사하며 손님에게 생기(生氣)를 주는 아티스트요 정서노동자이다. 관광산업은 어엿한 서비스 산업이므로, 사회에 봉사하기 위해 사람에게 즐거움을 주기 위해 존재하는 것이며 그 대가로 경제적 보상을 누리는 것이므로 먼저 주지 않으면 절대 얻지 못하는(give more to get more) 그런 생리를 지니고 있다. 국제관광자에게 한국문화의 특색을 잘 살린 다양한 to move, to eat, to sleep, to buy, to see와 to do 등이 제대로 되게 기본충실(back to basics)이란 기초암반론(基礎岩盤論)에 역점을 두어 정말 관광할 맛이 나게 하는 것이 중요하다. 지금은 하드웨어에서 소프트웨어와 마인드웨어로 진전된 그 위에 오늘날 가상공간(virtualware)이란 VW를 통한 주객 간의 상호작용도 중시되어 만족 수준이 국내 만족에서 세계 만족을 성취해야 하는데 그 기초와 기본은 서비스이다.

세계에서 서비스의 명연출을 보여 손님을 감동시키고 있는 가장 성공적인 사례가 글로벌 엔터테인먼트 거대기업인 디즈니랜드이다. 그곳에서는 일을 연극(theatre)으로, 직원을 배역(cast)으로, 유니폼 대신 의상(costume)으로, 고객을 손님(guest)으로 연출한다. 이 같은 감동연출은 오감마케팅 전략을 구사해야 성공할 수 있는데 그 좋은 예가 지금 서울에서 장기간 공연되는 '난타'이다. 이것은 비언어극으로 온몸과 마음으로 느낄 수 있는 오감체험·오감만족의 전형이 되는 공연이다. 또 다른 예가 스타벅스(Starbucks)이다. 스타벅스는 성공적으로 고객이 원하는 관심사를 파악하고 전달하기 위해 고객의 오감에 호소하는 방법을 사용하였다. 즉 원두의 매혹적인 향기, 커피의 풍부한 맛, 상품의 진열과 벽을 가득 채운 장식품, 은은하게 흐르는 현대 음악, 아늑하고 깨끗한 느낌의 식탁과 의자를 이용하였다. 이렇게 고객의 입장에서 고객과의 상호관계를 중요시하는 사업경영으로 스타벅스는 엄청난 성공을 거두었는데, 그 성공을 수치화한 것을 보면 고객당 스타벅스 매장을 한달에 평균 18번 방문하며, 한번 방문에 3.5달러를 소비하는 것으로 조사되었다.

출처: 손대현 칼럼(2009. 4. 23). 공감코리아(http://www.korea.kr)에서 발췌

학 · 습 · 정 · 리

- 관광자행동 연구는 관광객이 관광상품의 정보를 검색하고 비교하고 구매 또는 체험을 하고 사후에 구전을 하는 과정을 분석한다.

- 관광자의 구매행동 과정은 관광욕구 → 정보탐색 → 대안평가 → 대안선택 → 관광활동 → 사후평가 및 행동으로 이어진다.

- 관광자행동에 영향을 미치는 내적/개인적 변수는 욕구, 동기, 지각, 이미지, 태도, 학습, 성격, 라이프스타일 등이다.

- 관광자행동에 영향을 미치는 외적/환경적 변수는 문화, 하위문화, 사회계층, 준거집단, 가족 등이다.

연 · 습 · 문 · 제

01 다음 중 관광자 구매행동에 영향을 미치는 내적/개인적 변수로 거리가 먼 것은?

① 사회계층 ② 성격
③ 학습 ④ 동기

02 다음 중 관광자 구매행동에 영향을 미치는 외적/환경적 변수로 거리가 먼 것은?

① 문화 ② 태도
③ 하위문화 ④ 가족

03 다음 중 자신이 소속되어 있거나 소속되고 싶은 집단을 무엇이라고 하는가?

① 문화집단 ② 소속집단
③ 준거집단 ④ 잠재집단

정답 1. ①－사회계층은 외적/환경적 변수이다.
2. ②－태도는 내적/개인적 변수이다.
3. ③－자신이 소속되어 있거나 소속되고 싶은 집단을 준거집단이라고 한다.

참·고·문·헌

안영면 (1993). 라이프스타일에 따른 관광객 행동특성에 관한 연구, **관광·레저연구**, 5, 43-73.

이학식 외 (2006). **소비자행동**. 파주: 법문사.

한국관광공사 (2004). 전 세계 네티즌 대상 한국관광 설문조사 결과.

Crompton, J. L. (1979). Motivations For Pleasure Vacation, *Annals of tourism research, 6*(4), 408-428.

Dann G. M. S. (1981). Toruist Motivation: An Appraisal, *Annals of toruism research, 8*(2), 190-191.

Iso-Ahola, S. E. (1982). Toward A Social Psychological Theory of Tourism Motivation: A Rejoinder, *Annals of tourism research, 9*(2), 256-262.

MacCannell, D. (1976). *The Visitor: A new theory of the leisure class.* NY: schoken books.

McIntosh, R. W. (1977). *Tourism principles, practices, philosophies.* OH: Columbus.

Maslow, A. H. (1943). A Theory of Human Motivation, *Psychological Review, 5*, 370-396.

Pearce, P. L. (1996). Recent research in tourist behavior. *Asia-Pacific journal of tourism research, 1*(1), 7-17.

Plog, S. C. (1974). Why Destination Areas Rise and Fall in Popularity, *The cornell hotel & restaurant administration quarterly, 14*(4), 55-58.

Thomas, J. A. (1964). What Makes People Travel, *ASTA travel news, 8,* 64-65.

공감코리아(http://www.korea.kr)

롯데월드(http://www.lotteworld.com)

모두투어(http://www.modetour.com)

하나투어(http://www.hanatour.com)

Chapter 08

관광자원

관광자원

| 학습목표 |

- 관광자원의 개념을 설명할 수 있다.
- 관광자원을 분류하고 각각에 대해 설명할 수 있다.
- 관광자원의 특성을 설명할 수 있다.
- 우리나라 국립공원과 도립공원을 설명할 수 있다.

생각열기

대표적인 관광자원

아래 지역별로 대표적인 관광자원이 무엇이라고 생각하는지 ○표해 보시오. 그 밖에 더 훌륭한 관광자원이 있다면 빈 칸에 작성하시오.

서울	부산	강원도	경상도	전라도	충청도
남산 인사동 경복궁 남대문 창덕궁	부산영화제 해운대 광안리 한려수도 한라산	치악산 정선카지노 설악산 아우라지 경포대	하회마을 불국사 첨성대 부석사 통도사	땅끝마을 전주비빔밥 광주비엔날레 마이산 선운사	현충사 온양온천 공주산성 단양팔경 청풍명월

과거에는 우리나라에 가볼 만한 곳이 별로 없다는 인식이 많았으나 각 지자체의 적극적인 노력에 의해 지역관광이 크게 향상되고 있다. 게다가 주5일 근무제와 대체휴일제 그리고 전국 도로망의 확장도 지역관광을 활성화하는 데 기여하고 있다. 또한 한국관광공사의 대한민국 구석구석 캠페인과 '1박2일'과 같은 여행 프로그램이 우리나라 각지에 있는 아름다운 관광자원을 재발견하는 기회를 줌으로써 관광욕구를 자극하고 있다. 우리나라의 훌륭한 관광자원은 세계에서도 인정받아 유네스코 세계문화유산으로 등재되고 있다. 전국의 수많은 자연관광자원과 문화관광자원이 있으니 이번 주말에 한 곳을 정해 떠나보면 어떨까?

1 관광자원의 개념과 종류

1) 개념

관광자원(tourism resource)은 방문하고 싶은 매력을 지닌 관광 대상이다. 어디에서나 볼 수 있는 수준이라면 사람들의 관심을 얻을 수 없고 관광자원이 되지 못한다. 다른 지역의 유사한 관광자원에 비해서 더 훌륭하거나 독특할 때 관광객의 관심과 방문 욕구가 높아진다. 가령 엄청난 규모의 나이아가라폭포는 관광객들을 사로잡는다. 관광은 관광자원에 대한 정보와 이미지로 방문을 결정하기 때문에 관광자원의 매력을 알리기 위해서는 충분한 홍보와 광고가 필요하다.

관광자원까지의 접근성도 용이해야 한다. 거리가 너무 멀거나 접근하기 불편한 위치에 있다면 방문하기가 어렵다. 그러나 거리가 멀어도 매력이 이를 상쇄할 수 있다면 관광객은 기꺼이 수고를 감내할 것이다. 또 실질적인 거리보다 심리적인 거리가 중요한데 잘 알려지지 않은 곳일수록 실제 거리보다 심리적인 거리가 멀게 느껴지는 경향이 있다. 관광자원을 지원해줄 수 있는 숙박시설, 유원시설, 휴게시설, 관광안내시설 등 주변 시설이 잘 갖추어지면 관광자원의 매력도 함께 높아질 것이다.

2) 종류

관광자원은 가시성에 따라 유형관광자원과 무형관광자원으로 구분할 수 있다. 유형관광자원은 물리적인 형태가 있어서 볼 수 있고 손으로 만질 수 있는 자연관광자원, 문화관광자원, 산업관광자원이다. 무형관광자원은 물리적인 형태가 없지만 관광 매력을 지닌 것으로 춤, 음악, 공연, 축제 등이 포함된다. 오스트리아 잘츠부르크 음악축제나 춘천의 마임축제는 무형관광자원이지만 관광객에게 인기가 높다.

- **가시성에 따른 종류**
  - ① 유형관광자원: 자연관광자원, 문화관광자원, 산업관광자원 등
  - ② 무형관광자원: 춤, 음악, 공연, 축제 등

관광자원의 생성기원에 따라 자연관광자원과 문화관광자원으로 나눌 수 있다. 자연관광자원은 자연현상이 생성한 독특한 형태의 산, 바다, 온천, 동굴, 계곡, 폭포 등이다. 에메랄드빛 바다, 하얗게 부서지는 파도, 높은 곳에서 떨어지는 폭포, 기암괴석 등 다른 곳에 없는 특이하고 아름다운 자연경관은 매력적이다. 우리나라의 설악산이나 내장산 같은 자연관광자원은 수려한 경관 덕분에 늘 관광객이 많다. 최근의 관광 형태가 보는 관광에서 체험하는 관광으로 변화하고 있어 정적인 자연관광자원의 인기가 퇴색한 듯 보이지만 자연관광자원은 여전히 훌륭한 관광자원이다. 자연의 일부인 인간은 자연으로 회귀하려는 본능을 갖고 있어서 한번씩 자연을 찾기 마련이다. 자연관광자원은 도시생활에 지친 현대인에게 휴식과 안정을 주는 역할을 한다.

문화관광자원은 인간이 창조한 모든 관광자원으로서 역사, 사회, 산업, 위락 관광자원이 포함된다. 역사관광자원은 역사적으로 중요한 가치나 의미를 지닌 자원으로서 유적, 건축물, 문화재, 박물관 등이 포함된다. 경주 유적지나 석굴암 등은 세계적으로 잘 알려진 귀중한 관광자원이다. 사회관광자원은 사회활동을 하는 과정에서 발생하는 축제, 종교, 스포츠, 도시 등이다. 각 나라의 도시에는 과거와 현대 그리고 미래의 문화가 어우러져 관광객의 욕구를 충족시켜 주고 있다. 산업관광자원은 농업이나 공업의 발전상 또는 생산과정을 볼 수 있는 관광자원으로 공장시설, 농장시설, 박람회, 전시회, 기반시설 등이 포함된다. 한 예로 관광객은 울산 현대 공장 등을 둘러보면서 감탄과 자부심을 느낀다. 위락관광자원은 승선하거나 체험을 하면서 즐기는 것으로 보트, 유람선, 승마, 테마파크가 포함된다. 놀이동산은 대표적인 위락관광자원이다.

▪ 생성기원에 따른 종류

① 자연관광자원 : 자연현상이 생성한 독특한 형태의 산, 바다, 온천, 동굴, 계곡, 폭포 등

② 문화관광자원 : 인간이 창조한 모든 관광자원

- 역사관광자원 : 유적, 건축물, 문화재, 박물관 등
- 사회관광자원 : 축제, 종교, 스포츠, 도시 등
- 산업관광자원 : 공장시설, 농장시설, 박람회, 전시회, 기반시설 등
- 위락관광자원 : 보트, 유람선, 승마, 테마파크 등

2 관광자원의 특성

1) 자연관광자원

(1) 산

시멘트, 아스팔트, 콘크리트 등 인공물이 가득하고 스트레스와 억압에 눌려 있는 도시인들에게 자연관광자원은 잠시나마 생명의 에너지와 활력을 불어넣어 준다. 특히 산은 나무와 꽃이 가득하여 그 자체로 건강에 좋고 보기에도 아름다운 최고의 자연관광자원이다. 산에는 여러 종류의 식물, 곤충, 동물, 계곡, 동굴, 호수, 온천, 기암괴석 등이 있고 계절마다 그 모습이 달라서 늘 새롭고 볼거리가 많다. 전 국토의 70%가 산으로 이루어진 우리나라에서 산은 매우 중요한 관광자원이다. 대부분의 국립공원이나 도립공원이 산이어서, 사람들은 국내 여행지로 산을 자주 방문한다. 최근 건강, 등산, 캠핑에 대한 관심이 높아지면서 산을 방문하는 사람들이 더욱 늘어나고 있다. 〈그림 8-1〉의 왼쪽 사진은 정읍의 내장산이다. 초록 빛깔이 시원하고 마음을 편안하게 해준다. 가을에는 형형색색으로 물드는 단풍이 유명해서 전국에서 몰려든 사람들로 인산인해를 이룬다. 오른쪽 사진은 호주 시드니 근교의 블루마운틴이다. 우리나라 설악산에 비해 절경이라고 하기는 어렵지만 그래도 국토의 대부분이 평지에 가까운 호주에서 이만한 산이라도 있는 것에 감사하며 정부는 열심히 가꾸고 보존하고 있다. 〈그림 8-1〉의 오른쪽 사진은 관광객이 세자매봉을 바라보며 사진도 찍고 전설에 대한 이야기를 나누는 모습이다.

그림 8-1 정읍 내장산과 시드니 블루마운틴

출처: 저자 촬영

(2) 바다

바다는 바닷물, 모래사장, 햇빛, 섬 등이 어우러져 풍광을 이루기 때문에 멋지고 낭만적이다. 또 바다에서는 수영, 스노클링, 요트, 보트, 잠수함, 유람선, 서핑, 스쿠버다이빙 등 다양한 스포츠를 할 수 있어서 즐거움이 가득하다. 사람들은 바다를 상상하는 것만으로도 기분이 좋아지고 흥분한다. 인간이 엄마 뱃속에 있을 때 양수에 있었기 때문인지 아니면 인체의 70%가 물이기 때문인지 모르겠지만 사람들은 바다, 호수, 강, 계곡 등에서 마치 마법에 빠진 것처럼 물소리를 듣고 물이 흘러가는 모습을 보면서 하염없이 시간을 보낸다. 〈그림 8-2〉의 왼쪽 사진은 필자가 지도하고 있는 여행 동아리 학생들과 경포 해수욕장에 들른 것이다. 한 학생이 다른 학생의 사진을 찍고 있는 장면이 재미있어 찍어 보았다. 오른쪽 사진은 전국 대학생들과 필리핀에 봉사를 갔다가 주말에 잠깐 시간을 내어 바탕가스에서 스노클링과 스쿠버 다이빙을 하는 모습이다. 사진으로는 표현할 수 없는 투명한 비취색의 물 빛깔에 입을 다물지 못했다.

▮그림 8-2▮ 경포 해수욕장과 필리핀 바탕가스

출처: 저자 촬영

(3) 온천

온천은 지열에 의해 따뜻해진 지하수가 용출하는 것으로 물 온도가 25℃ 이상이며 광물질이 포함되어 있어서 휴식과 건강 증진의 효과가 있다. 온천에서 연상되는 이미지가 한물 간 것 같고 구식이라는 생각이 들 수도 있지만 최근에는 온천을 테마파크화하여 다양한 연령대의 욕구를 충족시키고 있다. 해외에서도 온천 관광지는 여전히 유명하다. 가령 일본에서는 온천을 빼놓고 관광을 말할 수 없을 정도이고, 대만의 양명산,

캐나다의 밴프, 뉴질랜드의 로토루아 등 온천을 주요 관광지로 내세우는 곳이 많다. 온천 자체가 관광 목적지가 되기도 하고, 여행 피로를 푸는 수단이 되기도 한다. 지역마다 온천을 이용할 때는 사용 방법이나 예절이 다르므로 미리 내용을 파악해서 이용하는 것이 좋다. 〈그림 8-3〉은 경기도 광주에 있는 한 업체의 한방탕과 대만 양명산의 노천탕이다.

그림 8-3 경기도 스파그린랜드와 대만 양명산 온천

출처: 저자 촬영

(4) 동굴

동굴은 화산작용 등에 의해 형성된 지하공간이다. 동굴은 흥미롭고 모험심을 불러일으킬 뿐만 아니라 종류석 등 신기한 모양의 기암괴석이 있어 볼거리도 가득하다. 우리나라에는 전국적으로 약 1,000여 개의 동굴이 있는데 강원도와 제주도에 규모가

그림 8-4 정선 화암동굴과 베트남 하롱베이 항성솟동굴

출처: 저자 촬영

크고 유명한 동굴이 많다. 해외에도 이탈리아 카프리의 푸른동굴을 비롯해서 베트남, 중국, 대만, 일본 등 매력적인 동굴 관광자원이 많다. 〈그림 8-4〉는 강원도 정선의 화암동굴과 베트남 하롱베이의 항성솟동굴이다. 동굴 안에 조명을 아름답게 배치하여 동굴 내부를 잘 볼 수 있도록 연출하고 있다.

2) 문화관광자원

(1) 역사관광자원

① 유적

유적은 수백 년 이상 된 궁궐터, 건축물, 왕궁, 사원 등을 일컫는다. 종종 그 가치를 깨닫지 못하거나 흙과 화산재에 묻혀 있다가 후대에서 발견 및 발굴하기도 한다. 조상이 살던 모습과 영광을 보여주는 유적지는 관광객에게 자신의 뿌리를 알게 하고 자부심을 전해준다. 유적지를 찾은 관광객들은 책에서 보던 역사 현장을 직접 방문하면서 화려했던 과거를 되새긴다.

〈그림 8-5〉는 고창 고인돌 집단 유적지와 이탈리아의 포로로마노(Foro Romano)이다. 고인돌은 청동기시대의 무덤 양식으로 전국적으로 3만여 기가 분포되어 있고 북한에도 1만여 기 이상이 있다. 이것은 전 세계 고인돌의 40%에 달하는 양이다. 고창, 화순, 강화도에 고인돌 유적이 집중적으로 잘 보존되어 있어서 세계문화유산으로 등재되었다. 고창의 고인돌 집단 유적지는 타임머신을 타고 고대로 순간 이동한 것 같은 착각을 일으킬 만큼 신비롭다. 포로 로마노는 고대 로마시대의 유적지로 정치와 종교의

▌그림 8-5▌ 고창 고인돌 집단 유적지와 이태리 로마 포로로마노

출처: 저자 촬영

중심지 역할을 하는 광장이었다. 현재는 부서진 건물과 기둥만이 남아 있으나 강성했던 로마의 상징으로서 관광객의 발길이 끊이지 않는다.

② 건축물

한 시대를 대표하거나 독특한 형태를 띤 건축물은 매력적인 관광 자원이 된다. 국가를 상징하는 랜드마크 건축물의 존재 여부는 관광 이미지에도 영향을 준다. 두바이의 버즈 알 아랍, 시드니의 오페라 하우스, 말레이시아의 쌍둥이 빌딩, 싱가포르의 샌즈 호텔 등 독특한 건출물은 관광객을 끌어들인다. 〈그림 8-6〉은 방콕의 왕궁과 파리의 에펠탑이다. 태국의 왕궁 안에 있는 특이한 건물들은 한 번 보면 쉽게 잊히지 않는 매력을 지니고 있다. 파리 에펠탑은 1889년 만국 박람회를 위해 세워진 이래 120년이 지난 현재까지 파리의 상징이 되고 있다. 에펠탑은 한때 파리 시민들로부터 흉물로 취급받았으나 시간이 지날수록 파리 시민뿐만 아니라 전 세계인에게 사랑받는 아름다운 건축물이 되었다.

그림 8-6 방콕 왕궁과 파리 에펠탑

출처: 저자 촬영

③ 문화재

문화재는 역사적으로 가치 있고 국가적으로 보호가 필요한 문화 관광자원이다. 우리나라에서는 문화재보호법에 의해 유형문화재, 무형문화재, 기념물, 민속문화재로 구분하여 관리하고 있다.

유형문화재는 건조물, 전적(典籍), 서적, 고문서, 회화, 조각, 공예품 등 역사적·예술적 또는 학술적 가치가 큰 유형의 문화재와 이에 준하는 고고자료(考古資料)이다. 무형문화재는 연극, 음악, 무용, 놀이, 의식, 공예기술 등 무형의 문화적 소산으로서 역사적 · 예술적 또는 학술적 가치가 큰 것이다. 기념물은 절터 · 옛무덤 · 조개무덤 · 성터 · 궁터 · 가마터 · 유물포함층 등의 사적지(史蹟地)와 특별히 기념이 될 만한 시설물로서 역사적 · 학술적 가치가 크거나 예술적 가치가 크고 경관이 뛰어나거나 동물(서식지, 번식지, 도래지 포함) · 식물(자생지 포함) · 지형 · 지질 · 광물 · 동굴 · 생물학적 생성물 또는 특별한 자연현상으로서 역사적 · 경관적 · 학술적 가치가 큰 것을 말한다. 민속문화재는 의식주, 생업, 신앙, 연중행사 등에 관한 풍속이나 관습과 이에 사용되는 의복, 기구, 가옥 등으로서 국민생활의 변화를 이해하는 데 반드시 필요한 것이다. 〈그림 8-7〉은 유형문화재에 해당하는 전라북도 정읍의 피향정과 무형문화재에 해당하는 한국전통음악을 연주하는 모습이다.

▮ 그림 8-7 ▮ 유형문화재 피향정과 무형문화재 한국전통음악

출처: 저자 촬영

④ 박물관

박물관은 유물과 문화재를 시대별, 지역별, 주제별로 정리하여 방문객이 역사와 문화를 짧은 시간 내에 파악하고 감상할 수 있도록 한 곳이다. 박물관은 국립, 도립, 시립 박물관과 같이 시나 도에서 운영하는 공공형태가 많으나 기업이나 개인이 운영하는 사립형태도 있다. 박물관에는 방대한 자료를 전시하는 큰 규모의 박물관도 있고, 하나의 주제에 따라 수집한 자료를 전시하는 소규모의 박물관도 있다. 우리나라 서울에는 국립중앙박물관, 국립민속박물관, 국립고궁박물관, 공예예술박물관, 서울역사박물관, 한국영화박물관, 근현대디자인박물관, 짚풀생활사박물관 등 많은 박물관이 있다. 과거의 박물관은 정적이고 지루하였지만 최근에는 탁본 뜨기, 3D 영화 상영, 홀로

그램, 당시 생활상 재현, 버튼 작동 등 동적인 요소가 늘어나고 각종 이벤트를 개최하여 흥미를 높이고 있다. 〈그림 8-8〉은 대만을 대표하는 국립고궁박물관과 세계적으로 유명한 영국의 대영박물관이다. 대만 국립고궁박물관은 중국 송대, 원대, 명대, 청대 네 왕조의 궁정유물을 소장하고 있다. 내전 중에 엄청난 양의 유물을 중국 본토에서 대만으로 가져왔다고 한다. 영국의 대영박물관은 그리스, 로마, 이집트, 메소포타미아 등 전 세계 고대문명의 유물을 전시하고 있는데, 회화, 조각, 건축, 장신구 등 그 종류와 형태도 다양하다. 영국인들이 18세기에 전 세계를 여행하거나 정복하면서 수집한 물품들을 관람하다 보면 미지의 세계에 대한 호기심이 커진다. 지금도 많은 관광객들이 대영박물관에 소장된 다양한 유물을 보기 위해 방문하고 있다.

그림 8-8 대만 국립고궁박물관과 영국 대영박물관

출처: 저자 촬영

(2) 사회 관광자원

① 축제

축제는 특별한 날을 기념하거나 축하하는 행사다. 축제의 형태는 신에게 풍농을 빌고 풍작에 대해 감사를 하는 제의적 성격의 축제, 설날이나 사월초파일과 같이 계절의 변화나 부처의 탄신일 등을 기념하는 축제, 그리고 즐거운 프로그램으로 관광객을 유치하는 관광축제 등 다양하다. 현대인에게 축제는 일상과 도시를 벗어나 지역 문화를 체험하는 기회를 준다. 축제는 지역 경제를 활성화하고, 자긍심을 높이고, 홍보를 하는 수단이 되기도 한다.

〈그림 8-9〉 왼쪽 사진의 청도는 평범한 농촌이었지만 소싸움 축제를 개최하면서

사람들이 몰려들어 지역 전체가 들썩이고 그로 인한 경제적 효과를 얻는 대표적인 사례다. 최근에는 아예 상설 소싸움 경기장을 건립하여 연중 소싸움을 관람할 수 있게 하였다. 오른쪽 사진은 캐나다 퀘벡에서 8월에 열리는 누벨프랑스 축제의 모습이다. 누벨프랑스는 북미의 프랑스 식민지를 뜻하는 말로 축제기간 동안 당시의 프랑스 의복, 생활, 음식, 음악, 춤 등을 재한한다. 저녁 8시쯤 거인 인형이 등장하는 퍼레이드가 하이라이트다. 해외에서도 많은 관광객이 몰려와서 축제를 즐긴다.

▮그림 8-9▮ 청도 소싸움 축제와 퀘벡 누벨프랑스 축제

출처: 저자 촬영

② 종교

종교는 초월적 존재에 대한 믿음의 표현으로 놀라운 건축물과 예술 그리고 스토리를 창조해왔다. 종교는 오랜 기간 지역 생활과 밀접한 관계를 맺기 때문에 지역 문화와 융화되어 독특한 문화자원이 된다. 종교의 산물인 사찰, 성당, 사원, 회화, 조각 등은 중요 관광자원이다. 우리나라에서도 전국의 유명한 산을 가게 되면 빼놓을 수 없는 것이 불교 사찰이다. 건물 그 자체로도 조형미가 있고, 과거의 건축 양식을 엿볼 수 있을 뿐만 아니라 부처·승려·신도들 간에 얽힌 설화는 방문객에게 웃음과 감동을 준다.

〈그림 8-10〉의 왼쪽 사진은 강화도에 가면 누구나 한 번씩 방문하게 되는 전등사이다. 이곳 대웅전에는 특이하게도 지붕 밑 네 모서리에 벌거벗은 여인상이 조각되어 있는데 전설에 의하면 절을 짓던 목수의 사랑을 배반하고 도망친 여인을 조각한 것이라고 한다. 목수가 여인의 나쁜 짓을 경고하고 죄값을 치르게 하기 위해 기둥을 받치게 하였다는 것이다. 조각상으로 해학과 교훈을 주는 것이 흥미롭다. 오른쪽 사진은

스페인의 코르도바 성당이다. 유럽 어디에나 성당이 많지만 코르도바 성당은 스페인이 800여 년간 이슬람의 지배를 받은 흔적을 지니고 있는 것으로 유명하다. 이슬람 제국은 코르도바를 수도로 삼아 세계 최대 규모의 이슬람 사원을 건축하였는데 기독교 세력이 이슬람 세력을 몰아내면서 사원을 성당으로 바꾸어 놓았다. 현재도 코르도바 성당 안에서 이슬람 양식을 발견할 수 있다.

▮그림 8-10▮ 강화 전등사와 스페인 코르도바 성당

출처: 저자 촬영

③ 스포츠

놀이와 경기 형식의 스포츠는 사람들에게 재미와 흥분을 제공한다. 스포츠는 오늘날 거대산업이자 관광자원이 되었다. 올림픽이나 월드컵이 열리면 세계적인 스타가 펼치는 최고의 경기를 볼 수 있고 국가별 응집력과 자부심을 고취하기 때문에 전 세계의 이목이 집중된다. 우리나라도 88 서울올림픽을 통해서 대한민국이라는 이름을 국제무대에 알렸으며, 2002 한일월드컵 4강 신화를 이룩하여 우리나라의 저력을 보여주고 국가 이미지를 높였다. 영국의 프리미어리그 축구나 미국의 메이저리그 야구는 상업적으로 성공하여 경기장으로 수많은 관광객을 유인하고 있다. 이곳에는 자국 선수가 해외무대에서 뛰어난 성적을 내고 있는 모습을 관람하려는 사람들이 늘어나고 있다.

스페인의 투우나 태국의 무에타이 등 지역 고유의 스포츠는 그 지역의 문화를 체험하려는 사람들에게 인기가 높다. 경기를 보지 않고 경기 시설을 관람하는 것만으로도 관광객에게 좋은 관광자원이 된다. 〈그림 8-11〉의 왼쪽 사진은 제1회 올림픽이 열렸던 그리스 아테네의 올림픽 경기장이다. 아테네를 방문하는 대부분의 관광객이 상징성이 높은 이 경기장을 방문한다. 이곳에는 두 개의 동상이 있는데 건강한 모습의 노인과 연약한 모습의 청년이다. 이것은 나이가 들어도 열심히 운동을 하면 건강해지고, 젊어도 운동을 하지 않으면 연약해진다는 교훈을 주고 있다. 오른쪽 사진은 호주에서 개최된 프로 크리켓 경기의 한 장면이다. 야구에 익숙한 우리에게는 낯설지만 영국권에서는 인기가 매우 높다.

▮그림 8-11▮ 아테네 올림픽 경기장과 호주 크리켓 경기

출처: 저자 촬영

④ 도시

도시는 전 세계 어디에서나 빼놓을 수 없는 대표 관광지다. 우리나라를 방문하는 외국관광객의 80%가 서울을 방문한다는 것만 봐도 도시가 관광지로서 얼마나 중요한 지 알 수 있다. 도시는 공항과 가까이 있어 접근성이 좋고 호텔, 레스토랑, 쇼핑, 위락시설, 유적지, 박물관 등 관광객이 선호하는 시설이 밀집해 있다. 또 대중교통이 잘 갖추어져 있어서 개인 여행을 하기에도 편리하다. 따라서 대부분의 해외여행 상품이 도시를 포함하고 있으며 도시만 관광하고 돌아가는 상품도 많다.

〈그림 8-12〉 왼쪽 사진은 도시가 곧 국가인 싱가포르의 대표적인 관광포인트 마리나 베이다. 싱가포르를 상징하는 머라이언(Merlion : 상반신은 사자, 하반신은 물고기) 동상이 물을 뿜어내는 모습 뒤로 마천루들이 화려한 불빛으로 자태를 뽐내고 있다. 저녁 8시가 되면 이곳에서 펼쳐지는 레이저와 불빛쇼를 보기 위해 관광객이 몰려든다. 3개의 호텔 건물이 거대한 배를 받쳐 들고 있는 형상의 샌즈 호텔(Marina Bay Sands Hotel)에서 레이저가 하늘로 올라가는 모습에 사람들은 감탄을 금치 못한다. 싱가포르는 센토사섬에도 카지노, 호텔, 유니버설 스튜디오를 건립하는 등 관광산업에 엄청난 투자를 하고 있다. 오른쪽 사진은 호주 브리즈번의 퀸 스트리트다. 가장 번화한 거리임에

도 불구하고 비교적 한산하고 차분한 모습이다. 사람이 너무 많아서 사람들도 붐비고 떠밀려 다니는 것을 싫어하는 사람에게는 제격이다. 한가하게 걸으면서 도시의 매력을 찬찬히 느낄 수 있기 때문이다.

그림 8-12 싱가포르 마리나 베이와 호주 브리즈번의 퀸 스트리트

출처: 저자 촬영

(3) 산업관광자원

① 공장/농장시설

첨단 공장시설이나 농작물을 재배하는 거대 농장시설도 훌륭한 관광자원이 된다. 해외에서는 초콜릿 공장, 와인 농장, 꿀 농장 등을 관람하고 바로 구매할 수 있게 연계해 놓은 관광상품이 많다. 우리나라에서는 현대나 삼성의 전기·전자·중공업시설을 비롯해서 발전소 등을 사전에 예약하여 관람할 수 있으며, 대관령의 양떼 목장도 강원도에서 인기가 높은 관광지로 꼽힌다. 이런 시설들은 그 나라의 산업 수준을 보여줄 뿐만 아니라 교육적 효과가 있어서 지역 산업에 대한 홍보와 이미지를 고양시키는 수단이 된다. 또한 상품이나 농작물의 판매로도 연결되어 지역경제에 도움을 줄 수 있다.

〈그림 8-13〉의 왼쪽 사진은 뉴질랜드 캐드버리(Cadbury) 초콜릿 공장에서 관람객을 환영하는 사인 보드다. 이곳에는 초콜릿을 만드는 과정을 캐릭터로 설명하고 있어 재미있게 관람할 수 있다. 관람 후에는 이곳에서 생산되는 초콜릿을 구입할 수 있다. 오른쪽 사진은 캐나다의 와인 농장이다. 안내인이 와인에 사용되는 포도에 대해 설명하고, 함께 농장을 둘러본 뒤에 와인이 만들어지는 과정을 설명하고, 직접 시음해 볼 수 있는 기회를 준다. 관람 후에는 와인을 구매하거나 택배로 주문할 수도 있고 그

자리에서 간단한 스낵과 함께 와인을 즐길 수도 있다.

▮그림 8-13▮ 뉴질랜드의 초콜릿 공장과 캐나다의 와인 농장

출처: 저자 촬영

② 박람회/전시회/기반시설

박람회나 전시회 그리고 기반시설도 훌륭한 관광자원이 된다. 고양 꽃 박람회, 코엑스 국제관광전시회, 여주 도자기 엑스포 등은 다양한 볼거리를 제공하고 생산자와 소비자, 도매상과 소매상을 연결해주기 때문에 일반 관광객뿐만 아니라 기업 관계자들도 많이 참가한다. 큰 박람회나 전시회는 개최 전부터 미디어의 주목을 받기 때문에 자연스럽게 홍보가 되어 관광 흡인력이 높아진다. 거대한 댐이나 운하, 다리, 도로 등 관광기반시설도 관광객에게 볼거리를 제공한다. 예를 들어 댐은 거대한 규모가 장관을 이루고, 댐으로 인해 생긴 호수에서 수상레포츠 · 유람선 · 낚시 등을 즐길 수 있는 장점이 있다. 샌프란시스코의 골든게이트브리지나 시드니의 하버브리지와 같이 아름다운 다리는 단순히 두 지역을 연결하는 기능을 넘어 카메라에 담고 싶은 관광 대상이 되고 있다.

〈그림 8-14〉의 왼쪽 사진은 고양 꽃 박람회의 모습이다. 해마다 개최되는 이 박람회에서는 한국의 야생화와 전 세계의 꽃을 감상할 수 있다. 이런 박람회에는 어린 아이와 부모가 함께 오는 경우가 많은데 아이에게 정서적 · 교육적으로 유익하기 때문이다. 오른쪽 사진은 시드니의 하버브리지이다. 시드에서는 오페라하우스가 가장 큰 볼거리지만 그 맞은편에 있는 하버브리지도 매력적이어서 오페라하우스와 하버브리지를 동시에 화면에 담아서 사진을 찍는 사람들이 많다. 하버브리지에서는 줄 하나만 매달고 아치 위를 걸어가는 아찔한 체험도 할 수 있다.

그림 8-14 고양 꽃 박람회와 시드니의 하버브리지

출처: 저자 촬영

(4) 위락 관광자원

① 테마파크

테마파크는 하나의 주제를 중심으로 시설을 조성한 공원이다. 우리나라 제주도의 세계 유명 건축물을 주제로 한 소인국 테마파크나 성(性)을 주제로 한 건강과 성 박물관이 예가 될 수 있다. 태국 파타야(Pattaya)에도 세계의 유명 건축물을 주제로 한 미니 시암(Mini Siam)이 있고 호주 브리즈번에는 해양을 주제로 한 시월드(Sea World)와 영화를 주제로 한 무비월드(Movie World)가 있다. 미국의 유니버설 스튜디오는 원래 영화제작소였지만 관광객이 많아지면서 편의시설과 위락시설을 갖추어 영화를 주제로 한 테마파크가 되었다. 일본에는 네덜란드를 재현한 하우스텐보스가 유명하다. 미국 디즈니랜드나 우리나라 에버랜드 등은 놀이시설 위주의 어뮤즈먼트 파크(Amusement park)로 분류하거나 꿈과 환상을 주제로 한 테마파크로 분류하기도 한다. 그 구분이야 어찌됐든 관광객들은 이런 시설에 환호한다. 우리나라를 방문하는 중국 및 동남아 관광객도 에버랜드나 롯데월드 중 하나를 꼭 방문하는 추세다. 〈그림 8-15〉의 왼쪽 사진은 미국 유니버설 스튜디오의 공연 장면이다. 스턴트 배우들이 영화의 한 토막을 연기하는데 유머와 박진감이 넘쳐서 큰 박수를 받곤 한다. 오른쪽 사진은 파리에 있는 디즈니랜드이다. 미키마우스가 어린이에게 둘러 싸여 사인을 해주고 함께 사진을 찍기도 한다.

▮그림 8-15▮ 미국 유니버설 스튜디오와 파리의 디즈니랜드 파리

출처: 저자 촬영

② 보트/유람선/승마

보트를 타거나 승마 등을 하며 강이나 호수 또는 숲속을 유람하는 것은 특별한 체험이 된다. 보트는 자신이 직접 조종하면서 물길을 헤쳐 나가고 주변의 경관을 천천히 다각도에서 바라볼 수 있어서 좋다. 또 신기하고 예쁜 동식물을 발견하는 기쁨도 크다. 보트 위에서 동반자와 함께 얘기를 나누는 것도 낭만적이다. 승마는 또 다른 재미가 있다. 말이 움직일 때마다 전해오는 근육의 움직임과 중심을 잡기 위해서 전후좌우로 움직이는 몸의 리듬이 조화를 이룰 때의 즐거움은 이루 말할 수 없다. 필자도 몽골을 여행할 때 말을 타고 끝없는 초원 위를 달릴 때의 기분을 잊을 수 없다. 최근 우리나라에서도 주말에 승마를 하는 인구가 늘어나고 있다. 〈그림 8-16〉은 캐나다 밴프(Banf)의 카누와 승마 체험이다. 정상에 만년설이 있는 로키산맥을 바라보며 호수 위에서 카누를 타고 말 위에 올라 숲길을 걷는 체험은 일품이다.

▮그림 8-16▮ 캐나다 밴프의 카누와 승마 체험

출처: 저자 촬영

3 국립·도립·군립공원

1) 국립공원

국립공원은 우리나라를 대표할 만한 자연 생태계 보유지역 또는 수려한 자연 경관지로서 환경부장관이 지정한 곳이다. 〈표 8-1〉과 같이 1967년 지리산을 시작으로 2013년 무등산까지 전국적으로 21개의 국립공원이 산재해 있다. 이 중 16개가 산악형으로 가장 많고 4개가 해상이며 경주만 사적이다. 국립공원은 환경보호 대상이지만 관광객의 여가 선용으로도 활용되고 있다. 한 해 약 4천만 명이 탐방하고 있는 국립공원에는 동물 모양의 바위, 병풍 같은 절벽, 옥빛 계곡, 겹겹 능선, 동식물 등 흥미롭고 신기한 것들이 많다. 이런 자연환경이 훼손되지 않고 잘 보전될 수 있도록 국립공원 관리공단에서 철저히 관리하고 있으며 동시에 관광객들이 안전하고 편안하게 관람할 수 있도록 적절히 시설을 배치하고 있다. 또한 해설사를 배치하고 탐방 프로그램을 개최하여 관광객이 자연에 더 가까이 다가설 수 있도록 돕고 있다. 참고로 세계 최초의 국립공원은 1872년에 지정된 미국 옐로우스톤(Yellowstone)이다. 여기에는 1만여 개의 온천과 간헐천이 있으며 300m 깊이의 협곡이 유명하다.

그림 8-17 설악산 국립공원과 해설사

출처: 저자 촬영

표 8-1 국립공원 지정 현황

지정 순위	공원명	위치	지정일	면적(km^2)	비고
1	지리산	전남, 전북, 경남	1967.12.29	440.52	
2	경주	경북	1968.12.31	138.59	사적
3	계룡산	충남, 대전	1968.12.31	59.42	
4	한려해상	전남, 경남	1968.12.31	510.32	해상
5	설악산	강원	1970.03.24	371.35	
6	속리산	충북, 경북	1970.03.24	275.11	
7	한라산	제주	1970.03.24	147.65	
8	내장산	전남, 전북	1971.11.17	71.29	
9	가야산	경남, 경북	1972.10.13	74.94	
10	덕유산	전북, 경남	1975.02.01	228.89	
11	오대산	강원	1975.02.01	291.04	
12	주왕산	경북	1976.03.30	105.60	
13	태안해안	충남	1978.10.20	328.45	해상
14	다도해해상	전남	1981.12.23	2,341.36	해상
15	북한산	서울, 경기	1983.12.31	80.67	
16	치악산	강원	1984.04.02	181.33	
17	월악산	충북, 경북	1984.12.31	284.21	
18	소백산	충북, 경북	1987.12.14	320.50	
19	변산반도	전북	1988.06.11	155.92	해상
20	월출산	전남	1988.06.11	40.70	
21	무등산	전남, 광주광역시	2013.03.04	75.425	

출처: 문화체육관광부(2013), 국립공원 관리공단(http://www.knps.or.kr)

2) 도립공원과 군립공원

도립공원은 국립공원 이외에 특별시나 광역시 또는 도를 대표할 수 있을 만큼 수려하고 보전가치가 높은 자연경관지다. 도립공원은 도립공원위원회와 국토건설종합계획법에 따라 환경부장관의 승인을 얻어 지정되며 관리는 시·도가 맡는다. 1970년 6월 1월 경상북도 금오산이 처음 도립공원으로 지정된 이래 2011년 제주 곶자왈까지 총 30개소가 도립공원으로 지정되었다. 군립공원은 국립공원이나 도립공원 이외에 시·군의 자연경관을 대표할 만한 수려한 자연경관지로서 1981년 1월 7일 전라북도 순창군의 강천산이 최초의 군립공원으로 지정된 이래 전국에 27개소가 분포되어 있다. 도립공원과 군립공원은 지역의 고용창출과 세수입 확보에 기여하고 지역 주민의 여가 선용지로서도 잘 활용되고 있다.

그림 8-18 남한산성, 성산 일출봉, 신안 증도 갯벌

출처: 저자 촬영

표 8-2 도립공원 현황

지정 순위	공원명	위치(시 · 군별)	지정일	면적(km^2)
1	금오산	경북 구미, 칠곡, 김천	1970.06.01	37.910
2	남한산성	경기 광주, 하남, 성남	1971.03.17	36.400
3	모악산	전북 김제, 완주, 전주	1971.12.02	42.220
4	무등산	광주, 전남 담양, 화순	1972.05.22	30.230
5	덕산	충남 예산	1973.03.06	21.045
6	칠갑산	충남 청양	1973.03.06	32.542
7	대둔산	전북 완주	1977.03.23	38.100
8	낙산	강원 양양	1979.06.22	9.100
9	마이산	전북 진안	1979.10.16	16.900
10	가지산	경남, 양산, 울산, 밀양	1979.11.05	105.463
11	조계산	전남 순천	1979.12.26	27.380
12	두륜산	전남 해남	1979.12.26	33.390
13	선운산	전북 고창	1979.12.27	43.700
14	팔공산	대구, 경북 칠곡, 군위, 경산, 영천	1980.05.13	122.080
15	문경새재	경북 문경	1981.06.04	5.300
16	경포	강원 강릉	1982.06.26	9.471
17	청량산	경북 봉화, 안동	1982.08.21	48.760
18	연화산	경남 고성	1983.09.29	22.260
19	태백산	강원 태백	1989.05.13	17.440
20	천관산	전남 장흥	1998.10.13	7.594
21	연인산	경기 가평	2005.09.12	37.469
22	신안증도갯벌	전남 신안	2008.06.05	12.824
23	무안갯벌	전남 무안	2008.06.05	37.123
24	마라해양	제주 남제주군	2008.09.19	49.755
25	성산일출해양	제주 남제주군	2008.09.19	16.156
26	서귀포시립해양	제주 서귀포시	2008.09.19	19.540
27	추자	제주 북제주군	2008.09.19	95.292
28	우도해양	제주 북제주군	2008.09.19	25.863
29	수리산	경기 안양	2009.07.16	6.962
30	제주 곶자왈	제주 서귀포시	2011.12.30	1.547

출처: 문화체육관광부(2013), 국립공원 관리공단(http://www.knps.or.kr)

표 8-3 군립공원 현황

지정 순위	공원명	위치(시 · 군별)	지정일
1	강천산	전북 순창군 팔덕면	1981.01.07
2	천마산	경기 남양주시 화도읍, 진천면, 호평면	1983.08.29
3	보경사	경북 포항시 송라면	1983.10.01
4	불영계곡	경북 울진군, 서면, 근남면	1983.10.05
5	덕구온천	경북 울진군 북면	1983.10.05
6	상족암	경남 고성군 하일면, 하이면	1983.11.10
7	호구산	경남 남해안 이동면	1983.11.12
8	고소성	경남 하동군 악양면, 화개면	1983.11.14
9	봉명산	경남 사천시 곤양면, 곤명면	1983.11.14
10	거열산성	경남 거창군 거창읍, 마리면	1984.11.17
11	기백산	경남 함양군 안의면	1983.11.18
12	황매산	경남 합천군 대병면, 가회면	1983.11.18
13	웅석봉	경남 산청군 산청읍, 금서 · 삼장 · 단성	1883.11.23
14	선불산	경남 울산시 울주군 상북면, 삼남면	1983.12.21
15	운문산	경북 청도군 운문면	1983.12.29
16	화왕산	경남 창원군 창녕읍	1984.01.11
17	구천계곡	경남 거제시 신현읍, 동부면	1984.02.04
18	입곡	경남 함양군 산인면	1985.01.28
19	비슬산	대구 달성군 옥포면, 유가면	1986.02.22
20	장안산	전북 장수군 장수읍	1986.08.18
21	빙계계곡	경북 의성군 춘산면	1987.09.25
22	아미산	강원 인제군 인제읍	1990.02.23
23	명지산	경기 가평군 북면	1991.10.09
24	방어산	경남 진주시 지수면	1993.12.16
25	대이리	강원 삼척시 신기면	1996.10.25
26	월성계곡	경남 거창군 북상면	2002.04.26
27	병방산	강원 정선군 북실리	2011.09.30

출처: 문화체육관광부(2013), 국립공원 관리공단(http://www.knps.or.kr)

학 · 습 · 정 · 리

- 관광자원은 방문하고 싶은 매력을 지닌 관광 대상이다.
- 관광자원의 가시성에 따라 유형관광자원과 무형관광자원으로 구분할 수 있다.
- 관광자원의 생성기원에 따라 자연관광자원과 문화관광자원으로 나눌 수 있다.
- 자연관광자원은 자연현상이 생성한 것으로 독특한 형태의 산, 바다, 온천, 동굴, 계곡, 폭포 등이다.
- 문화관광자원은 인간이 창조한 모든 관광자원으로 역사, 사회, 산업, 위락관광자원이 포함된다.
- 국립공원은 우리나라를 대표할 만한 자연생태계 보유지역 또는 수려한 자연경관지로서 환경부장관이 지정한 곳이다.
- 도립공원은 국립공원 이외에 특별시나 광역시 또는 도를 대표할 수 있을 만큼 수려하고 보전가치가 높은 자연경관지이다.
- 군립공원은 국립공원이나 도립공원 이외에 시·군의 자연경관을 대표할 만한 수려한 자연경관지이다.

연 · 습 · 문 · 제

01 다음 중 가시성에 따른 관광자원 분류로 적합한 것은?

① 자연/문화관광자원
② 유형/무형관광자원
③ 산업/위락관광자원
④ 인적/비인적관광자원

02 다음 중 위락관광자원과 거리가 먼 것은?

① 보트 ② 승마
③ 테마파크 ④ 댐

03 우리나라 최초의 국립공원은?

① 지리산 ② 설악산
③ 한라산 ④ 경주

정답 1. ② – 관광자원은 가시여부에 따라 유형/무형 자원으로 구분된다.
2. ④ – 댐은 산업관광자원이다.
3. ① – 1967년 12월 29일 지리산이 우리나라 최초의 국립공원 지정되었다.

참 · 고 · 문 · 헌

문화체육관광부 (2013). 2012년 기준 관광 동향에 관한 연차보고서.

국립공원 관리공단(http://www.knps.or.kr)

Chapter 09

관광개발

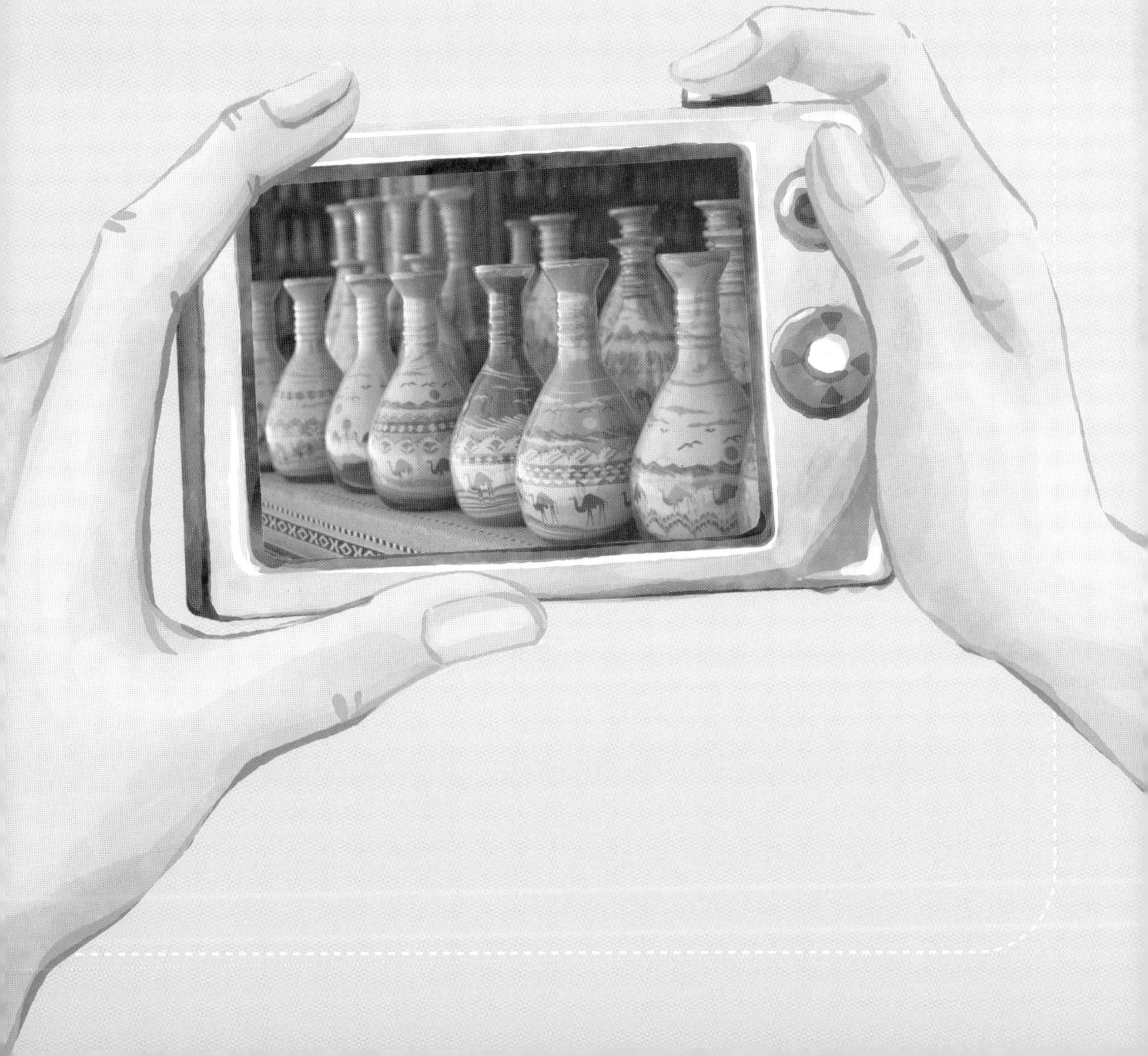

Chapter 09

관광개발

| 학습목표 |

- 관광개발의 개념, 대상, 유형, 그리고 주체에 대해 설명할 수 있다.
- 관광개발의 장애요인에 대해 설명할 수 있다.
- 관광개발의 과정 및 현황에 대해 설명할 수 있다.

생각열기

꿈과 상상의 관광개발 도시 - 두바이

사막의 도시 중동의 두바이는 석유경제 이후를 대비하기 위해 관광개발을 적극적으로 추진하고 있다. 세계 최고층 건물인 버즈 두바이, 7성급 호텔인 버즈 알 아랍, 야자수와 세계지도 모양을 한 인공섬 등 꿈과 상상의 관광개발은 세계관광객들의 시선을 사로잡고 있다. 수려한 자연도 없고 오랜 전통이나 문화도 없지만 두바이는 세상에 없던 독특한 모양의 호텔과 리조트를 건설함으로써 관광객의 상상력을 자극하고 있다. 우리나라에도 한국을 대표할만한 랜드마크가 필요하다는 목소리가 높다. 과연 언제쯤 어떤 모습의 랜드마크가 우리 앞에 나타나게 될까?

| 버즈 두바이와 버즈 알 아랍 |

출처: 저자 촬영

1 관광개발의 개념과 대상

1) 개념

관광개발은 관광객의 관광욕구 충족과 편의를 도모하기 위해서 관광자원과 시설을 개발하고 개선하는 것이다. 관광개발은 원시상태의 자원을 정비하여 관광객이 편안하고 안전하게 감상할 수 있도록 조성하고 주변에 놀이시설, 숙박시설, 편의시설 등을 추가함으로써 관광자원의 가치를 높인다. 그러나 무분별한 관광개발은 관광자원을 훼손하고 환경을 파괴하며 지역경제에도 부담이 될 수 있으므로 각별히 유의해야 한다.

관광개발은 지역에 긍정적인 경제적 효과를 제공한다. 관광지로 유입된 관광객의 지출은 그대로 지역의 소득이 되어 지역산업이 활성화되고 고용이 창출되며 지역의 세수입도 늘어난다. 그러나 관광개발에는 막대한 자금이 소요되고 지속적인 유지관리비가 소요되므로 신중하고 철저하게 타당성을 검토한 후에 실시해야 한다. 그렇지 않으면 잠깐 반짝했던 시설이 행사가 끝나거나 유행이 지나면서 관광객의 발길이 끊겨 흉물로 변하고 지역경제를 악화시킬 수 있다.

〈그림 9-1〉은 만년설로 유명한 스위스 융프라우의 정상과 마을 모습이다. 자연 훼손을 최소화하고 건물을 지을 때도 주변 경관에 어울리면서 친환경적으로 지은 것이 인상적이다. 더욱 놀라운 것은 세월이 지나도 한결같이 이 아름다운 모습을 유지하고 있다는 사실이다.

그림 9-1 스위스 융프라우

출처: 저자 촬영

| 관광개발 실패 사례 |

흉물로 변한 제주 드라마 세트장

관광객을 유치하기 위해 제주에 설치된 드라마 세트장이 유명무실해지거나 흉물로 변했다. 제주시는 한류 관광객을 끌어들이던 구좌읍 묘산봉관광지구의 '태왕사신기' 드라마 세트장을 철거할 계획이다.

개발사업 승인이 취소된 이 세트장은 청암영상테마파크의 사업용지 20만8,000m^2 중 2만9,000m^2에 지은 가설건축물. 지난해 9월부터 궁궐과 저택 철거에 들어가 지난해 말까지 마칠 계획이었으나 세트장 건물 4동에 대해 입주 업체가 권리를 포기하지 않아 작업이 미뤄져 왔다.

청암 측은 2006년 587억 원을 들여 콘도 115실과 한류스타 산책로, 오픈세트장 등을 조성하겠다며 개발사업 승인을 받았지만 5년이 넘도록 개발사업을 시행하지 않는 데다 생태보전협력금과 복구비 등 2억7,000만 원을 내지 않아 지난해 2월 제주도로부터 개발사업 시행 승인이 취소됐다. 태왕사신기 세트장에는 철거 작업 직전인 지난해 8월까지 200여만 명의 관광객이 찾았다.

4년 전 드라마 '태양을 삼켜라'를 촬영하며 지은 서귀포시 남원읍 위미리 (주)히든포트 세트장은 사용기간이 지나 흉물로 변해가고 있다. 2009년 6월 마을 공동목장에 지은 이 세트장은 사용기간이 2011년 11월까지였으나 철거되지 않고 있다. 남원읍은 2011년 12월과 지난해 10월 철거 계고장을 2차례 보냈으나 모두 수취인 불명으로 반송됐다. 히든포트라는 회사가 없어졌기 때문이다. 세트장 토지 소유권은 2010년 토지를 담보로 대출한 보험사에 넘어갔고 세트장은 소송에 휘말려 행정이 개입할 여지가 없는 상황이다. 현재 세트장 진입로 입구에는 '채권 28억 원에 대한 유치권을 행사하고 있다'며 출입을 금지하는 경고판이 붙어 있다.

출처: 동아일보(2013. 11. 19)

2) 대상

(1) 자연자원

빼어난 자연이나 독특하고 희귀한 자연은 주요 관광개발 대상이다. 아름다운 해변, 산의 절경, 기암절벽, 동굴, 온천, 나무 등을 감상할 때 적절한 시설과 정비가 없으면 접근 자체가 어렵거나 방문객에 의해 훼손되기 쉽다. 따라서 자연자원의 원래 모습을 보존하면서 관광객이 자연자원을 편안히 감상할 수 있도록 적절한 관광개발이 필요하다. 관광개발의 시작은 접근성을 높이기 위해 도로와 교통을 정비하는 것이다. 공항, 철도, 도로를 건설하여 관광객이 편리하고 신속하게 접근할 수 있도록 하고 현장에도 터미널, 주차장, 편의시설, 숙박시설, 케이블카, 안내시설 등을 설치한다. 특히 안전시설에 유의해야 하는데 산이나 바다 등 자연자원은 항상 사고에 노출되어 있기 때문이다. 뿐만 아니라 날씨나 기후에 의해서도 안전에 영향을 받을 수 있어서 이에 대한 대비를 해야 한다.

〈그림 9-2〉의 왼쪽 사진은 중국 장자제의 천문동으로 높은 산 위에 작은 비행기가 지나갈 수 있을 정도로 큰 구멍이 뚫려 있다. 오른쪽 사진은 영화 아바타의 배경이 된 기이한 형상의 봉우리들이다. 이런 희귀한 자연경관을 감상할 수 있도록 도로, 편의시설, 안전시설이 개발되어 있다.

그림 9-2 중국 장자제 천문동과 솟아오른 봉우리

출처: 저자 촬영

(2) 문화자원

유적이나 문화재 또는 전통 건축물 등 문화자원도 관광개발의 대상이 된다. 문화자원을 발굴하고 복원하고 보수하고 의미를 부여함으로써 가치를 높일 수 있다. 아무리 귀중한 유물이라도 관리를 하지 않으면 가치가 떨어진다. 고창이나 강화의 들판에 널려 있는 커다란 바위는 건축 자재로 사용하거나 그대로 방치해 두었었는데 전문가의 조사 결과 고인돌임이 밝혀지고 세계문화유산으로도 등재되어 발굴과 관리의 중요성을 깨닫게 해주었다.

훼손된 문화재를 복원할 때는 철저한 고증을 통해 제대로 수행해야 한다. 2008년 2월 대한민국 국보 1호인 숭례문이 한 노인에 의해 전소된 사건은 우리 국민에게 충격과 부끄러움을 안겨 주었다. 이에 책임을 지고 문화재청장이 사임할 만큼 중대한 사건이었는데 이에 정부에서는 전통방식으로 복원하겠다고 천명하였고 복원이 시작된 지 5년이 지난 2013년 5월 성대한 행사가 거행되었다. 그런데 얼마 지나지 않아 단청의

칠이 떨어지고 나무 기둥이 갈라지는 등 부실공사가 드러나면서 국민의 공분을 불러 일으켰다.

한편 국보 11호인 전북 익산의 미륵사지 석탑 복원 사업은 매우 신중하게 진행되고 있다. 1998년 석탑이 붕괴될 수 있다는 진단이 내려진 이후 해체 작업에만 10년이 걸렸고 연구 조사에 5년이 걸렸다. 일제가 시멘트로 발라둔 부분을 일일이 정으로 쪼아 떼어내고 복원 공사에 적합한 새로운 돌의 특성을 연구하는 등 정성을 들여 2016년 완료될 예정이다.

▮그림 9-3▮ 강화 고인돌

출처: 저자 촬영

| 문화재 복원 사례 |

숭례문 복원에 엉터리 목재 … 기둥 · 추녀 갈라지고 틀어져

홍보성 사업비 24억 쓰면서 목재값은 2억3400만 원 들여
"제대로 된 나무 공급 안 돼 덜 마른 것 써 곳곳에 균열"

국보 1호 숭례문은 대한민국의 얼굴이다. 숭례문 화재로 국민의 상실감은 컸다. 숭례문 전통방식 복원은 단순한 문화재 복구 차원을 넘어 국민의 박탈감을 보상해주는 상징적 의미까지 있었다. 그런데 졸속부실공사로 또다시 실망을 주고 있다.

단청의 균열 · 박락 현상으로 불거진 숭례문 부실공사 의혹이 전방위로 확산되고 있다. 부실하거나 값싼 일부 자재를 구입했고 정부 노임단가보다 낮은 임금으로 공사한 것으로 밝혀졌다. 원칙 없는 전통공법을 적용했으며, 목재 갈라짐이 심각하다는 점도 확인됐다.

본지가 단독 입수한 '숭례문 공사 결산 내역' 자료 가운데 '주요 재료 구입비'에 따르면 단청 안료 구입비 1억800만 원은 전체 복구 예산 242억 원의 0.4%에 지나지 않았다. 단청 부실의 핵심 원인으로 꼽히는 아교 구입비는 390만 원으로 0.01%에 불과했다. 또 단청안료는 흰 조개

가루를 화학염료로 염색한 수간분채(水干粉彩) 10종을 사용했다. 천연안료로 복원한다는 문화재청의 발표와 차이가 있었다. 안료를 납품한 가일아트 김현승 사장은 "문화재청과 협의하던 초기만 해도 안료 구입비가 5억~6억 원 책정될 예정이었다. 그런데 어느 날 홍창원 단청장을 통해 수간분채를 납품하라는 연락이 왔다"고 말했다.

전통안료업체인 서울 인사동 구하산방 홍수희 대표는 "수간분채 값은 최고급 천연석채의 10% 수준이다. 국보 1호 보수에 왜 가장 좋은 안료를 쓰지 않았는지 모르겠다"고 지적했다. 이에 대해 문화재청은 "원자재는 공공표준 단가를 기준으로 구입한 것"이라고 해명했다.

숭례문 복원공사 예산내역 (단위: 원)
각종 행사 및 관리운영비: 7억1,600만
여비(관계자 여행경비): 1억6,900만
업무추진비(각종 회의비용): 2,700만
연구용역비 등: 8억4,300만
전시관 건립비: 9억2,000만
건설비: 215억3,800만
총액: 242억13,000만

건설비 중 재료비 내역 및 총액 대비 비율
석재: 8억4,000만(3.4%)
목재: 2억3,400만(0.9%)
기와: 1억800만(0.4%)
철물: 7,300만(0.3%)
단청안료: 1억800만(0.4%)
아교: 390만(0.01%)
총액: 약 13억7,000만(약 5.6%)

반면 홍보성 사업에는 많은 돈이 들어갔다. 2009~2012년 기념행사, 관련 영상물 제작, 관리운영비·용역비, 숭례문 전시관 보조금 같은 항목엔 자재비의 두 배 가까운 24억 원이 지출됐다. 숭례문 주변정비에도 38억 원이 쓰였다. 특히 목재가 단청에 이어 또 다른 문제로 떠올랐다. 덜 말린 목재가 공급됐다는 지적이 나오고 있다. 가장 중요한 부재인 목재에는 전체 예산의 0.9%인 2억3,400만 원이 소요됐다.

지난 1일 본지 취재진은 숭례문 목재를 조사했다. 화재가 집중돼 새 목재를 많이 사용한 2층 누각의 4개 기둥 가운데 하나는 이미 수직으로 깊고 넓게 갈라져 속이 드러났다. 조선시대 주요 공사에 목재를 공급했던 삼척 준경묘에서 공급받은 금강송이다. 동남쪽 모퉁이의 추녀와 사래(추녀 끝에 잇댄 짧은 서까래)도 갈라져 안이 보였다. 문루 입구 위쪽의 평고대(처마 끝에 가로로 놓은 오리목)와 개판(널빤지) 사이도 벌어졌다.

익명을 요구한 목조전문가 C씨는 "잘 안 말린 목재를 써서 일어난 일이다. 앞으로 더 갈라지고 틀어져 보기 흉해질 것"이라고 지적했다. 목재 공사를 책임졌던 신응수 대목장은 5일 본지와의 인터뷰에서 "도편수(都邊首·현장 목공 책임자)가 일찍 임명되지 못해 제대로 된 나무가 공급되지 못했다"며 "내가 나무의 물기를 검사할 수도 없었고, 설령 덜 말랐다 하더라도 어떻게 마르기를 기다릴 수 있겠는가"라고 말했다.

이에 대해 문화재청은 "정부 표준 시방서에 나온 24% 함수율을 기준으로 공사한 것"이라고 해명했다. 목재전문가 최원철(채우림 대표) 씨는 "보통 목조주택도 함수율을 19%로 잡아 비틀림과 갈라짐을 막는데 5%나 덜 건조시킨 나무를 쓸 수 있게 만든 것은 문제"라고 말했다.

신 대목장은 또 "시공사인 명헌건설을 통해 목재공사를 13억2,300만 원에 도급받았지만 거기서 나무 값은 빼야 했고, 책정된 목공 노임 10만 원이 평균 일당 15만 원(2012년 정부 기준 단가는 14만1,000원)보다 낮은 데다 그마저 제때 받지 못했다"며 "그래서 2011년 가을 한 달 반가량 공사를 거부했고 아직도 돈을 다 못 받았다"고 털어놓았다. 앞으로 목재 부문에서 부실이 속출할 가능성을 예고한다. 단청공사도 정부 노임 단가는 2012년 기준 14만 원이지만 도급 단계를 거치며 훨씬 낮아져 5만 원의 저임으로 했다는 말까지 나온다. 이런 문제에 대해 본지는 시공사인 명헌건설에 계속 문의했으나 답이 오지 않았다.

출처: 중앙일보(2013. 11. 7)

(3) 관광시설

관광객의 편의를 위해 다양한 관광시설이 필요하다. 관광의 주된 활동이 보는 것이므로 관광자원을 관람할 수 있는 시설을 먼저 개발해야 한다. 예를 들어 자연 상태의 동굴은 진입하기도 힘들고 미끄러져서 넘어질 수도 있기 때문에 〈그림 9-4〉의 왼쪽 사진과 같이 안전한 진입 시설을 만들고 동굴 내부에 이동로와 계단을 설치하고 최소한의 조명도 설치하여 안전하고 즐거운 관람을 유도하고 있다. 또 내부의 특이한 종유석이나 암석에 대해 안내판을 설치하여 정보를 제공한다. 동굴뿐만 아니라 산이나 바다 등에도 관람에 필요한 시설을 제공함으로써 멋진 자연을 조망할 수 있는 장소를 마련해주고 있다.

관람시설 외에도 관광객이 식음료를 먹을 수 있는 식당과 편의점 그리고 호텔이나 리조트 등의 숙박시설도 관광개발 대상이다. 일본의 온천 호텔인 료칸에는 항상 온천이 제공되는데 온천과 숙박을 동시에 즐기면서 여행의 피로를 풀고 현지의 문화도 체험할 수 있어 좋다. 〈그림 9-4〉 오른쪽 사진은 일본의 노천탕이다.

기타 휴게시설도 관광개발 대상이다. 나무, 벤치, 잔디, 꽃 등을 갖추어 작은 공원 형태로 만들어 관광객에게 휴식 장소로 제공한다면 세심함이 느껴질 것이다. 그것이 어려우면 여름에 태양을 피할 수 있는 그늘과 잠시 앉아서 쉴 수 있는 의자만으로도 잠깐의 휴식을 취할 수 있다. 그 외에 놀이시설이나 체험시설 또는 기념품 판매점 등도 관광객의 욕구를 충족시켜 주는 관광시설이다.

그림 9-4 일본 야마구치 아키요시 동굴과 노천 온천

출처: 저자 촬영

(4) 기반시설

공항, 철도, 도로, 항구, 의료, 위생, 전기, 소방 등의 기반시설은 주로 거주민을 위해서 건설되지만 관광객도 함께 이용하기 때문에 반드시 필요한 관광시설이다. 가령 외래 관광객을 유치하기 위해서는 공항이 필수적인데, 민간항공의 역사가 해외관광의 역사라고 해도 과언이 아닐 만큼 항공은 다른 나라나 대륙으로의 관광을 가능하게 하였다. 최근에는 저비용 항공사가 만들어지면서 항공 이용객이 더 많아지고 있고 신규 관광 목적지가 발굴되고 있다. 〈그림 9-5〉의 왼쪽 사진은 호주의 저비용 항공사인 버진블루(Virgin Blue)로 호주 관광을 브리즈번, 멜버른, 캔버라, 케언스, 애들레이드, 퍼스 등 시드니 이외에 다른 지역으로 확산시키는 데 큰 역할을 하고 있다. 우리나라에서도 서울-제주, 서울-부산, 서울-아시아 국가 구간에 저비용 항공의 운항 횟수가 늘어나고 있다.

철도나 도로는 주로 다른 도시를 이동하는 수단으로 활용되지만 여러 나라가 인접해 있는 유럽에서는 국가 간 이동에도 활용된다. 항구는 국가 간 이동이나 도시 간 이동에 사용될 뿐만 아니라 관광용 유람선을 위해서도 사용되고 시드니 항구와 같이 아름다운 곳은 그 자체가 관광목적지가 되기도 한다.

관광지를 개발할 때 관광객의 건강을 지켜줄 수 있는 적절한 의료시설과 위생시설도 함께 개발해야 하고, 전기 및 수도시설 그리고 만일의 사태에 대비한 소방시설 등의 기반시설도 함께 개발해야 한다.

그림 9-5 호주 공항과 항구

출처: 저자 촬영

▪ **관광개발 대상**

① 자연자원 : 자연 관광자원을 정비하고 관람시설을 설치한다.
② 문화자원 : 문화유적지를 발굴, 보존, 복원, 보수, 전시한다.
③ 관광시설 : 숙박시설, 편의시설, 놀이시설, 식음료시설, 안내시설 등을 건설한다.
④ 기반시설 : 도로, 다리, 전기, 수도 등을 정비하고 확장한다.

2 관광개발 유형

1) 자연 개발

자연 개발은 산악, 해안, 온천 등 빼어난 자연 풍광을 관광자원으로 개발하여 활용하는 것으로 자연을 감상할 수 있게 개발하거나 레포츠 시설을 갖추어 자연 속에서 관광활동을 할 수 있도록 개발하는 것이다. 나이아가라폭포나 로키산맥과 같이 독특하고 웅장한 자연은 관광객의 시선을 압도하는 데 여기에 유람선이나 스키와 같은 레포츠 시설도 함께 개발하고 관광자원의 가치를 높일 수 있다.

〈그림 9-6〉은 관광객이 캐나다 로키산맥을 오르는 모습이다. 끊임없이 이어지는 정상 위의 만년설과 빙하의 모습이 장관을 이루어 사람들의 감탄을 자아낸다. 이곳에서 관광객은 빙하 위를 걸으며 만년의 눈을 만지고 먹어보기도 한다. 동계올림픽이 열

렸던 휘슬러에는 겨울에는 스키를 타고, 여름에는 산악자전거를 탈 수 있게 개발되어 있다.

그림 9-6 캐나다 로키산맥

출처: 저자 촬영

2) 문화 개발

지역의 유서 깊은 유물, 유적, 문화재, 전통, 예술 등 유·무형의 문화를 관광자원으로 개발하는 것이다. 다른 지역의 문화는 늘 관광객의 호기심을 자극한다. 특히 역사책이나 고전을 통해서 알게 된 다른 지역의 문화는 단순히 건물이나 유적이 아닌 그곳에 살았던 사람들의 스토리가 담겨 있기 때문에 더욱 흥미진진하다. 완전히 다른 지역 문화에 대해서는 놀라움과 함께 신기함을 느끼기도 한다. 다른 지역의 문화를 접하면서 관광객은 감상 자체를 즐기고 당시에 대한 정보도 얻게 되지만 더 나아가 자기를 반성하는 교훈을 얻고 삶의 방향을 바로 세우기도 한다. 그래서 문화 자원의 가치는 깊고 넓다. 〈그림 9-7〉의 왼쪽 사진은 충무공 이순신 장군을 모신 현충사인데 이순신 장군이 전사한 지 100년 뒤인 1706년 숙종이 친히 이름을 내리고 건립하였다. 현충사를 관람하다 보면 왜적의 침입을 결사항쟁으로 물리친 이순신 장군의 기개가 느껴진다. 이순신 장군의 장도에 새겨져 있는 삼척서천 산하동색 일휘소탕 혈염산하(三尺誓天 山河動色 一揮掃蕩 血染山河, 하늘에 석 자의 칼로 맹세하니 산과 물이 떨고 한 번 휘둘러 쓸어버리니 산하가 피로 물든다)라는 문장에서 장군의 각오를 알 수 있다. 관람객 특히 청소년들은 장군의 후손으로서 감사와 애국의 정신을 배우게 된다.

〈그림 9-7〉의 오른쪽 사진은 고창의 객사인데 조선시대 정부 관료가 공무 여행을 할 때 사용하던 건물이다. 전국적으로 많은 객사가 있었지만 지금은 대부분 소실되고 강릉이나 고창 등 몇 개 남지 않았다.

▮그림 9-7▮ 아산 현충사와 고창 객사

출처: 저자 촬영

3) 지명도 활용

매력적인 관광물이 없어도 지명도가 높으면 관광자원으로 개발할 수 있다. 이런 곳은 대체로 어떤 스토리나 상징성을 가지고 있는 경우가 많은데 주로 훌륭한 인물과 관계가 있거나 특별한 사건이 일어났던 곳이다. 예를 들어 큰 업적을 남긴 인물의 탄생지나 설화에 나오는 장소 또는 외적과 맞서 싸우던 전쟁터 등이 대상이 될 수 있다. 특히 교과서에 언급되었다면 대부분의 관광객에게 잘 알려진 인물이나 전설 또는 사건이므로 관광개발 대상으로 적합하다. 〈그림 9-8〉 왼쪽 사진은 일제강점기 때 우리나라의 독립을 위해 목숨을 바쳤던 윤봉길 의사를 모신 예산 충의사의 모습이다. 이곳에서는 윤봉길 의사가 태어난 광현당(光顯堂)과 성장한 저한당(狙韓堂)을 복원하여 관광객에게 개방하고 있다.

이와 같이 역사적 배경이 없더라도 TV 드라마나 영화 또는 연예 프로그램에 소개된 장소가 일약 유명 관광지가 되기도 한다. 대표적으로 한류 열풍을 일으킨 드라마 겨울연가의 촬영지인 남이섬에는 일본, 중국, 동남아를 비롯한 여러 나라의 외래관광객이 찾아와 연일 북적이고 있다. 연예 프로그램인 1박2일과 한국관광공사의 대한민국 구석구석 캠페인이 시너지가 되어 국내 지역 관광이 크게 활성화되기도 하였다.

〈그림 9-8〉의 오른쪽 사진은 현대판 감성드라마의 시초라고 할 수 있는 모래시계의 한 장면을 촬영한 정동진역이다. 비록 짧은 등장이었지만 드라마의 극적인 순간이어서 그 장면을 기억하는 많은 관광객이 이곳을 찾고 있다.

그림 9-8 예산 충의사와 정동진역

출처: 저자 촬영

4) 지역산업 개발

지역산업을 관광산업으로 개발할 수도 있다. 농업, 어업, 임업, 공업 등 지역을 대표하면서 차별화된 농수산 상품이 있다면 관광 매력이 충분하다. 사과・배・포도 등 과일, 인삼이나 송이버섯 등 농작물, 허브・약초・한방제품, 이들을 응용한 음료・술・공산품, 수산물, 건어물 등을 판매하거나 축제를 개최하여 관광객을 유치할 수 있다. 문화체육관광부에서 지정한 문화관광축제 중에도 대구 약령시 한방문화축제, 양양송이축제, 광주김치축제, 지리산 한방약초축제, 보성녹차축제, 함양산삼축제, 괴산고추축제, 금산인삼축제, 부산자갈치축제, 이천쌀문화축제, 한산모시축제과 같이 산업형 축제가 많다. 이들 축제에서는 시식행사, 체험행사, 전시, 판매, 공연 등 다양한 프로그램으로 관광객을 즐겁게 하면서 지역산업을 홍보하고 있다.

〈그림 9-9〉는 약초와 한약재로 유명한 제천의 한약재 도매시장과 한방생명과학관이다. 한약재 도매시장에는 관광객을 위해서 한약재마다 설명서를 부착해 두거나 친절하게 설명을 해주고 저렴하게 판매하고 있다. 한방생명과학관에서는 한방에 관한 정보를 도식이나 영상으로 제공하고 체험공간도 마련하고 있다.

▌그림 9-9▐ 제천 한약재 도매시장과 한방생명과학관

출처: 저자 촬영

5) 관광 창조

아무런 관광 기반이 없어도 관광 시설을 설치함으로써 관광명소가 될 수 있다. 대표적인 예로 리조트 시설을 꼽을 수 있는데 한화리조트, 휘닉스파크, 대명리조트 등이 들어서면서 관광객이 몰리게 되었다.

테마파크도 좋은 예이다. 〈그림 9-10〉의 에버랜드와 캐러비안베이는 원래 논이나 숲이었지만 이제 국내인 뿐만 아니라 외래관광객이 반드시 방문하는 필수 장소가 되었다. 외국에서도 디즈니랜드나 유니버설 스튜디오 등 테마파크로 대규모 관광객을 유치하는 사례가 많다. 그러나 이들은 공사 기간이 길고 상당한 초기 예산이 투입될 뿐만 아니라 정기적으로 리모델링을 해야 하는 등 많은 비용이 드는 데 반해 충분한 수익을 보장할 수 없기 때문에 주로 대기업에서 투자하는 경우가 많다. 간혹 지방자치단체에서 투자했다가 수익은커녕 운영 적자를 감당하지 못해서 어려움을 겪고 지역경제 전체에 악영향을 미치기도 한다. 이에 비해 번지 점프나 수상 스포츠 등의 레저시설은 비용이나 시간이 상대적으로 적게 들어 소규모 기업에서도 추진할 수 있다.

그림 9-10 에버랜드와 캐러비안베이

출처: 저자 촬영

| 지자체의 상업적 관광개발 사례 |

오투리조트 빚 짓눌려… 태백시, 노후 다리 고칠 돈도 없다

강원도 태백이 빚에 신음하고 있다. 인구 5만의 작은 도시 태백은 2008년 4,100여억 원을 들여 추진한 리조트 사업이 부진에 빠지면서 빚더미에 올라앉았다. 골프장과 스키장, 콘도 등을 갖춘 오투리조트는 현재 빚만 3,360억 원에 이른다. 빚에 짓눌린 태백시는 지난해부터 예산의 10% 가까이를 빚 갚는 데 쓰고 있다. 당장 신규 사업이 줄고 지역단체에 건네는 지원금이 축소됐다. 다른 지방자치단체보다 한층 더 짙은 불황의 그림자가 태백을 에워싸고 있다.

2008년 6월, 서울의 한 호텔에서 일하던 황민철(가명 · 33) 씨는 강원도 태백의 오투리조트로 직장을 옮겼다. 태백시가 2001년부터 독자적으로 추진해 만든 종합 리조트였다. "태백이 고향이에요. 시에서 만든 공기업이라 해서 겸사겸사 돌아왔죠. 큰돈은 못 벌어도 '준공무원' 신분에 안정적으로 일할 수 있을 것 같았어요."

태백시가 리조트를 세운 이유 중 하나는 젊은이를 끌어들이기 위해서였다. 리조트를 만들 경우 인구가 적어도 2,000여 명은 증가할 것으로 기대했다. 탄광이 문을 닫으면서 최대 12만 명에 이르던 인구가 5만 명대로 줄어들던 상황이었다. 지난달 23일 만난 황씨는 태백시가 바라던 '귀향 청년' 중 한 명이었다.

황씨가 입사하고 석 달여 뒤 리조트가 문을 열었다. 그러나 부푼 기대는 금세 실망으로 바뀌었다. 20여분 거리에 있는 하이원리조트보다 시설 등 여러 면에서 뒤처진다는 사실이 알려지면서 외면을 받은 것이다. 채 완성되지 않은 상태에서 골프장과 스키장을 연 것도 패착 중 하나였다. "결과적으로 이마트 옆에 구멍가게를 연 셈이죠. 그래도 어느 정도 경쟁이 되리라 봤는데, 품질 차이가 알려지면서 점점 격차가 벌어지더라고요."

실망은 점차 절망으로 바뀌었다. 오투리조트는 개장 1년여 만에 공사비와 용역비는 물론 직원 월급마저 제때 주지 못하는 지경에 이르렀다. 가스 등 공공요금과 직원 4대 보험료도 체납할 정도였다. 직원들이 하나둘 떠나기 시작했고, 황씨도 2010년 말 리조트를 그만뒀다. "(리조트가) 전반적으로 잘못된 방향으로 가고 있다는 것을 느꼈어요. 아쉬웠지만 마음을 접었죠."

그사이 동료 직원과 결혼한 황씨는 태백 시내에 치킨집을 열었다. 개업 초반엔 그럭저럭 장사가 됐다. 그러나 오투리조트의 실패와 함께 태백 경기가 가라앉으면서 가게 운영이 점점 어려워졌다. 가게를 자주 찾던 옛 동료들도 점차 발길을 줄였다. 특히 오투리조트로 인한 빚 부담 때문에 태백시가 긴축 재정을 펴기 시작한 지난해 초부터 장사가 급격히 기울었다. "지난해 1월부터 매출이 반 토막 나기 시작했어요. 태백 경기가 급속히 나빠진 탓이죠. 젊은 사람들이 즐기는 메뉴인데 이들도 계속 줄어들고 있고요."

5년 전 작은 희망을 가슴에 품고 태백에 돌아온 황씨는 현재 태백 탈출을 생각하고 있다. "리조트가 살아나면 좋을 텐데…. 경기가 좀 나아지고 가게를 제값에 넘길 수 있게 되면 저도 태백을 떠날 생각이에요." 그의 가게는 요즘 인수 비용의 절반인 3,000만 원에 내놔도 살 사람이 나서지 않는다. 황씨와 함께 리조트에 입사했던 230여 명의 직원 중 리조트에 남은 직원은 현재 90여 명에 불과하다.

■ 감당하기 힘든 빚에 몸살 앓는 태백

빚으로 인해 지역경제에 낀 먹구름이 더욱 짙어지고 있다. "공무원들이 '시에 돈이 없다'는 얘기를 입에 달고 살아요. 뭘 요구하려다가도 지레 포기하게 되죠." 태백 시민 정성만(가명·40) 씨의 얘기다. 정부가 지정하는 '재정위기 지자체'가 될 위험에 놓이자 태백시는 지난해 긴축재정을 선언했다. 2012년 164억 원, 2013년 227억 원, 2014년 197억 원을 빚 상환에 썼거나 써야 한다. 예산 규모가 수조원대에 이르는 큰 지자체에 견주면 크지 않은 돈이지만, 연간 예산이 2,500억 원대인 태백에는 매우 큰 금액이다. 태백시는 "지방채무상환금의 재정 비중이 상당히 커 투자사업이나 시민 복지의 투자비가 감소할 수 있다."고 우려했다.

우려는 현실로 나타나고 있다. 특히 지역의 군소 건설업체가 직격탄을 맞았다. 시에서 시행하는 수천만 원대의 작은 건설사업을 도맡는 회사들이다. "태백 같은 소도시는 '노가다'가 잘 돌아야 돼요. 그런데 시가 긴축재정을 한다며 그런 사업을 다 줄였어요." 태백에서 중장비 대여업을 하는 장성수(44) 씨의 말이다. 포클레인 3대 등 중장비 다섯 대를 가진 장씨는 요즘 장비를 돌리는 날이 한 달에 절반 정도에 불과하다. 할부금이나 기사 월급 등을 고려하면 최소 20일 이상 장비를 돌려야 한다. 동료들과 늘 식당에서 밥·술을 사먹던 장씨지만 지금은 일 끝나고 술 한 잔을 해도 가게에 가지 않고 사무실에서 소주를 사다 마신다. "오투리조트 때문에 시민들이 겪는 피해가 이만저만이 아니에요. 큰 기대를 모은 거대 사업이 실패하면서 주민들 머릿속에 패배 의식이 커졌고요. 그런데도 리조트를 추진한 사람들 중에 실패에 대해 책임지는 사람이 아무도 없어요."

출처: 한겨레(2013. 10. 28)

3 관광개발 주체

1) 공공개발

공항이나 철도 또는 도로 등 복잡한 법적 허가나 행정적 절차가 필요하고 공공성이 큰 사업은 주로 중앙정부나 시·도·군 같은 지자체에서 개발한다. 우리나라 공공기관의 관광개발 사업은 1969년 부산 태종대 등 7개소의 관광지 지정과 함께 시작하였으며, 1990년대까지 관광지 및 관광단지 지정과 조성 사업으로 이어지다가 2000년대에 들어서면서 역사, 문화, 레저, 스포츠 등도 개발 대상이 되었다. 2004년 관광지의 지정 및 조성 계획의 승인 권한이 시사체로 이양되면서 중앙정부는 행정과 재정 지원의 역할만 담당하게 되었다(김성진, 박주영, 2013).

〈그림 9-11〉은 관광개발 사업 및 법·제도의 변화를 보여주고 있다. 1969년부터 시작된 관광지 개발 사업은 2012년 12월까지 226개소가 수행되었고, 1974년부터 시작된 관광단지 개발 사업은 2012년 12월까지 36개소가 수행된 것을 알 수 있다. 기타 관광특구, 문화관광자원, 생태녹색자원, 광역권 관광개발, 기업도시, 관광진흥개발기금 사업 등이 정리되어 있다.

지방자치제 시대에 지역경제 활성화를 위해서 공공기관이 수익성 개발을 시도하는 사례도 있지만 성공하기는 쉽지 않다. 공공기관은 수익 창출에 대한 경험이 적고 기업 운영에 대한 노하우도 없으며 민간기업처럼 실패하면 끝이라는 절실함이 부족하다. 더군다나 다른 민간기업과의 치열한 경쟁 속에서 살아남아야 하는데 공공기관은 그런 독한 근성과 체질을 가지고 있다고 말하기 어렵다. 따라서 공공기관의 역할은 민간기업과 관광객이 만날 수 있도록 장소를 만들어주는 역할을 하는 것이 바람직하다.

김성진, 박주영(2013)은 선행연구를 토대로 우리나라 지역 관광개발 사업의 문제점을 사업 선정, 계획/설계, 사업 시행, 운영관리 측면에서 정리하였는데 사업 선정 단계에서는 사업량이 늘어남에 따라 타당성이 낮고 정책 취지에 부합되지 않는 사업의 선정이 증가하고 있으며 광특회계와 포괄보조금제도 도입 이후 사업 추진의 적절성에 대한 사전 점검이나 검토가 이루어지지 않고 있다고 지적하였다. 또한 계획/설계 단계에서는 관광수요와 관리운영계획 그리고 사업타당성 등에 대한 객관적인 검토 없

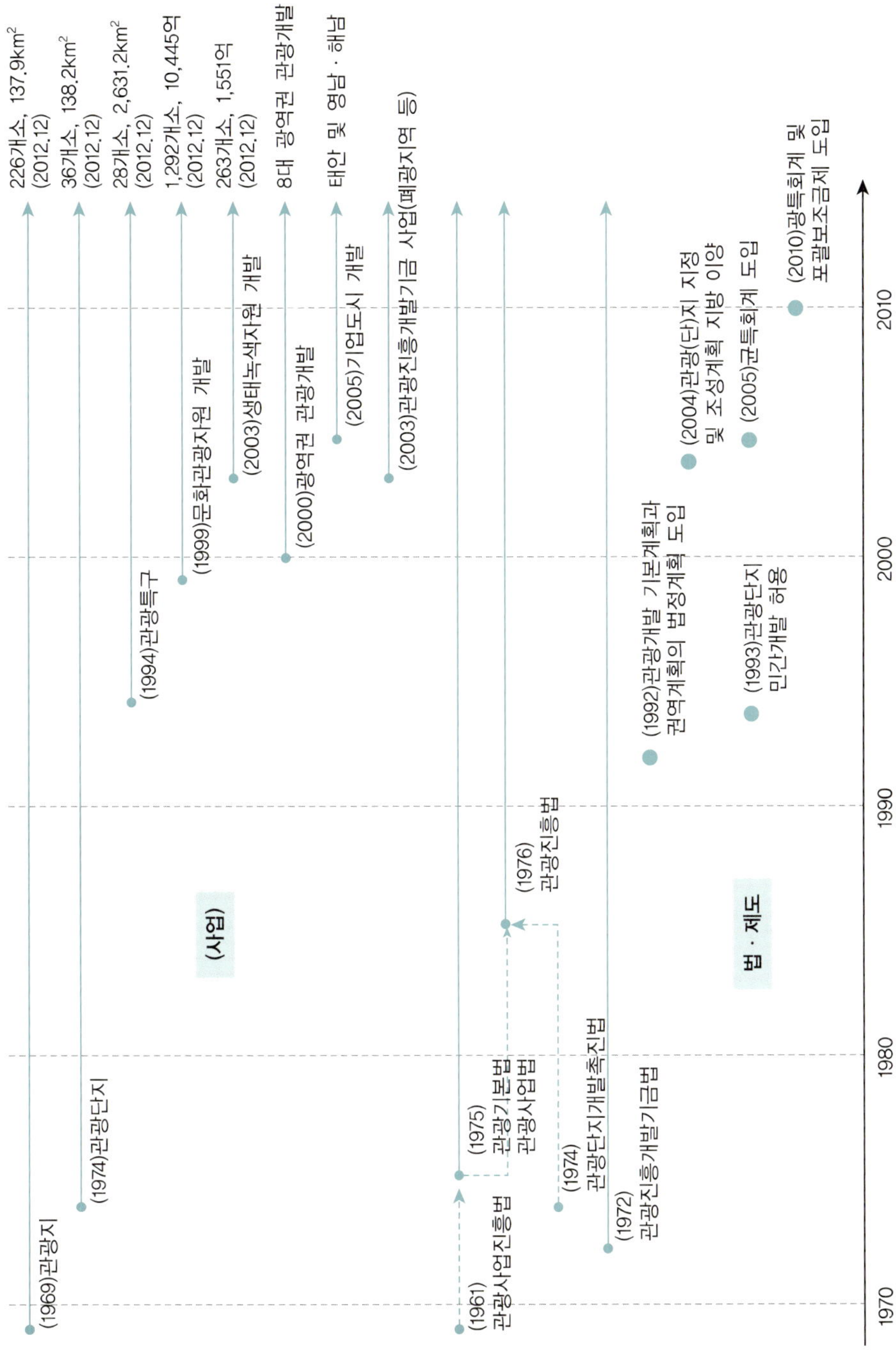

▮그림 9-11▮ 관광개발 사업 및 법 · 제도의 변화

출처: 김성진, 박주영(2013)

이 사업 주체의 일방적 요구에 의한 물리적 시설 위주의 계획/설계가 진행되고 있고, 사업 시행 단계에서는 부지매입이나 인허가 그리고 재원조달 부진 등의 사유로 사업이 지연되는 사례가 빈번하게 발생한다고 주장하였다. 운영관리 단계에서는 1~2년 개장 효과 후 방문객 감소→운영수지 적자→예산 삭감→재투자 미흡→시설 및 콘텐츠 퇴락→적자 지속→재정부담의 악순환을 겪고 있는 사례가 증가하고 있다고 결론지었다. 아울러 이와 같은 문제점을 개선하기 위해서는 지자체 기획 역량 보완, 사업 타당성 검증, 유사·중복적 사업 최소화 유도, 사업추진 모니터링 및 성과관리(피드백), 사후 관리운영 강화, 재정투자의 책임성 강화를 위한 장치가 필요하다고 제안하였다. 〈그림 9-12〉는 우리나라 지역 관광개발사업의 현황과 문제점 그리고 개선점을 정리한 것이다.

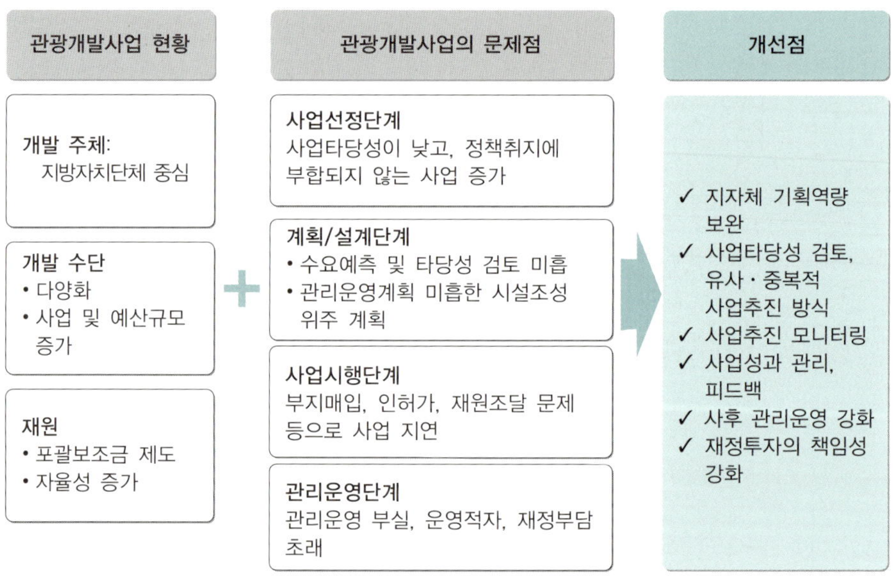

그림 9-12 우리나라 지역 관광개발사업의 현황과 문제점 그리고 개선점

출처: 김성진, 박주영(2013)

2) 민간개발

민간이 개발하는 관광 사업은 주로 수익이 보장될 때 실행된다. 민간이 주도하는 대표적인 관광개발은 테마파크, 리조트, 산악·수상 레포츠 시설 등이다. 이들은 대체로

자연이 수려하고 토지 비용이 저렴한 장소를 선택한다. 그래야 관광객 유치에 유리하고 개발 비용이 적기 때문이다. 리조트, 승마, 래프팅 등도 대부분 자연으로 둘러싸인 교외 지역에 자리잡고 있다. 관광객을 유치하기 위해서는 대도시 등 관광 송출지와의 거리도 매우 중요하다. 특히 인구가 밀집해 있는 우리나라의 서울 · 경기 수도권 근거리인 경우 큰 장점이 된다. 그러나 비록 원거리에 있더라도 고속도로나 철도 등 교통 접근성이 뛰어나다면 단점을 극복할 수 있다. 과거에 경부 고속도로, 호남 고속도로, 영동 고속도로만 있던 시절에 주목받지 못하던 관광지가 서해안 고속도로, 서울–춘천 고속도로, 천안–논산 고속도로, 중부 내륙 고속도로, 중앙 고속도로 등이 개통되면서 새롭게 부상하여 많은 관광객을 유치하게 된 예도 있다. 고속철도의 개통도 원거리 관광지를 활성화하는 데 크게 기여하고 있다. 〈그림 9–13〉은 제주도 섭지코지에 개발한 휘닉스아일랜드 리조트이다. 풍광에 어울리는 독특한 건물이 인상적이다.

▮그림 9–13▮ 제주 휘닉스아일랜드

출처: 저자 촬영

3) 민 · 관 공동개발

공공기관과 민간기업이 협력하여 관광개발을 하기도 한다. 협력방식은 다양한데 공공기관과 민간기업이 공동출자하여 개발을 하고 수익을 나눠 갖거나, 공공기관은 토지를 제공하고 민간기업은 자본을 투입하여 시설을 설치하거나, 공공기관이 개발을 하고 민간기업은 시설을 운영하는 등 역할 분담을 하기도 한다. 이렇게 공공의 토지 제공 및 행정력, 민간의 경영 효율성, 지역주민의 노동력과 서비스가 조화를 이루면 공공기관은 지역경제 활성화와 세수익을 얻고, 민간기업은 투자 수익을 얻고, 지역주민은 소득 증대와 고용 창출이 이루어지는 triple-win 효과를 얻을 수 있다. 한 가지 주의할 것은 서로의 역할 분담과 커뮤니케이션이 원활해야 한다는 것이다.

지금까지 살펴본 공공기관 주도의 관광개발을 제1섹터 방식, 민간기업 주도의 관광개발을 제2섹터 방식, 그리고 민관합동개발을 제3섹터 방식이라고도 한다. 이 중에서 민관합동 제3섹터 방식에 대한 관심이 갈수록 높아지고 있다. 〈그림 9-14〉는 이를 도식화한 것이다.

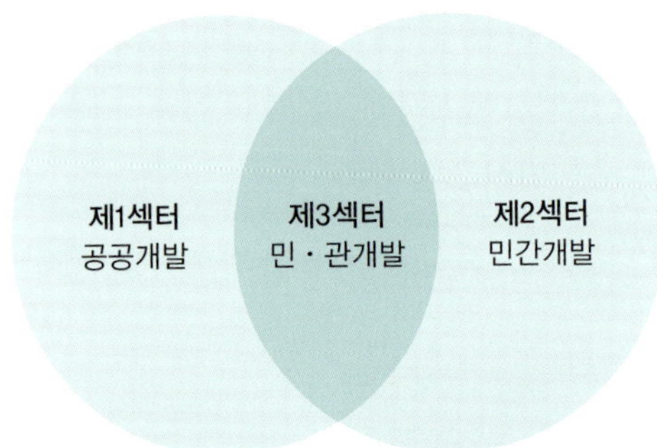

그림 9-14 관광개발 주체

4 관광개발 사전 고려사항

1) 예산 확보

아무리 훌륭한 관광개발 계획이라도 이를 실현할 수 있을 만한 예산을 확보하지 못한다면 소용이 없다. 사람들은 종종 관광지에서 부족한 시설이나 서비스를 마주할 때마다 왜 개선이 안 될까, 여기에 시설을 확충하면 좋을 텐데라는 생각을 한다. 이에 대해 개발 담당자들의 관심이 부족하거나 미처 인지하지 못했을 것이라고 짐작하기 쉽지만 실제로는 인지를 못한 것이 아니라 예산이 부족하거나 우선순위에서 밀린 경우가 많다. 예를 들어 지역 축제의 축제담당자들에게 간이화장실이 냄새가 심하고 지저분한데 해마다 개선되지 않고 반복되는 이유에 대해 물어보면 개선하고 싶어도 축제 예산과 인력 부족으로 인해 어쩔 수 없었다는 대답을 듣곤 한다.

2) 개발 제한 지역 여부

공항 인근 지역이나 군사 시설 또는 그린벨트와 같이 토지 사용이 불가능하거나 매우 제한 적인 곳은 관광지로 개발하기가 어렵다. 예를 들어 초고층 빌딩인 제2롯데월드는 인근에 성남 비행장이 있어서 개발 허가를 받는 데 난항을 빚었다. 허가를 받은 이후에도 항공기가 빌딩에 충돌할 수 있는 위험성에 대한 문제 제기가 끊이지 않고 있다. 군대가 주둔해 있는 군사 지역도 개발에 제한이 많다. 특히 휴전선 근처는 일반 건물도 높이 제한이 있을 정도로 엄격할 뿐만 아니라 관광시설은 자칫 긴장 상태로 근무하고 있는 군인들의 사기에 악영향을 미칠 수 있기 때문이다. 안보관광 차원에서 북한의 남침 땅굴을 관람하거나 DMZ 관광 또는 생태관광의 일환으로 철새를 조망하는 정도로 일부 개방되어 있긴 하지만 거창한 관광시설이나 유희적인 프로그램은 지양되고 있다. 〈그림 9-15〉는 안보관광 및 군에 대한 이해도를 높이려는 차원에서 전망대와 내무반을 개방한 것이다.

▮그림 9-15▮ 5사단 안보관광

출처: 저자 촬영

3) 자연환경 훼손 가능성

관광개발을 하는 과정에서 자연환경은 원래의 모습과 달라지기 마련이다. 그런데 환경 정비 수준을 넘어 심각한 환경 훼손이 예상되면 환경단체나 지역에서 반대운동이 일어나 개발을 추진하기가 어려워질 수 있다. 일부 과격 환경단체는 사람보다 곤충이나 동식물에 지나치게 집중하는 경향이 있긴 하지만 무엇보다 사람들이 납득할 수 있는 개발 계획을 수립한다면 상생의 결과를 얻을 수 있다. 관광객이 자연을 감상하고 체험하는 데 도움을 줄 수 있으면서 자연환경에 어울리게 관광개발을 한다면 미관상으로도 좋고 관광객의 만족도도 높일 수 있을 것이다.

4) 지역주민 반발

관광개발은 지역경제에 이익이 되어야 하는데 만약 그렇지 않고 지역주민의 생존권이 위협을 받으면 지역주민이 반대하여 사업이 무산될 수 있다. 초기 계획 단계에서 문제가 없었더라도 관광개발을 하는 과정이나 관광개발이 완료된 이후에 지역경제와 환경에 부정적인 결과를 초래한다면 지역주민의 반발을 막을 수 없다. 가령 외지인들 위주로 채용하고 지역주민을 배제한다거나, 재료 구매 및 영업 이익이 지역민들에게 연결되지 않거나, 심각한 환경 훼손을 일으켜 지역주민에게 불편을 초래하면 반감을 살 수밖에 없다. 산에 리조트와 골프장을 건설하면서 농약을 과다하게 사용하여 지역주민의 논밭으로 흘러 들어가 피해가 발생한다면 주민들의 저항이 일어날 것은 불을 보듯 뻔하다. 또 이런 일이 한 번 일어나기 시작하면 관광개발에 대한 부정적인 시각이 고착화되어 피해가 없는 지역들조차도 외면하게 될 수 있다.

5) 개발 담당자의 부정적 태도

관광개발 담당자가 관광개발에 대해서 부정적인 태도를 가지고 있으면 원활하게 진행될 수 없다. 관광개발을 시행하려고 할 때 담당자가 "이런 걸 개발해서 뭐하느냐?"는 의구심을 가지고 있다면 개발 과정에 비협조적이어서 공사가 지연될 수 있다. 따라서 관광개발에 긍정적인 태도를 가진 담당자를 선발하거나 충분한 이해와 교육을 한 후에 업무를 맡겨야 한다.

6) 접근성

도로나 교통수단이 부족해서 관광객이 접근하기가 어려운 곳을 관광지로 개발하고 있는 것이 아닌지 사전에 고려해야 한다. 당장은 접근성이 부족하더라도 빠른 시일 내에 확충될 수 있는지 또는 접근성의 한계를 극복할 수 있는 요소가 있는지 면밀히 검토한 후에 개발을 실시하는 것이 좋다.

5 관광개발 계획 및 시행

1) 환경 분석

관광개발의 첫 번째 단계는 정치 환경, 경제 환경, 사회 환경, 관광 정책, 문화 환경, 상위 개발 계획, 법규 등 외부 환경을 분석하고 관광개발하려는 대상의 예산, 인력, 자원 특성, 경쟁 기업, 관광객 특성 등 내부 환경을 분석하는 것이다. 외부 환경 분석을 할 때는 국내뿐만 아니라 국외의 환경도 함께 검토하여야 한다. 왜냐하면 관광 시설의 소비자는 국내관광객뿐만 아니라 외래관광객도 포함되기 때문이다. 실제 중국의 여유법(旅遊法) 개정으로 인해 우리나라 관광산업이 영향을 받은 적이 있다. 따라서 외부 환경 분석에는 국내 그리고 중국·일본·아시아 등 주요 국가의 정치 환경이 관광개발에 긍정적인가 아니면 부정적인가, 경제 상황이 호경기인가 불경기인가, 현재와 미래에 추진되는 관광정책은 무엇인가, 한류 등 관광에 영향을 미치는 문화의 트렌드는 무엇인가, 현재 개발하려는 관광시설이 상위 관광개발 계획에 부합하는가, 관광산업에 영향을 미치는 문화의 동향은 무엇인가 등을 분석한다. 참고로 상위 개발 계획에는 국토종합개발계획, 관광진흥중장기계획, 전국관광장기종합개발 계획, 권역별관광개발계획 등이 포함되며 관련 법규는 국토건설종합계획법, 국토이용관리법, 도시계획법, 관광진흥법, 자연공원법, 도시공원법, 온천법, 산림법, 농어촌정비법 등이 있다.

2) 목표 설정

환경분석이 끝나면 관광개발의 목표가 무엇인지 구체적으로 설정해야 한다. 특히 수치화하여 표현하는 것이 좋다. 예를 들어 연간 관광객 100만 명 유치, 지역 인지도 10% 증대, 지역에 대한 긍정적인 관광 이미지 15% 증대 등이 관광개발 목표가 될 수 있다. 개발 목표가 분명하고 구체적이어야 이에 따른 실행 계획이나 방법도 구체적으로 수립될 수 있다. 또한 개발 목표는 개발 주체가 추구하는 비전이나 상위 목표 또는 태도를 반영해야 한다. 개발 주체마다 독특한 비전이나 스타일이 있기 마련인데 이와 배치되는 개발 목표는 개발 주체의 동의와 협조를 얻어내기 힘들다. 개발 목표는 현실적으로 실현 가능한 목표여야 한다. 규모가 작은 관광개발을 하면서 '세계 최대' 같은 표현을 사용하거나 한달 내 '관광객 300% 증대'와 같이 너무 과다한 목표를 수립하지 않도록 주의해야 한다.

3) 기본계획

기본계획 단계에서는 개발 대상지에 설치될 각 시설물에 대해 개략적인 계획을 수립한다. 여기에는 사업 실행에 필요한 여러 기준도 포함된다. 방대한 관광개발일 경우에는 지역을 분할하거나 분야별로 나누어 위탁하는 경우도 있지만 대부분은 각 부문들이 유기적으로 연결되어 있기 때문에 전체 부지와 각 분야를 하나로 통합하여 설계한다.

4) 실시계획

실시계획은 각 시설을 시공하는 데 필요한 상세하고 구체적인 내용을 도면과 시방서에 표현하는 단계로 설계 조건, 토목설계, 건축설계, 전기설계, 통신설계, 조경설계 등이 포함된다. 배치도에는 방위를 표기하고 도면에는 축적을 명시하고, 건축이나 토목 등 전문지식과 경험이 필요한 사항들은 관련 전문가에게 의뢰해서 계획을 작성한다.

5) 공사 시행

마지막 단계는 앞서 계획된 내용에 따라 도로를 만들고, 건물을 짓고, 전기・통신・하수・수도 등의 공사를 시행한다. 이때 계획된 내용을 잘 구현하고 있는지, 조정이 필요한 부분이 있는지, 공사가 일정에 맞게 그리고 안전하게 진행되고 있는지 등 지속적인 관리・감독이 필요하다.

단계	내용
환경 분석	• 외부환경 분석 : 관광개발과 연관될 수 있는 정치 환경, 경제 환경, 사회 환경, 관광 정책, 문화 환경, 상위 개발 계획, 법규 등 분석 • 내부환경 분석 : 예산, 인력, 자원 특성, 경쟁 기업, 관광객 특성 등 분석
목표 설정	• 관광개발의 목표가 무엇인지 구체적으로 설정
기본 계획	• 개발 대상지에 설치될 각 시설물에 대해 개략적으로 계획 수립
실시 계획	• 실시 계획에는 각 시설을 시공하는 데 필요한 상세하고 구체적인 내용을 도면과 시방서에 표현
공사 시행	• 앞서 계획된 내용에 따라 도로를 만들고, 건물을 짓고, 전기·통신·하수·수도 등의 공사 시행

그림 9-16 관광개발 계획 및 시행 단계

| 우리나라 관광산업에 영향을 미치는 해외 법 개정 사례 |

중국 여유법 시행 관광산업 전환점 삼아야

중국 여유법 시행으로 중국 현지 여행사의 제주관광 상품 가격이 상승한 반면 단체 관광객은 급감, 개별관광객 유치 확대 전략 수립 등 대책마련이 주문됐다.

김기헌 한국관광공사 해외마케팅실장은 27일 제주그랜드호텔에서 방한 외래관광객 1,200만 명 돌파 기념으로 열린 '대한민국 관광비전과 창조관광 포럼'에서 이같이 지적했다.

이 날 김 실장의 '중국 여유법 시행 이후 한국관광시장 변화' 주제발표에 따르면 중국 정부는 지난 10월 1일부터 여행사의 덤핑상품 기획 및 쇼핑·옵션 강요 금지, 일정 임의변경 금지 및 계약체결 이행, 가이드의 일정 변경 및 수수료 요구 금지 등을 주요 내용으로 하는 여유법을 시행하고 있다.

이로 인해 베이징 소재 여행사의 제주방문 상품(4일 기준)은 11월 현재 4,980위안으로 여유법 시행 이전보다 25% 상승했다. 또 상하이 소재 여행사의 서울·제주 방문 상품(5일 기준) 5,050위안으로 44%, 광저우 여행사의 서울·제주 방문상품은 5,800~6,000위안으로 20~45% 올랐다. 이는 여유법 시행 이후 쇼핑·옵션이 원칙적으로 불가능함에 따라 그동안 상품가격에 반영되지 못했던 지상비가 포함됐기 때문으로 분석됐다.

이로 인해 베이징 소재 여행사의 제주방문 상품 판매실적은 11월 한 달간 320명으로 여유법 시행 이전 1,250명과 비교해 74% 급감했고 상하이·광저우 소재 서울·제주 방문 상품 판매량도 기존 1,000명 안팎에서 50% 정도 감소한 것으로 나타났다.

이에 따라 김 실장은 "중국 여유법 시행은 국내 관광산업의 위기이자 기회"라며 "정부와 제주도 등은 방한 상품의 질 향상과 인프라·수용태세 확보를 통해 중국 관광객 만족도를 증대하고 개별관광객 유치 확대, 재방문율 제고 등을 위한 방안을 수립하는 등 전환점으로 삼아야 한다."고 말했다.

출처: 제민일보(2013. 12. 27)

6 우리나라 관광개발 및 계획 사례

1) 관광개발 기본계획

관광개발 기본계획은 문화체육관광부가 전국적이고 장기적인 안목으로 추진하는 계획이다. 제1차 관광개발 기본계획(1992~2001년)은 관광자원을 효율적으로 개발・이용・관리・보전하고 관광객의 다양한 욕구를 충족시키기 위하여 관광자원의 특성・교통권・지역실정에 따라 전국을 5대 관광권 24개 소관광권으로 권역화하였다. 또한 관광활동이 편리하고 쾌적하게 이루어지도록 주요 관광지와 명소를 연계하는 관광루트를 표준화하였다. 이에 따라 전국적으로는 육로 9개, 해상 3개, 항공 18개 등 모두 30개

그림 9-17 제1차 관광개발 기본계획 권역 구분도

출처: 문화체육관광부(2013)

의 관광루트가 설정되었으며, 권역별로는 중부권에 4개, 충청권에 3개, 서남권에 3개, 동남권에 3개, 제주권에 2개 등 모두 15개의 권역 내 관광루트를 설정하였다. 관광개발 사업을 효율적으로 추진하기 위하여 문화체육관광부, 지방자치단체, 한국관광공사 및 민간부문이 역할을 분담하였다. 문화체육관광부는 관광개발 기본계획을 총괄 · 조정하며, 시 · 도에서는 권역별 관광개발계획을 수립하여 해당 지역의 관광자원 개발 사업을 추진하였다(문화체육관광부, 2013).

제2차 관광개발 기본계획(2002~2011년)은 21세기 한반도 시대를 열어가는 관광대국 실현이라는 비전 아래 국제경쟁력 강화를 위한 관광시설 개발 촉진, 지역특성화와 연계화를 통한 관광개발 추진, 문화자원의 체계적 관광자원화 촉진, 관광자원의 지속가능한 개발 및 관리 강화, 지식기반형 관광개발 관리체계 구축, 국민 생활관광 향상을 위한 관광개발 추진, 남북한 및 동북아 관광협력체계 구축 등 7대 개발 전략을 제시하였다. 또한 그동안 문제로 지적되어 왔던 관광권역과 집행 권역의 불일치를 해소하기 관광권역을 16개 광역 지방자치단체를 기준으로 재설정하고 권역별 관광개발 기본방향을 제시하였다. 이에 따라 각 지방자치단체별로 제3차 권역별 관광개발계획(2002~

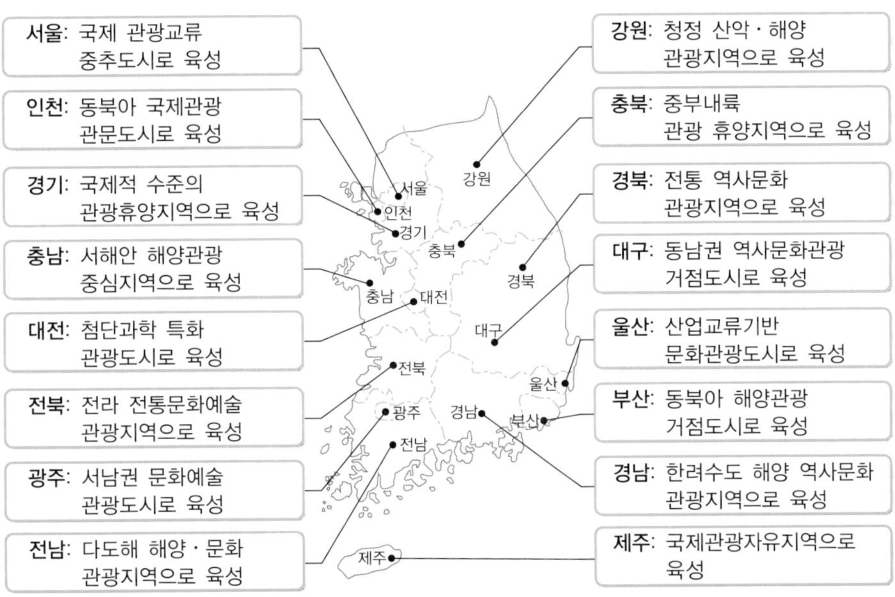

▮그림 9-18▮ 제2차 관광개발 기본계획 권역 구분도

출처: 문화체육관광부(2013)

2006년)과 제4차 권역별 관광개발계획(2007~2011년)을 수립하여 관광자원 개발 사업을 추진하였다.

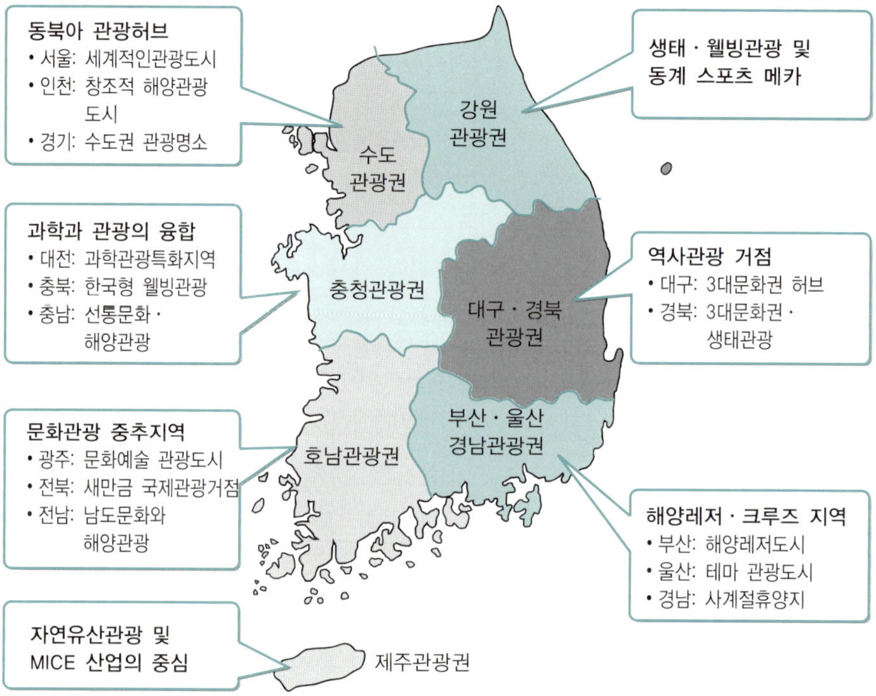

그림 9-19 제3차 관광개발 기본계획 권역 구분도

출처: 문화체육관광부(2013)

제3차 관광개발 기본계획(2012~2021년)은 글로벌 녹색한국을 선도하는 품격 있는 선진관광이라는 비전 아래 품격관광을 실현하는 관광개발 정책효율화, 미래 환경에 대응한 명품 관광자원 확충, 문화를 통한 품격 있는 한국형 창조관광 육성, 국민이 행복한 생활관광 환경 조성, 저탄소 녹색성장을 선도하는 지속가능한 관광 확산, 관광경쟁력 제고를 위한 국제 협력 강화 등 6대 개발전략을 제시하였다. 또한 관광권역을 16개 시·도, 광역 경제권, 초광역 개발권 등 다층적 지역 관광발전 전략을 도입하여 시·도 관광권과 더불어 5+2 광역경제권을 계획 관광권역으로 설정하였으며 해안을 중심으로 동·서·남해안 관광벨트 등 초광역 관광벨트 설정하였다. 이에 따라 지방자치단체별로 제5차 권역별 관광개발계획(2012~2016년)을 수립하였다.

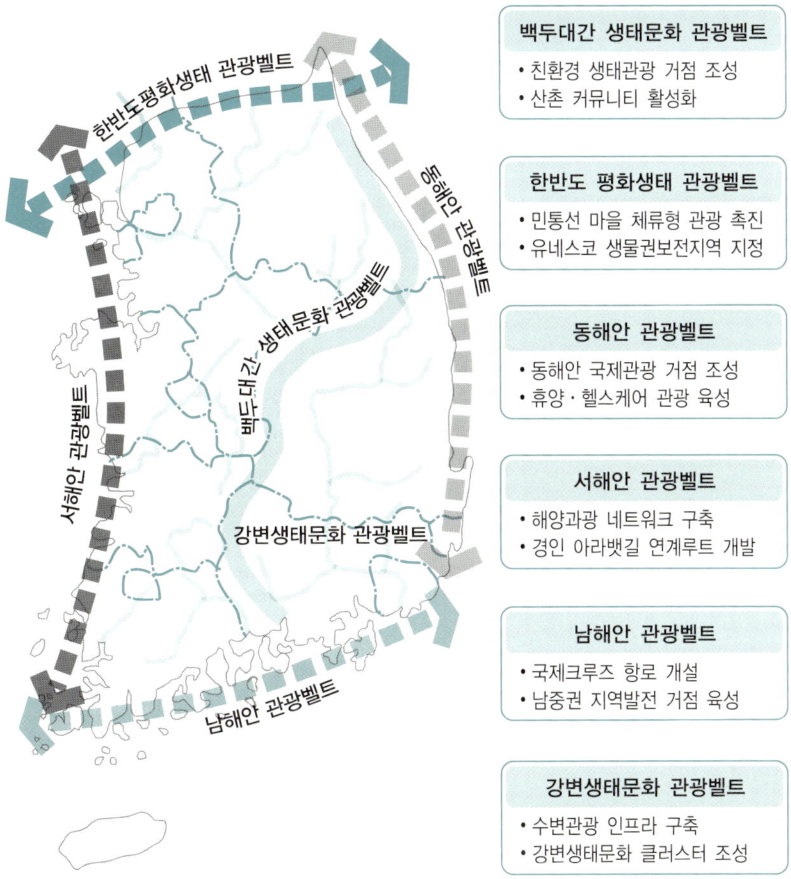

그림 9-20 제3차 관광개발 기본계획 초광역 관광벨트

출처: 문화체육관광부(2013)

2) 관광지와 관광단지

관광지 개발은 관광자원이 풍부하고 관광객의 접근이 용이하며 개발 제한요소가 적어 개발이 가능한 지역이나 관광정책상 관광지로 개발해야 한다고 판단되는 지역을 대상으로 한다. 21세기의 관광개발은 선택과 집중, 네트워크화, 지방분권형 개발의 중요성이 대두되면서 정부는 지역 특성을 살린 관광지 개발을 촉진하기 위해 관광지 지정 및 조성 계획 승인 권한을 2005년 4월 17일자로 시 · 도지사에 이양하였으며, 동시에 관광지 지정 등의 실효성을 제고하기 위해 지정 후 2년 이내 조성 계획 승인신청이 없거나 승인 후 2년 이내에 사업에 착수하지 않으면 관광지의 지정 또는 조성 계획 승인효력이 상실되도록 하였다. 관광지 개발은 공공사업과 민간사업으로 구분되는데 관광지의 진입도로, 주차장, 상·하수도, 식음료대, 공중화장실, 오수처리시설, 관리사무소, 관광지 안내도 등 기반시설과 야영장, 어린이 놀이시설, 청소년수련시설, 체력단련장, 샤워·탈의장, 물품보관소 등 편의시설을 공공사업으로 추진하고, 그 외 이용관광객의 편의를 위한 운동·오락시설, 휴양·문화시설, 숙박시설, 상가시설 등은 민간자본을 유치하여 개발하고 있다. 2012년 12월 말 기준으로 전국에 지정된 관광지 현황은 총 228개소로 〈표 9-1〉과 같다(문화체육관광부, 2013).

관광단지는 관광산업의 진흥을 촉진하고 국내외 관광객의 다양한 관광 및 휴양을 위하여 각종 관광시설을 종합적으로 개발하는 관광거점지역이다. 정부는 관광단지 조성·개발 활성화를 위해 관광단지를 「사회간접자본시설에 대한 민간투자법」상 사회간접자본시설로 규정하여 민간자본을 적극 유치하게 하고 있으며, 취득세(50%에서 조례에 따라 최대 100% 감면), 대체산림조성비(준보전산지) 및 대체초지조성비의 100% 면제 등 각종 세제 및 부담금의 감면 혜택을 주고 있다. 또한 2010년부터 관광단지개발자와 지방자치단체장과의 협약을 통해 지원이 필요하다고 인정하는 공공시설에 보조금을 지원하고 있다. 2012년 12월 현재 전국에 36개의 관광단지가 지정되었다.

표 9-1 전국 관광지 지정 현황 (2012.12.31 기준)

시·도	지정개소	관광지명
부 산	5	태종대, 황령산, 해운대, 용호씨사이드, 기장도예촌
인 천	2	서포리, 마니산
경 기	13	용문산, 대성, 소요산, 신륵사, 공릉, 한탄강, 산정호수, 산장, 수동, 장흥, 백운계곡, 임진각, 내리
강 원	41	춘천호반, 고씨동굴, 무릉계곡, 망상해수욕장, 화암약수, 고석정, 송지호, 장호해수욕장, 팔봉산, 삼포·문암, 옥계, 맹방해수욕장, 구곡폭포, 속초해수욕장, 주문진해수욕장, 삼척해수욕장, 간현, 연곡해수욕장, 청평사, 초당, 화진포, 오색, 광덕계곡, 홍천온천, 후곡약수, 석현, 등명, 방동약수, 용대, 영월온천, 어답산, 구문소, 직탕, 아우라지, 유현문화, 동해 추암, 영월 마차탄광촌, 평창 미탄마하 생태, 속초 척산온천, 인제 오토테마파크, 대관령 어흘리
충 북	22	천동, 다리안, 송호, 무극, 장계, 칠금, 충온온천, 능암온천, 교리, 온달, 수옥정, 능강, 금월봉, 속리산레저, 계산, 괴강, 제천온천, KBS제천촬영장, 만남의 광장, 충주호체험, 구병산, 늘머니과일랜드

충 남	26	대천해수욕장, 구드래, 신정호, 삽교호, 태조산, 예당, 무창포, 덕산온천, 곰나루, 용연저수지, 죽도, 안면도, 아산온천, 마곡온천, 금강하구둑, 마곡사, 칠갑산도림온천, 천안종합휴양, 공주문화, 춘장대 해수욕장, 간월도, 난지도, 왜목마을, 남당, 서동요역사, 만리포
전 북	21	남원, 은파, 사선대, 방화동, 금마, 운일암·반일암, 석정온천, 금강호, 위도, 마이산회봉, 모악산, 내장산리조트, 김제온천, 웅포, 모항, 왕궁보석테마, 백제가요정읍사, 미륵사지, 오수의견, 벽골제, 변산 해수욕장
전 남	28	나주호, 담양호, 장성호, 영산호, 화순온천, 우수영, 땅 끝, 성기동, 회동, 녹진, 지리산온천, 도곡온천, 도림사, 대광해수욕장, 율포해수욕장, 대구도요지, 불갑사, 한국차소리문화공원, 마한문화공원, 회산연꽃방죽, 홍길동 테마파크, 아리랑마을, 정남진 우산도-장재도, 신지명사십리, 해신장보고, 운주사, 영암 바둑테마파크, 사포
경 북	31	백암온천, 성류굴, 경산온천, 오전약수, 가산산성, 경천대, 문장대온천, 울릉도, 장사해수욕장, 고래불, 청도온천, 치산, 도산온천, 용암온천, 탑산온천, 문경온천, 순흥, 호미곶, 풍기온천, 예천온천, 선바위, 상리, 하회, 다덕약수, 포리, 풍기 창락, 청송 주왕산, 대가야 역사테마관광지, 부석사, 청도 신화랑, 개척사
경 남	23	부곡온천, 도남, 당항포, 표충사, 미숭산, 마금산온천, 수승대, 오목내, 합천호, 합천보조댐, 중산, 금서, 가조온천, 농월정, 송정, 벽계, 장목, 실안, 산청전통한방휴양, 사등, 하동 묵계(청학동), 사천 비토, 거가대교
제 주	16	용돈내코, 용머리, 김녕해수욕장, 함덕해안, 협재해안, 제주남원, 봉개휴양림, 토산, 묘산봉, 미천굴, 오라, 수망, 표선, 금악, 제주돌문화공원, 곽지
합 계	230개소	

출처: 문화체육관광부(2013)

▌표 9-2▌ 전국 관광단지 지정 현황 (2012.12.31 기준)

단지명	지정/조성계획	위치	사업기간	규모(km^2)	사업비(억원)	개발주체	주요 도입시설
보문	1979.7/ 2004.11	경북 경주시 신평동, 천군동 일원	1974~2010	8,006	9,709	경북관광개발공사	관광호텔, 콘도, 골프장, 신라촌, 박물관
중문	1971.5/ 1978.6	제주 서귀포시 중문동, 색달동 일원	1978~2010	3,562	18,089	한국관광공사	관광호텔, 콘도, 골프장, 해양수족관, 식물원, 야외공연장 등
해남화원	1992.10/ 1994.6	전남 해남군 화원면 주광리, 화봉리 일원	1991~2015	5,084	10,631	한국관광공사	관광호텔, 콘도, 골프장, 마리나, 해수욕장, 해양문화센터 등
여수화양	2003.10/ 2006.4	전남 여수시 화양면 장수리, 화동리, 안포리	2003~2015	9,989	15,031	(주)일상	호텔, 스포츠타운, 골프장, 테마파크, 오션파크

감포	1993.12/ 1997.3	경북 경주시 감포읍 대본리, 나정리 일원	1997~ 2015	3,975	8,500	경북관광개발공사	관광호텔, 콘도, 골프장, 오션랜드, 레포츠랜드, 노인휴양촌, 수목원 등
원주 오크 벨리	1995.3/ 1996.1	강원 원주시 지정면 월송리 일원	1995~ 2013	11,300	11,525	한솔개발주식회사	관광호텔, 콘도, 골프장, 스키장, 미술관, 생태관광지 등
김천 온천	1996.3/ 1997.12	경북 김천시 부항면 파천리 일원	1997~ 2011	1,424	5,357	주식회사우촌개발	관광호텔, 콘도, 골프장, 승마장, 노인휴양촌, 연수원
휘닉스 파크	1998.10/ 1999.3	강원도 평창군 봉평면 면온리, 무이리, 진조리 일원	1994~ 2016	4,288	10,337	(주)보광	관광호텔, 콘도, 골프장, 스키장, 체육관, 빙상장, 상가 등
용유 무의	2000.2/ 수립 중	인천 중구 을왕동, 덕교동, 무의동 일원	2003 ~2020	21,650	800,000	인천경제자유구역	관광호텔, 콘도, 골프장, 마리나, 카지노, 상가 등
평창 용평	2001.2/ 2004.3	강원 평찬구 도암면 용산리, 수하리 일원	1986~ 2015	17,129	14,385	(주)용평리조트	관광호텔, 콘도, 골프장, 스키장, 빙상장, 테마파크 등
안동 문화	2003.12/ 2005.4	경북 안동시 성곡·성동동 일원	2000 ~2015	1,662	3,989	경북관광개발공사	호텔, 콘도, 공예촌, 골프장, 놀이공원 등
동부산	2005.3/ 2006.3	부산 기장군 기장읍 시랑리 일원	2000 ~2011	3,638	8,812	부산도시공사	호텔, 콘도, 복합상가, 골프장, 테마파크, 녹지시설 등
횡성 두원	2005.6/ 수립 중	강원 횡성군 둔내면 두원리, 우용리, 조항리 일원	1992~ 2011	4,251	5,008	(주)현대시멘트	콘도, 호텔, 골프장, 스키장, 식물원, 공연시설 등
알펜 시아	2005.9/ 2006.4	강원 평창군 도암면 수하리, 용산리 일원	2004 ~2008	4,912	11,245	강원도개발공사	호텔, 콘도, 엔터테인파크, 골프장, 원터파크, 컨퍼런스센터 등
성산포 해양	2006.1/ 2006.1	제주 서귀포시 성산읍 고성리 127-2번지 일원	2006 ~2011	0,651	3,870	(주)보과제주	호텔, 콘도미니엄, 웰컴센터, 해수 스파랜드 등
광주 어등산	2006.1/ 2007.4	광주 광산구 운수동 어등산 일원	2005 ~2015	2,732	3,400	광주광역시도시공사	빛과 예술센터, 테마파크, 골프장, 관광호텔 등
송도	2008.3/ 수립 중	인천 연수구 동춘동, 옥련동 일원, 남구 학익동 일원	2008 ~	2,113	7,000	(주)인천관광공사	호텔, 유스호스텔, 펜션, 콘도미니엄, 골프장, 공원 및 박물관, 유원시설, 테마파크 등
홍천 비발디 파크	2008.11/ 2011.1	강원도 홍천군 서면 팔봉리, 대곡리 일원	2007~ 2015	7,054	13,534	(주)대명레저산업	콘도미니엄, 관광호텔, 스키장, 골프장, 다목적운동장, 정구장, 양궁장, 호수공원, 유원시설 등

신화역사공원	2006.12/ 2006.12	제주 서귀포시 안덕면 서광리 일원	2006 ~ 2014	4.000	15,945	제주국제자유도시개발센터	테마호텔, 비즈니스호텔, 영상테마파크, 워터파크, 세계음식관, 신화박물관, 항공우주박물관 등
팜파스 종합휴양	2008.12/ 2008.12	제주 서귀포시 표선면 3196-2번지 일원	2008 ~ 2018	3.001	8,775	(주)남영산업	관광호텔, 가족호텔, 휴양콘도미니엄, 테마스트리트몰, 웰빙테마랜드, 승마클럽, 스파랜드 등
고흥 우주해양	2009.5/ 2009.5	전남 고흥군 영남면 남열리 일원	2008 ~ 2015	1.158	3,239	(주)태인개발	우주 해양 전망대, 우주 과학 교육관, 해양생물 수산교육관, 숙박시설, 골프장 등
무릉도원	2009.9/ 2009.9	강원도 춘천시 동산면 조양리, 홍천군 북방면 전치곡리 일원	2009 ~ 2014	4.985	5,985	(주)에이엠엘앤디	한옥호텔, 콘도, 골프장, 세계풍물거리, 힐링&클리닉센터, 명품아울렛, 생태공원 등
평택호	2009.10/ 수립예정	평택시 현덕면 권관리, 기산리, 대안리, 신왕리 일원	1982~ 2015	2.743	6,663	미 정	수족관, 워터월드, 농악마을, 평택호예술관, 수상레포츠센터, 가족호텔, 승마장, 골프장, 위그선 선착장 등
강동	2009.11/ 수립예정	울산 북구 산하동, 무룡동, 정자동 일원	2007~ 2016	1.358	25,000	(주)KD개발	워터파크, 타워콘도, 스키돔, 청소년수련시설, 허브테마, 문화체험, 테마파크 등
에버랜드	2009.12/ 수립예정	용인시 처인구 포곡읍 전대리, 유운리 일원	2009 ~ 2014	6.461	11,344	(주)삼성에버랜드	테마파크, 워터파크, 모터파크, 박물관, 미술관, 동물원, 숙박시설, 골프연습장, 스키장 등
마우나오션	2009.12/ 2012.2	경주시 양남면 신대리 일원	1994~ 2014	3,919	6,379	(주)마우나오션개발	상가, 골프장, 휴게실, 콘도미니엄, 화훼공원, 수영장, 눈썰매장, 동물원 등
여수 경도해양	2009.12/ 2009.12	전남 여수시 경호동 대경도 일원	2009 ~ 2016	2.165	4,292	(재)전남개발공사	해양생태체험장, 기업연수원, 숙박시설, 골프장, 마리나 등
제주 헬스케어타운	2010.1/ 2010.1	서귀포시 동흥동 2032 일원	2010~ 2015	1.539	7,848	제주국제자유도시개발센터	헬스케어센터, 전문병원, 명상원, 힐링가든 등
신영	2010.2/ 2010.5	춘천시 동산면 군자라 산 224번지	2010~ 2013	1.786	3,400	(주)신영종합 개발	골프장, 스키장, 콘도, 커뮤니티센터 등
설악 한화리조트	2010.8/ 2010.8	속초시 장사동 11번지 외 101필지	2010~ 2012	1.314	4,193	(주)한화호텔앤드리조트	콘도, 온천장, 드라마 세트장, 골프장 등

예래 휴양형 주거 단지	2010.11/ 2010.11	서귀포시 상예동 633-3 번지 일원	2010~ 2015	0.744	18,037	(주)버자야 제주 리조트	호텔, 콘도, 공연장 등
창원 구산 해양	2011.4/ 수립예정	창원시 마산합포구 구산면 구복 · 심리 일원	2012~ 2016	3.808	9,831	창원시	호텔, 레포츠시설, 마리나랜드, 워터월드, 웰니스타운 등
골드힐 카운티 리조트	2011.12/ 수립예정	천안시 서북구 입장면 기로리 8-6 번지 일원	2011~ 2015	1.704	4,414	(주) 골드힐	자연치유센터, 스포츠센터, 골프장, 콘도미니엄 등
강화 종합 리조트	2012.7/ 2012.7	강화군 길상면 선두리 산 281-2번지 일원	2012~ 2015	0.645	960	(주)오션빌, 한달삼	스키장, 콘도, 전망휴게소
한원 춘천	2012.6/ 2012.6	춘천시 신동면 혈동리 산 195번지 일원	2012~ 2015	0.742	611	(주) 한원개발	승마장, 골프장, 화목원, 호텔, 콘도
고성 대명 설악	2012.5/ 2012.5	고성군 토성면 원암리 403-1번지 일원	2010~ 2012	0.898	1,919	(주)대명레저산업	골프장, 호텔, 콘도

출처: 문화관광부(2013)

3) 관광특구

관광특구는 외국인 관광객의 유치 촉진 등을 위하여 관광활동과 관련된 관계법령의 적용이 배제되거나 완화되고, 관광활동과 관련된 서비스 · 안내체계 및 홍보 등 관광 여건을 집중적으로 조성할 필요가 있는 지역이다. 이 제도는 1993년에 처음 도입되었으며 2004년에 특구 지정권한이 시 · 도지사에게 이양되었고, 2005년에는 관광특구지역 안의 문화시설, 체육시설, 숙박시설 등 관광객 유치를 위하여 특히 필요하다고 인정되는 시설에 대하여 관광진흥 개발기금의 보조 또는 융자가 가능하도록 하였다. 관광특구 지정 요건은 문화체육관광부령이 정하는 상가, 숙박시설, 편의시설, 휴양 및 오락시설 등을 갖추고 최근 1년간 외국인 관광객이 10만 명(서울특별시는 50만 명) 이상이어야 하며 임야, 농지, 공업용지, 택지 등 관광활동과 관련이 없는 토지가 관광특구 전체 면적의 10%를 초과하지 않아야 한다. 2012년 12월 31일 현재 전국에 13개 시 · 도에 28곳이 관광특구로 지정되어 있다. 한편 1999년 외국인 관광객 유치 촉진을 위해 실시하던 관광특구 대상지역의 야간영업시간 제한 완화 조치가 전국적으로 자율화되면서 관광특구에 대한 실질적인 지원혜택이 부족해지자 2008년부터 관광특구를 대상으로 관광진흥개발기금을 지원하고 있다.

▮그림 9-21▮ 월미도 관광특구

출처: 저자 촬영

▮표 9-3▮ 전국 관광특구 지정 현황 (2012.12.31 기준)

시·도	특구명	지정지역	면적 (km^2)	지정일
서울 (5)	명동·남대문·북창·다동·무교동	중구 소공동·회현동·명동·북창동·다동·무교동 일원	0.87	2000.03.30 (변경 2012.12.27)
	이태원	용산구 이태원동·한남동 일원	0.38	1997.09.25
	동대문 패션타운	중구 광희동·을지로 5~7가·신당1동 일원	0.58	2002.05.23
	종로·청계	종로구 종로 1가~6가·서린동·관철동·관수동·예지동 일원, 창신동 일부 지역(광화문 빌딩~숭인동 4거리)	0.54	2006.03.22
	잠실	송파구 잠실동·신천동·석촌동·송파동·방이동	2.31	2012.03.15
부산 (2)	해운대	해운대구 우동·중동·송정동·재송동 일원	6.22	1994.08.31
	용두산·자갈치	중구 부평동·광복동·남포동 전지역, 중앙동·동광동·대청동·보수동 일부지역	1.08	2008.05.14
인천 (1)	월미	중구 신포동·연안동·신흥동·북성동·동인천동 일원	3.00	2001.06.26

대전 (1)	유성	유성구 봉명동 · 구암동 · 장대동 · 궁동 · 어은동 · 도룡동	5.86	1994.08.31
경기 (2)	동두천	동두천시 중앙동 · 보산동 · 소요동 일원	0.39	1997.01.18
	평택시 송탄	평택시 서정동 · 신장 1 · 2동 · 지산동 · 송북동 일원	0.49	1997.05.30
강원 (2)	설악	속초시 · 고성군 및 양양군 일부 지역	138.10	1994.08.31
	대관령	강릉시 · 동해시 · 평창군 · 횡성군 일원	428.26	1997.01.18
충북 (3)	수안보온천	충주시 수안보면 온천리 · 안보리 일원	9.22	1997.01.18
	속리산	보은군 내속리면 사내리 · 상판리 · 중판리 · 갈목리 일원	43.75	1997.01.18
	단양	단양군 단양읍 · 매포읍 일원(2개 읍 5개 리)	4.45	2005.12.30
충남 (2)	아산시온천	아산시 음봉면 신수리 일원	3.71	1997.01.18
	보령해수욕장	보령시 신흑동, 웅천읍 독산 · 관당리, 남포면 월전리 일원	2.52	1997.01.18
전북 (2)	무주구천동	무주군 설천면 · 무풍면	7.61	1997.01.18
	정읍 내장산	정읍시 내장지구 · 용산지구	3.45	1997.01.18
전남 (2)	구례	구례군 토지면 · 마산면 · 광의면 · 신동면 일부	78.02	1997.01.18
	목포	북항 · 유달산 · 원도심 · 삼학도 · 갓바위 · 평화광장 일원(목포 해안선 주변 6개 권역)	6.89	2007.09.28
경북 (3)	경주시	경주 시내지구 · 보문지구 · 불국지구	32.65	1994.08.31
	백암온천	울진군 온정면 소태리 일원	1.74	1997.01.18
	문경	문경시 문경읍 · 가은읍 · 마성면 · 농암면 일원	1.85	2010.01.18
경남 (2)	부곡온천	창녕군 부곡면 거문리 · 사창리 일원	4.82	1997.01.18
	미륵도	통영시 미수 1 · 2동 · 봉평동 · 도남동 · 산양읍 일원	32.90	1997.01.18
제주 (1)	제주도	제주도 전역(부속도서 제외)	1,809.56	1994.08.31

출처: 문화체육관광부(2013)

학 · 습 · 정 · 리

- 관광개발은 관광객의 관광욕구를 충족하고 편의를 도모하기 위해서 관광자원과 시설을 개발하고 개선하는 것이다.
- 관광개발의 대상은 자연자원, 문화자원, 관광시설, 기반시설 등이다.
- 관광개발의 유형은 자연 개발, 문화 개발, 지명도 활용, 지역산업 개발, 관광 창조 등이 있다.
- 관광개발의 주체는 공공개발, 민간개발, 민・관 공동개발 등 다양하다.
- 관광개발에 앞서 충분한 예산 확보, 개발 제한 지역 여부, 자연환경의 심각한 훼손 가능성, 지역주민의 반발, 개발 담당자의 부정적 태도, 접근성 등을 고려해야 한다.
- 관광개발은 환경 분석, 목표 설정, 기본계획, 실시계획, 공사 시행의 과정을 거쳐서 계획되고 시행된다.
- 우리나라의 관광개발 사례로 관광개발 기본계획, 관광지 개발, 관광단지 개발, 관광특구 개발 등이 있다.

연·습·문·제

01 다음 중 관광개발의 대상으로 거리가 먼 것은?

① 자연자원 ② 문화자원
③ 천연가스 ④ 관광시설

02 관광산업의 진흥을 촉진하고 국내외 관광객의 다양한 관광 및 휴양을 위하여 각종 관광시설을 종합적으로 개발하는 관광거점지역은 무엇인가?

① 국립공원 ② 관광지
③ 도립공원 ④ 관광단지

03 외국인 관광객의 유치 촉진을 위하여 관광시설이 밀집된 지역에 대해 야간 영업시간 제한을 배제하는 등 관광활동을 촉진하고자 1993년에 도입된 제도는 무엇인가?

① 관광특화 ② 관광특구
③ 관광특수 ④ 관광특집

정답 1. ① – 관광개발의 대상은 자연자원, 문화자원, 관광시설, 기반시설 등이다.
2. ④ – 관광단지는 관광산업의 진흥을 촉진하고 국내외 관광객의 다양한 관광 및 휴양을 위하여 각종 관광시설을 종합적으로 개발하는 관광거점지역이다.
3. ② – 관광특구는 외국인 관광객의 유치 촉진을 위하여 관광시설이 밀집된 지역에 대해 야간 영업시간 제한을 배제하는 등 관광활동을 촉진하고자 1993년에 도입된 제도이다.

참·고·문·헌

김성진, 박주영 (2013). 관광개발사업의 통합적 평가체계 구축방안. 한국문화관광연구원.
문화체육관광부 (2013). 2012년 기준 관광 동향에 관한 연차보고서.
동아일보 (2013. 11. 19). 흉물로 변한 제주 드라마 세트장.
제민일보 (2013. 12. 27). 중국 여유법 시행 관광산업 전환점 삼아야.
중앙일보 (2013. 11. 7). 숭례문 복원에 엉터리 목재 … 기둥 · 추녀 갈라지고 틀어져.
한겨레 (2013. 10. 28). 오투리조트 빚 짓눌려 … 태백시, 노후다리 고칠 돈도 없다.

양양송이축제(http://song-i.yangyang.go.kr)
에버랜드(http://www.everland.com)

Chapter 10

관광과 환경

Chapter 10

관광과 환경

| 학습목표 |

- 관광과 자연환경의 관계를 설명할 수 있다.
- 관광이 자연환경에 미치는 긍정적, 부정적 영향을 설명할 수 있다.
- 자연환경과 관련된 관광형태인 대안관광, 생태관광, 지속가능한 관광, 녹색관광에 대해 설명할 수 있다.

생각열기

아름다운 비행

1996년에 제작된 영화, 아름다운 비행(Fly Away Home)은 한 부동산 개발업자가 주택단지 건설 프로젝트를 추진하면서 불도저로 철새 서식지를 파괴하는 장면으로 시작한다. 어린 소녀 에이미는 야생 거위를 살리기 위해 경비행기를 타고 거위를 따뜻한 남쪽으로 인도하는 내용의 감동 드라마다. 이 영화에서처럼 인간은 자신의 안위를 위해서 자연자원을 마구 쓰고 생태를 파괴해도 된다고 생각하지만 동식물이 사라진 환경에서 인간은 시멘트, 콘크리트, 화학물질 속에서 육체적·정신적 고통에 시달리게 된다. 풍요의 대가를 톡톡히 치르는 셈이다. 그런가하면 환경을 우선시하는 일부 극단적 환경운동가 때문에 인간의 삶이 제한받기도 한다. 과연 어떤 접점에서 균형과 조화가 이루어져야 할 것인가? 무엇보다 중요한 것은 인간이 환경 위에 군림하려는 태도에서 벗어나 아름다운 환경이 존재해야 인간도 존재할 수 있다는 인식을 갖는 것이다. 자연이야말로 영원한 관광자원이라는 점도 잊지 말아야겠다.

| 영화 아름다운 비행 |

출처: 네이버 영화 (http://movie.naver.com)

1 관광과 자연환경

관광산업의 장점으로 맨 처음 대두되는 것은 경제적 혜택이며 이것을 극대화하기 위해 대량 관광이 최고의 수단으로 간주되어 왔다. 그러나 그로 인해 자연환경이 훼손되거나 파괴되는 부작용이 발생하였다. 처음에는 경제적 논리 앞에 간과되었지만 1980년대부터 생태관광이나 지속가능한 관광 등이 나타나면서 자연환경의 관광 가치가 재조명되기 시작하였다. 우리가 누리고 있는 아름다운 자연환경을 후손들에게 물려주어야 하며 이를 위해서는 욕심을 줄이고 약간의 불편함을 감수할 수 있어야 한다.

관광산업은 굴뚝 없는 산업이라고 불리며 친환경산업이라는 인식이 강하지만 리조트를 건설하고, 도로를 만들고, 편의시설을 만드는 등 어느 정도 자연을 훼손할 수밖에 없다. 그러나 자연이 볼썽사나울 정도로 파괴된다면 매력성이 떨어져서 결국 관광객이 줄어들게 된다. 따라서 먼저 자연보전의 중요성을 인식하고, 자연을 이용하더라도 훼손을 최소화하고, 자연과 조화될 수 있도록 인공시설을 건축하는 것이 중요하다.

〈그림 10-1〉은 육지 하롱베이로 불리는 닌빈의 모습이다. 강을 따라 나룻배를 타고 가면서 동굴과 기암괴석을 구경할 수 있는데 인공물이라고는 대나무로 만들어진 나룻배뿐이다. 이런 청정 자연이 그대로 보전되길 간절히 바란다.

그림 10-1 베트남 닌빈

출처: 저자 촬영

2 관광과 자연환경의 상호작용

1) 긍정적 작용

매력 있는 자연환경은 관광객을 불러 모으고 관광산업은 자연환경을 아름답게 유지시킨다. 자연의 일부인 인간은 인공물로 가득한 도시에서 벗어나 자연을 향유하기 위해 여행을 떠난다. 자연은 언제나 가장 중요한 관광 동기이자 영원한 관광 재료다. 따라서 자연을 감상하고자 하는 관광객의 욕구를 충족시켜 주기 위해서 관광산업은 자연을 더욱 아름답게 가꾼다. 아무렇게나 방치된 곳이 있다면 정비하고 복구가 필요한 곳은 인력과 예산을 들여서 관리한다. 오염된 곳은 청소를 하여 자연환경을 깨끗하게 유지한다. 또 꽃과 식물을 심어서 보기에도 좋고 곤충이나 새 또는 동물이 살 수 있는 생태환경을 만들어 준다. 관광객이 자연보호지역을 무분별하게 돌아다니고 만지거나 채취하지 않도록 구역을 정해주고 안내를 하여 자연을 보호한다.

그림 10-2 뉴질랜드 로토루아 삼나무 숲

출처: 저자 촬영

관광객은 자연을 감상하면서 기쁨과 행복을 얻게 되어 자연에 대한 인식이 고조된다. 또한 자연의 소중함을 깨닫고 이를 보전하는 데 관심을 갖게 된다. 따라서 자연스럽게 생태 관광객이 되며 자녀와 주변 사람들과 지식과 정보를 나누려고 한다. 기회가 주어진다면 환경보호 활동이나 자원봉사도 참여하려는 의도가 생긴다.

〈그림 10-1〉은 뉴질랜드 로토루아의 레드우드 삼나무 숲이다. 원래 화산에 의해 만들어진 진흙 웅덩이와 늪지가 있던 곳이었으나 100년 이상 정성스럽게 가꾸어 울창한 삼나무 숲이 되었다. 이곳에서 영화 쥬라기 공원과 반지의 제왕을 촬영했을 만큼 일부 지역은 태고적 모습을 간직하고 있다. 이곳을 찾은 관광객들은 하늘 높이 치솟은 삼나무 사이를 걸으며 삼림욕을 만끽한다. 레드우드 삼나무 숲은 색이 다른 나무막대를 곳곳에 설치하여 정해진 루트로만 걸을 수 있게 조성되어 있다. 이것은 숲을 보호하고 관광객들이 길을 잃지 않도록 하는 안내의 역할도 한다.

2) 부정적 작용

인간의 발길이 닿으면 자연은 훼손되고 인간은 즐길 거리를 잃게 된다. 관광 시설로 인한 어느 정도의 훼손은 어쩔 수 없지만 자연경관과 어울리게 만든다면 자연 훼손에 대한 느낌을 줄일 수 있다. 〈그림 10-3〉 왼쪽 사진은 우도봉으로 올라가기 위해 만들어진 산책로의 모습인데 자연 훼손을 줄이고 경관과 어울리게 조성되었기 때문에 부정적인 느낌이 적고 오히려 멋스럽게 느껴지기도 한다. 반면에 오른쪽 사진은 아무렇게나 놓인 간이화장실이 불쾌감을 준다. 이것은 자연도 인간도 배려하지 않은 모습이다.

그림 10-3 우도 우도봉과 어느 축제의 간이화장실

출처: 저자 촬영

| 환경 파괴하는 골프장 건설 |

부여 규암면 주민들 "롯데 골프장 건설 강력 반대"

중국 충남 부여군 규암면 백제역사재현단지 주변 4개 마을 주민들이 지하수 고갈과 농약 사용에 따른 환경오염 등을 내세우며 롯데의 골프장 건설에 집단 반발하고 있다. 3일 오후 부여군 백제역사재현단지 내 충남국악당에서 열린 '백제문화단지 민간투자 사업 설명회'에서 이 지역 주민들은 "골프장 착공 전인 2009년 8월에 열린 주민공청회가 소수 주민을 상대로 형식적으로 이뤄졌다"며 강하게 불만을 터뜨렸다.

주민 김익배 씨는 "농민들이 신문을 보거나 게시판을 들여다보는 사람이 몇이나 되냐"며 당시 주민공청회를 신문과 게시판을 통해 알렸다는 롯데 측을 성토하고 "이장을 통해 공청회 개최 사실을 알렸다면 이런(공청회를 다시 여는) 일이 없었을 것"이라고 지적했다. 특히 주민 정성환 씨는 "공사가 진행 중인 지금 뒤늦게 공청회를 하는 것은 주민 반발에 따른 무마용 아니냐"며 "환경오염과 지하수 고갈 등에 대해 대책을 만들어 공증하자"고 요구했다. 주민 조낙구 씨는 "골프장 부지가 금강과 불과 200여 미터 떨어진 곳에 있어 이곳의 농약성분이 곧바로 금강으로 흘러들어 이 물을 이용해 생산된 부여농산물을 어느 누가 믿고 사먹겠느냐"고 되물었다.

이밖에 골프장의 지하수 개발로 인접한 마을 주민들의 식수난에 대한 우려의 목소리도 높았다. 송진구 골프장 건설 반대 대책위원장은 "골프장에서 필요한 하루 1,500톤 정도의 지하수를 위해 대형관정 2개를 파는 바람에 벌써 인접한 비닐하우스 재배농가들이 지하수 고갈을 호소하고 있다"며 "골프장이 준공되면 주민들의 식수원인 지하수 고갈이 심할 것이다. 대책을 마련해 달라"고 요구했다.

이에 대해 롯데 측 관계자는 "당시 주민들에게 알리지 못했던 환경보전 방향과 문제점을 설명하기 위해 이 자리를 마련했다"며 "주민들의 요구 사항을 종합해 추후 대책위원회에 알려 드리겠다"고 밝혔다.

롯데부여리조트는 백제역사재현단지가 들어선 주변 야산 99만여m^2 부지에 18홀 규모의 대중골프장(스카이힐부여CC)을 오는 2012년 10월 개장목표로 지난해 10월 착공했으며, 현재 3~4%의 공정률을 보이고 있다.

출처: 연합뉴스(2011. 3. 3)

관광지를 조성하는 과정에서 화학물질과 농약 사용, 소음과 진동 그리고 미세먼지 등으로 인해 동식물이 죽거나 달아나게 만들어 생태계가 파괴되기도 한다. 동식물뿐만 아니라 지역주민도 종종 피해를 입게 되어 반발을 사는 일도 벌어진다. 관광객들이 자연을 훼손하기도 하는데 함부로 꽃과 나무를 꺾거나 낙서, 쓰레기 투척, 동식물 채취, 방뇨, 방화 등으로 눈살을 찌푸리게 만들기도 한다. 〈그림 10-3〉의 우도봉에서도 관광객이 산책로에 버린 쓰레기와 우도봉 정상에 만들어진 쓰레기더미로 마음이 불편하였다. 이렇게 더럽혀진 자연은 관광객에게 나쁜 기억을 주기 때문에 재방문이나 구전에 악영향을 미친다.

3 대안관광

1) 대안관광의 이해

대안관광(alternative tourism)은 대량관광 또는 대중관광(mass tourism)의 반대 급부적인 관광 형태로 환경, 경제, 사회문화의 부작용을 최소화하려는 관광이다. 대량관광은 패키지 관광을 이용하여 대규모 관광객을 유치하고 경제적 이익을 얻으려는 목적이 강해서 환경 파괴, 경제적 이득의 역외 유출, 사회문화에 부정적 영향 등을 초래한다. 대안관광은 이에 대해 문제의식을 갖고 소규모 관광 형태로 현지의 환경, 경제, 사회문화를 존중하는 관광을 추구한다. 여기에는 생태관광, 지속가능한 관광, 녹색관광, 책임관광 등이 포함된다.

〈표 10-1〉에서 대량관광과 대안관광을 자세히 비교해 보면 관광활동 측면에서 대량관광은 여행사의 대규모 단체여행, 양적 관광, 단기여행, 여행사가 정한 여행 일정, 바쁘고 꽉 찬 스케줄, 항공/관광버스 등 빠른 교통수단, 수동적/폐쇄적, 쇼핑, 소란스러움, 보는 여행, 가격 지향적인 특징을 가지고 있는 반면 대안관광은 소규모 자유여행, 질적 관광, 장기여행, 여행자가 일정을 자유롭게 결정, 느리고 여유로운 스케줄, 도보/자전거/대중교통, 능동적/개방적, 지식 추구, 조용함, 체험하는 여행, 가치 지향적인 특징을 가지고 있다. 관광개발 측면에서 대량관광은 경제적 효율성, 수익 우선, 현지 자연환경이나 문화 고려 적음, 자연자원/문화자원 제거 및 훼손 가능성, 풍광 좋

은 곳에 대거 상업시설, 지역 무시, 외부 개발업자에의 의한 개발의 특징이 있지만 대안관광은 어울림/공존 우선, 현지 자연환경/문화/경제 모두 고려, 자연자원/문화자원 최대한 보존, 풍광 유지 및 최소 시설, 지역과 협력, 지역 개발업자에 의한 개발의 특징이 있다. 그러나 대안관광이 성장하면 대량관광 형태가 되어 비슷한 문제가 발생되기도 한다.

표 10-1 대량관광과 대안관광 비교

구분	대량관광	대안관광
관광활동	여행사의 대규모 단체여행 양적 관광 단기여행 여행사가 정한 여행 일정 바쁘고 꽉 찬 스케줄 항공, 관광버스 등 빠른 교통수단 수동적, 폐쇄적 쇼핑 소란스러움 보는 여행 가격 지향적	소규모 자유여행 질적 관광 장기여행 여행자가 일정을 자유롭게 결정 느리고 여유로운 스케줄 도보, 자전거, 대중교통 능동적, 개방적 지식 추구 조용함 체험하는 여행 가치 지향적 인식
관광개발	경제적 효율성, 수익 우선 현지 자연환경이나 문화 고려 적음 자연자원, 문화자원 제거 및 훼손 가능성 풍광 좋은 곳에 대거 상업시설 지역 무시 외부 개발업자에의 의한 개발	어울림, 공존 우선 현지 자연환경, 문화, 경제 모두 고려 자연자원, 문화자원 최대한 보존 풍광 유지 및 최소 시설 지역과 협력 지역 개발업자에 의한 개발

그림 10-4 단체관광객 쇼핑과 목을 축이는 배낭여행객

출처: 저자 촬영

2) 생태관광

생태관광(ecotourism)은 생태계를 보존하면서 관광을 지속할 수 있는 방안으로 도입되었다. 생태관광이라는 용어는 멕시코 생태관광 전문가이자 세계관광기구(UNWTO)의 특별고문인 엑토르 세바요스 라스쿠라인(Hector Ceballos-Lascurain)이 멕시코 열대우림지역을 보존하고 지역 관광을 활성화하기 위해 1983년에 처음 사용하였다. 그는 원시성이 강하고 특이하거나 보호가 필요한 동식물이 있는 생태지역을 잘 관리하고 보전함으로써 이를 관찰하고 학습하고 체험하려는 관광객을 유치할 수 있고 그 결과 지역경제를 살릴 수 있다고 주장하였다. 경제성, 효율성, 수익성만을 우선시하여 환경을 파괴하는 관광개발을 하고 관광활동을 한다면 결국 관광 매력성이 상실되어 관광이 지속될 수 없다. 생태관광은 현지의 생태를 보존하면서도 관광욕구를 충족시키는 관광으로 환경보전과 관광을 동시에 만족시킨다. 생태관광은 다음 세 가지의 특징이 있다.

- **생태관광의 특징**
  ① 원시성이 강하고 특이하거나 보호가 필요한 동식물이 서식하는 생태지역을 관광한다.
  ② 자연의 중요성 등 생태교육을 통하여 참가자의 환경 의식을 높인다.
  ③ 지역의 환경, 문화, 경제를 존중하고 고려한다.

생태관광객이 되기 위한 몇 가지 지침이 있다. 먼저 사전에 생태관광지에 관해 정보를 검색하고 학습한다. 발자국만 남기고 가져온 것은 다시 싸서 가져간다. 물이나 에너지 등 자원을 아껴 쓴다. 도보, 자전거, 대중교통수단을 이용한다. 보행로 또는 산책로로만 다니고 지름길로 다니지 않는다. 야영지역에서만 야영을 한다. 동물에게 거리(도망갈 수 있는)를 유지한다. 지역의 돌, 화석, 동물, 식물, 가공품 등을 수집하지 않는다. 희귀한 종으로 만든 물품을 구입하지 않는다. 한 지역을 알고 이해하기 위해 충분한 시간을 보낸다. 소속 그룹에 한정되지 말고 다른 사람과 어울리고 소통하려고 노력한다.

■ **생태관광객 지침**
- 사전에 생태관광지에 관해 정보를 검색하고 학습한다.
- 발자국만 남기고, 가져온 것은 다시 싸서 가져간다.
- 물, 에너지 등 자원을 아껴 쓴다.
- 도보, 자전거, 대중교통수단을 이용한다.
- 보행로 또는 산책로로만 다니고 지름길로 다니지 않는다.
- 야영지역에서만 야영을 한다.
- 동물에게 거리(도망갈 수 있는)를 유지한다.
- 지역의 돌, 화석, 동물, 식물, 가공품 등을 수집하지 않는다.
- 희귀한 종으로 만든 물품을 구입하지 않는다.
- 한 지역을 알고 이해하기 위해 충분한 시간을 보낸다.
- 소속 그룹에 한정되지 말고 다른 사람과 어울리고 소통하려고 노력한다.

▮그림 10-5▮ 생태관광객

출처: 저자 촬영

〈표 10-2〉에 자신이 얼마나 생태관광객에 가까운지 진단해 볼 수 있는 자료가 있다. 1점 : 전혀 그렇지 않다, 2점 : 그렇지 않다, 3점 : 그렇다, 4점 : 매우 그렇다 중에 자신에게 해당하는 점수를 입력하고 합계를 낸 후 평균을 구한다. 평균점수가 3.0 미만이면 생태관광객으로서의 소양이 더 필요한 것이고, 3.0~3.5 미만이면 생태관광객으로서의 소양이 있고, 3.5 이상이면 생태관광객으로서의 소양이 매우 높다고 할 수 있다.

표 10-2 생태관광객 자가진단

내용	점수 1~4점
1. 나는 관광 중 관광지 현지의 사회적 규범과 규칙을 따른다.	
2. 나는 여행갈 곳의 자연환경을 미리 알고 떠난다.	
3. 내가 지출한 여행비 중 일부가 자연보호를 위해 쓰이는 것이 좋다.	
4. 나는 여행지에서는 자연보호 규칙을 지킨다.	
5. 나는 현지 주민들의 생활방식과 문화를 존중하며 여행한다.	
6. 나는 환경을 훼손시키지 않는 여행상품과 시설을 이용한다.	
7. 나는 보호되고 있는 동물을 잡거나 식물을 채집하지 않는다.	
8. 나는 환경친화적 상품과 시설로 인해 불편한 것을 감수할 수 있다.	
9. 나는 여행 중에 환경교육 프로그램이 있으면 참여한다.	
10. 나는 현지 주민이 운영하는 식당과 숙박시설을 이용한다.	
11. 나는 여행하면서 그곳의 자연을 배우고 이해하고자 한다.	
12. 나는 관광지 내에서는 차보다는 도보를 이용한다.	
13. 나는 자연환경이 뛰어난 곳의 자연 훼손을 방지하기 위해 관광객을 통제해야 한다고 생각한다.	
14. 나는 관광 후 그 곳의 환경문제에 대해 한 번 더 생각한다.	
합계	
평균	

출처: 조진희, 김수봉(2007)

생태관광은 처음 기대와는 달리 크게 활성화되지 않고 있는데 그 이유를 다각적으로 생각해볼 수 있다. 먼저 관광객이 관심을 가질 만큼 원시성이 강한 생태지역이 존재하지 않거나 존재하더라도 접근하기가 어렵다. 또 소규모 관광을 추구하고 환경을 보호해야 하기 때문에 광고를 하지 않아서 이에 대한 일반인의 정보가 부족하다. 환경단체에서 주관하는 생태여행은 그야말로 소규모여서 가격 경쟁력이 부족하거나 수익이 부족하다. 여행사를 이용한 생태관광은 결국 대량관광과 유사해져서 많은 관광객들로 인해 해당 환경이 훼손되는 문제가 있다.

3) 지속가능한 관광

생태관광이 주로 환경에 초점이 맞추어져 있다면 지속가능한 관광(sustainable tourism)은 환경뿐만 아니라 문화, 공동체, 전통 등 사회 전반을 포괄하고 있다. 특히 우리가 누리고 있는 자연의 아름다움, 문화적 풍부함, 전통 등을 우리의 자녀와 자손, 즉 미래 세대가 누릴 수 있도록 하자는 데 주안점을 두고 있다. 다시 말해 지속가능한 관광은 미래 세대의 기회를 보장하면서 현재의 관광객 욕구를 충족시키고 지역의 환경과 사회문화를 유지시키는 관광을 말한다. 지속가능한 관광의 고려사항은 〈표 10-3〉과 같다. 현지의 생태계를 유지 및 보존하고 그 중요성을 인식하고, 현지의 경제적 이익을 보장하고 외부 유출을 최소화한다. 현지의 사회문화를 존중하고 지속될 수 있도록 협력하고, 현지의 자연과 문화를 보존하면서 최소한의 자원 소비와 환경 훼손을 고려한다. 지속가능한 관광에 대한 이해를 높이기 위해서 관광객과 지역주민을 위한 교육을 실시한다. 지속가능한 관광의 전문가를 양성하여 이 운동을 확산한다. 지속가능한 관광이 정착될 수 있도록 정부에서 정책을 만들고 지원한다. 모니터링을 하면서 문제점을 해결하고 다음 실행에 반영한다.

표 10-3 지속가능한 관광의 고려사항

고려사항	내용
환경	현지의 생태계를 유지 및 보존하고 그 중요성을 인식한다.
경제	현지의 경제적 이익을 보장한다. 외부 유출을 최소화한다.
사회문화	현지의 사회문화를 존중하고 지속될 수 있도록 협력한다.
관광개발	현지의 자연과 문화를 보존하면서 최소한의 자원 소비와 환경 훼손을 고려한다.
교육	지속가능한 관광에 대한 이해를 높이기 위해서 관광객과 지역주민을 위한 교육을 실시한다. 지속가능한 관광의 전문가를 양성하여 이 운동을 확산한다.
정책과 지원	지속가능한 관광이 정착될 수 있도록 정부에서 정책을 만들고 지원한다.
모니터링	모니터링을 하면서 문제점을 해결하고 다음 실행에 반영한다.

4) 녹색관광

녹색관광(green tourism)은 프랑스에서 관광의 유형을 해안관광의 blue tourism, 눈 덮인 산악의 white tourism, 불빛가득한 도시의 light tourism, 녹음 짙은 green tourism으로 구분한데서 유래되었다. 녹색관광은 영어 그대로 그린투어리즘이라고 부르기도 한다. 일본에서는 녹색관광을 농촌의 과소화를 해결하기 위한 수단으로 사용하였다. 농촌 사람들이 편하고 화려한 삶을 찾아 도시로 떠나게 되자 마을에는 노인들만 남게 되었다. 이에 농촌을 살리기 위한 방안을 모색하였는데 도시인이 농촌을 체험할 수 있도록 마을을 개방하고 프로그램을 기획한 것이다. 이에 따라 마을이 활기를 띠면서 소득도 높아지게 되었고, 일자리와 돈벌이가 생기자 젊은이들이 도시로 떠나지 않고 마을에 정착하는 등 긍정적인 효과를 얻게 되었다. 녹색관광객은 농어촌과 교류 및 체험을 선호하고, 토속음식을 즐기며, 자연을 향유하고, 가족동반이 많은 특징을 가지고 있다. 이와 같이 녹색관광이 주로 농촌에서 벌어지기 때문에 농촌관광이라고 간주되기도 한다.

그림 10-6 농촌 체험

출처: 저자 촬영

학 · 습 · 정 · 리

- 자연은 언제나 가장 중요한 관광 동기이자 영원한 관광 재료이므로 잘 가꾸고 보호해야 한다.
- 관광은 자연자원의 관리, 보호, 환경 인식 등 긍정적 영향을 미친다.
- 관광은 자연 훼손, 경관 훼손, 생태계 파괴, 지역주민 피해 등 부정적 영향을 미친다.
- 대안관광은 대량관광 또는 대중관광(mass tourism)의 반대 급부적인 관광형태로 환경, 경제, 사회문화의 부작용을 최소화하려는 관광이다.
- 생태관광은 생태계를 보존하면서 관광을 지속할 수 있는 방안으로 도입되었다.
- 지속가능한 관광은 미래 세대의 기회를 보장하면서 현재의 관광객 욕구를 충족시키고 지역의 환경과 사회문화를 유지시키는 관광이다.
- 녹색관광은 농촌의 과소화를 해소하고 활성화하기 위해 도시인이 농촌을 체험할 수 있도록 마을을 개방하고 프로그램을 제공하는 것이다.

연·습·문·제

01 다음 중 대안관광으로 거리가 먼 것은?

① 생태관광　　② 대중관광
③ 지속가능한 관광　　④ 녹색관광

02 다음 중 미래세대의 기회를 보장하면서 현재의 관광객 욕구를 충족시키고 지역의 환경과 사회문화를 유지시키는 관광은 무엇인가?

① 미래관광　　② 보장관광
③ 지속가능한 관광　　④ 환경관광

03 다음 중 농촌의 과소화를 해소하고 활성화하기 도시인이 농촌을 체험할 수 있도록 마을을 개방하고 프로그램을 제공하는 관광은 무엇인가?

① 과소관광　　② 흰색관광
③ 푸른관광　　④ 녹색관광

정답 1. ② – 대안관광은 대중관광으로 인한 환경, 경제, 사회문화의 부작용을 최소화하려는 관광으로 생태관광, 지속가능한 관광, 녹색관광 등이 포함된다.
2. ③ – 지속가능한 관광은 미래세대의 기회를 보장하면서 현재의 관광객 욕구를 충족시키고 지역의 환경과 사회문화를 유지시키는 관광이다.
3. ④ – 녹색관광은 농촌의 과소화를 해소하고 활성화하기 도시인이 농촌을 체험할 수 있도록 마을을 개방하고 프로그램을 제공하는 관광이다.

참·고·문·헌

조진희, 김수봉 (2007). 관광 태도로 분류한 생태관광객과 대중관광객의 특성 비교. **관광·레저 연구**, 19(1), 27-43.

연합뉴스 (2011. 3. 3). 부여 규암면 주민들 "롯데 골프장 건설 강력 반대".

네이버 영화(http://movie.naver.com)

Reference

Chapter 11

관광정책과 관광조직

1. 관광정책의 개념
2. 관광정책의 접근과 분류
3. 관광정책 수립과 실시 과정
4. 관광조직
5. 관광정책 사례

관광정책과 관광조직

| 학습목표 |

- 관광정책에 관한 개념을 설명할 수 있다.
- 관광정책의 다양한 접근방법 및 분류를 설명할 수 있다.
- 관광정책의 수립과 실시 과정을 설명할 수 있다.
- 관광정책과 관련된 국내외의 대표적인 관광조직에 대해 설명할 수 있다.
- 관광정책의 실제 사례를 검토함으로써 실전 능력을 배양할 수 있다.

생각열기

Malaysia–Truly Asia

관광공사나 관광청은 관광정책을 수행하고 관광 홍보를 담당하는 대표적인 관광조직이다. 국가마다 관광객을 유치하기 위해 다양한 홍보활동을 수행하고 있는데 말레이시아는 Malaysia–Truly Asia라는 슬로건을 10년 이상 일관되게 사용함으로써 말레이시아에서 진정한 아시아를 체험할 수 있다는 이미지를 만드는 데 성과를 거두고 있다. 이런 슬로건은 이미지 고양뿐만 아니라 관광 조직구성원들이 한 방향으로 역량을 집중하는 데 도움이 된다. 뉴질랜드의 100% Pure New Zealand와 일본의 Yokoso Japan 등도 유명하다.

우리나라에서는 Korea – Land of the Morning Calm, Dynamic Korea, Korea – Sparkling, Korea – Inspiring 등으로 수 년마다 슬로건을 변경하여 일관성이 부족하다는 지적을 받고 있다. 각 슬로건이 추상적이고 의미전달이 불분명하며 한국을 떠올리지 못한다는 단점 때문에 변경을 거듭하였지만 여전히 환영받지 못하고 있다. 우리나라에 적합한 관광 슬로건은 과연 무엇일까?

| 말레이시아 관광 홍보 이미지 |

출처: 말레이시아 관광청(http://www.tourismmalaysia.gov.my)

1 관광정책의 개념

- 관광정책은 정부, 지자체, 기타 공공기관에서 관광의 공익적인 목표를 달성하고 문제를 해결하기 위한 방안을 수립하는 것이다.

관광정책의 주체는 공공기관이다. 관광정책을 공공기관이 아닌 사기업이나 특정 이익단체에게 맡겼을 경우 사적인 이익만을 추구하고 다른 집단에는 이익을 주지 않을 수 있기 때문에 정부나 지자체 또는 기타 공공기관에서 관광정책을 수립한다. 관광정책의 달성 목표는 관광산업을 통한 공익과 문제 해결이다. 여기서 공익이라는 것은 어떤 특정한 집단이나 개인에게 특별한 혜택을 주거나 이익을 주는 것이 아니라 일반 국민과 관광객 모두에게 혜택이 돌아갈 수 있도록 방안을 제시하는 것이다.

■ **관광정책의 목표**

- 관광욕구 충족
- 관광자원의 효율적인 사용을 위한 환경 조성
- 유물 · 유적 · 자연자원 관리
- 국가 경제 발전
- 지역 간 균형 발전
- 국민 복지 증진
- 국민 생활의 질 향상

관광정책의 목표는 관광객의 욕구를 충족시키고, 관광자원을 효율적으로 사용할 수 있게 환경을 조성하고, 유물 · 유적 · 자연자원을 잘 관리하고, 국가 경제를 발전시키고, 지역을 균형적으로 발전시키고, 국민 복지를 증진시키고, 국민 생활의 질을 향상시키는 것이다. 관광정책은 관광산업이 안고 있는 현안 문제를 해결하기 위해 수립되기도 하는데, 예를 들어 숙박 시설이 모자라거나 교통이 불편하거나 관광의 매력성이 부족할 때 이를 해결할 수 있는 시책을 관광정책에 포함한다.

• 관광정책은 여러 이해 당사자의 의견을 반영하여 수립되며 법적 절차와 행정적 과정을 거쳐 수행된다.

관광정책을 수립하기 위해서 우선 다양한 분야의 의견을 수렴하게 된다. 여기에는 관광객, 관광기업, 공무원, 학회, 협회 등 다양한 이해 관계자들이 포함되며 이들의 요구와 의견을 정책에 반영하게 된다. 과거에는 관 주도로만 정책이 만들어져 현장의 목소리가 담기지 못한다는 지적이 있었지만 갈수록 수요자의 욕구가 중요해져서 이들을 빼놓고 정책을 수립할 수 없게 되었다.

관광정책은 법적 절차와 행정적 과정을 거쳐서 실행된다. 탄광촌이었던 태백지역이 폐광되자 정부는 '폐광지역 개발 지원에 관한 특별법'을 제정하여 폐광촌을 관광지로 탈바꿈시키고 있으며 국제회의를 유치하고 육성하기 위해 '국제회의산업 육성에 관한 법률'을 제정하였다. 관광정책은 시・도・군에 행정적 협조를 얻어서 실행된다.

| 제1차 관광진흥 확대회의와 추진단 |

관광 불편 해소 위해 각 부처 협업한다

문화체육관광부(장관 유진룡)는 24일 오전 관광진흥협업추진단을 출범하고 추진단 및 실무반 첫 전체회의를 대회의실에서 개최했다. 추진단은 지난 17일 박근혜 대통령 주재로 개최된 제1차 관광진흥확대회의에서 도출된 관광불편 해소 및 전략 관광산업 육성 54개 과제 수행을 위해 출범됐다. 추진단은 신속하고도 가시적인 성과를 내기 위해 3개월간 한시적으로 운영할 계획이며 호텔부가세 환급 등 '관광진흥확대회의'에서 발표된 주요과제들을 구체적으로 실현해 나갈 예정이다. 추진단장인 조현재 제1차관은 "제1차 관광진흥확대회의에서 도출된 추진과제를 향후 제대로 이행해 실질적인 성과를 도출할 수 있도록 관계부처 국・과장들이 최선을 다해 달라"고 주문했다. 이날 회의에서는 54개 추진과제 중 소관부처와 관련부처가 협의해 작성한 16개 핵심과제에 대한 추진계획을 발표하고 향후 조치방안에 대해서도 의견을 교환했다. 추진단은 문체부 제1차관을 단장으로 해 기획재정부 차관보(1급)와 보건복지부 보건의료정책실장(1급)을 부단장으로, 해양수산부 등 9개 부처(청) 국장급 10명을 단원으로 해 구성됐다.

출처: 아주경제(2013. 7. 24)

2 관광정책의 접근과 분류

1) 관광정책에 대한 접근

관광정책에 대한 정치적 접근은 각 부문의 이익 분배에 따른 문제를 해소하기 위해 이해당사자 간의 갈등, 타협, 협상에 주안점을 둔다. 경제적 접근은 관광이 가져다주는 경제적 효과, 즉 관광 수입, 외화 획득, 고용 창출, 세수입 등에 주목하여 관광정책을 수립한다. 사회문화적 접근은 사회문화현상을 관광정책에 반영하고 또한 관광정책의 결과로 인해서 사회문화적 영향을 준다는 점에 주목하는 것으로 사회문화적인 가치와 지역자원이나 전통양식 및 생활양식의 기본을 위협하거나 부정할 개연성에 대해서는 주의를 해야 한다. 행태적 접근은 관광객의 행태를 바라보는 시각이다. 관광객이 희망하는 관광목적지, 교통, 숙박, 동반 대상, 일정 등에 관광객의 욕구와 활동에 대해서 주목하는 관광정책이다. 갈수록 이런 수요자의 입장이 중요해지고 있다. 종합적 접근은 하나의 측면만을 보는 것이 아니라 정치적 접근, 경제적 접근, 사회문화적 접근, 행태적 접근을 종합하여 정책을 수립하는 것이다. 또한 정부, 지자체, 기업, 지역주민, 관광객이 유기적으로 연결되어 있으므로 종합적으로 접근할 필요가 있다.

표 11-1 관광정책에 대한 접근

접근 방법	내용
정치적 접근	이해 당사자 간의 갈등, 타협, 협상에 주안점을 둔다.
경제적 접근	관광 수입, 외화 획득, 고용 창출, 세수입 증가 등에 주목한다.
사회문화적 접근	사회문화현상을 관광정책에 반영하고 아울러 관광정책의 실행이 사회문화적으로 어떤 영향을 주는지 관심을 갖는다.
행태적 접근	여행 전후 그리고 여행 중에 관광객이 숙박, 식음료, 관람, 교통, 동반자 등을 이용하는 과정에 주목한다.
종합적 접근	정치적 접근, 경제적 접근, 사회문화적 접근, 행태적 접근을 종합하여 정책을 수립한다.

2) 관광정책의 분류

국가의 개발 정도에 따라 관광정책이 달라질 수 있는데 선진국의 관광정책과 개발도상국의 관광정책 그리고 후진국의 관광정책은 다를 수밖에 없다. 선진국은 인프라가 잘 갖추어져 있고, 대체로 문화수준이 높아 문화자원이 풍부하며, 도시 관광에 강점이 있고, 다른 국가들로부터 선망의 대상이기 때문에 관광객이 많이 모여든다. 반면 후진국은 주로 독특한 자연자원이나 역사적인 유적에 의존하는 경우가 많아 이를 고려하여 관광정책을 수립해야 한다.

공간을 기준으로 관광정책을 나누면 국제 관광정책과 국내 관광정책 그리고 전국단위 관광정책과 지역단위 관광정책으로 구분할 수 있다. 국제 관광정책은 주로 외국에서 국내로 들어오는 관광객을 위한 관광정책이고, 국내 관광정책은 국민의 국내여행과 해외여행에 관한 정책이다. 전국단위 관광정책은 주로 중앙정부가 전국에 걸쳐 추진하는 정책이며, 지역단위 관광정책은 지자체에서 수행할 수 있는 지역별 관광정책이다.

세부 분야별로는 출입국 관리정책, 관광자원정책, 관광개발정책, 관광기반시설 정책, 관광 기업정책, 관광 홍보정책, 관광 종사원 정책, 쇼핑정책 등이 있다.

표 11-2 관광정책의 분류

분류	내용
국가의 개발 정도에 따른 관광정책	선진국형 관광정책 / 개발도상국형 관광정책 / 후진국형 관광정책
공간적 구분에 따른 관광정책	국제 관광정책 / 국내 관광정책 전국단위 관광정책 / 지역단위 관광정책
세부 분야별 관광정책	출입국 관리정책 / 관광자원정책 / 관광개발정책 / 관광기반시설정책 / 관광 기업정책 / 관광 홍보정책 / 관광 종사원 정책 / 쇼핑 정책 등

3 관광정책 수립과 실시 과정

관광정책을 수립하고 실시하는 과정의 첫 번째 단계는 관광정책 수립의 필요성과 문제로 제기되는 사항들을 검토하는 것이다. 현안 문제들 중에서 중요도와 해결 가능한 정도에 따라서 이번 정책으로 적당한 문제를 선택한다. 모든 문제를 다 해결할 수 있다면 좋겠지만 인력과 시간의 한계가 있기 때문에 우선순위를 정하는 것이 좋다.

두 번째 단계는 목표 설정이다. 목표는 구체적으로 설정하되 수치로 표현하는 것이 좋다. 예를 들어 3년 내에 또는 5년 안에 무엇을 하겠다던가, 2020년까지 어떻게 하겠다는 식으로 제시하면 목표가 더욱 명확해진다. 또 현실적으로 실현 가능한 것이라야 한다.

단계	내용
관광정책 수립의 필요성과 문제 제기	• 관광정책을 수립해야 하는 필요성과 문제로 제기되는 사항들을 검토한다.
↓ 목표 설정	• 관광정책을 통하여 달성하고자 하는 목표를 설정한다. 목표는 구체적이고 실현 가능한 것이라야 한다.
↓ 현황 분석	• 문제 해결을 위한 자료를 수집한다. 여기에는 내부 환경, 외부 환경, 관광 동향 등이 포함된다. 수집된 자료를 정리하고 분석한다.
↓ 대안 도출	• 목표를 달성할 수 있는 대안들을 도출한다.
↓ 정책 결정	• 여러 대안 중에서 현실적으로 가장 적합한 것을 정책으로 결정한다.
↓ 정책 실시	• 결정된 정책을 실시한다.
↓ 피드백	• 실시 결과를 분석하고 효과를 측정하여 피드백함으로써 정책을 보완한다. 그리고 다른 정책을 수립할 때 이를 반영한다.

그림 11-1 관광정책 수립 및 실시 과정

세 번째 현황분석 단계에서는 문제 해결을 위한 자료를 수집하는데, 여기에는 내부 환경, 외부 환경, 관광 동향 등이 포함된다. 자료 형태별로 양적 자료와 질적 자료를 모두 수집한다. 수집된 자료는 분류하고, 정리하고, 분석하여 의미 있는 정보로 가공한다.

네 번째 단계는 대안 도출이다. 목표를 달성할 수 있는 여러 대안들을 도출해 본다. 각각 장점과 단점을 나열하여 대안들을 비교한다.

다섯 번째 단계는 정책 결정이다. 여러 대안 중에서 현실적으로 가장 적합한 것을 선택한다. 예산, 법적 제약, 토지 사용, 여론 등의 문제가 없는지 확인하고 정책을 실시하였을 때의 결과를 예상하여 목표를 가장 잘 달성할 수 있는 대안을 선택한다.

여섯 번째 단계는 정책 실시다. 결정된 정책을 실시한다.

마지막 단계는 피드백이다. 정책을 실행한 결과를 분석하고 효과를 측정하여 정책을 보완한다. 그리고 다른 정책을 수립할 때 이를 반영한다.

4 관광조직

관광조직은 관광정책의 제안 및 실행, 관광사업 활성화와 지도감독, 관광종사원 훈련, 관광 홍보 등의 활동을 한다. 세계 기구로는 세계관광기구와 태평양지역관광협회 등이 있으며 우리나라의 관광조직으로는 문화체육관광부, 한국관광공사, 한국문화관광연구원, 지방자치단체 등이 있다.

1) 세계관광기구

- **세계관광기구의 주요기능**
  - 관광통계와 관광추세에 관한 자료 정리와 서적 발간
  - 국제관광과 국내관광, 법규와 규제 그리고 시설과 특별행사 등에 관한 통계자료와 관광기업에 유용한 정보를 정기간행물로 발간
  - 연구논문집 발행, 관광마케팅과 관광자원 보호 등에 관한 매뉴얼 발간
  - 국가 간 입국절차 간소화 추진

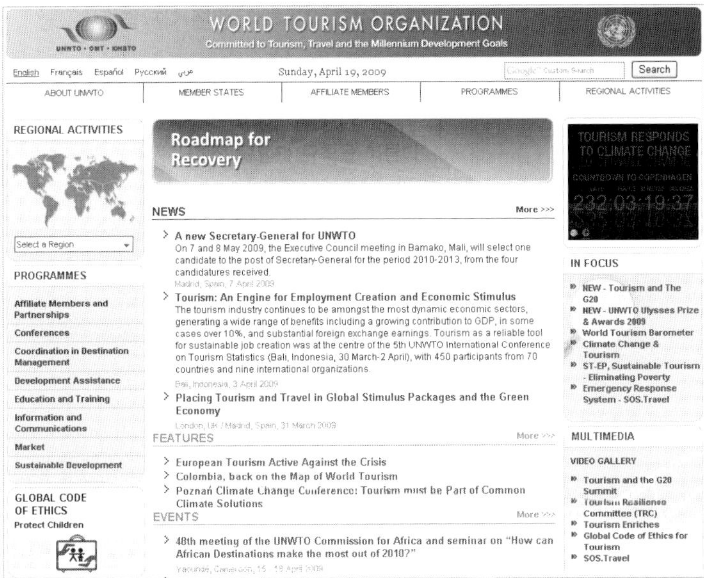

그림 11-2 세계관광기구 홈페이지

출처: 세계관광기구(http://www.unwto.org)

관광정책을 수립하고 실행하는 조직에 대해서 한번 살펴보자. 먼저 세계관광기구(World Tourism Organization: UNWTO)는 1975년 스페인 마드리드에서 발족되었으며 UN의 공식적인 관광기구이자 세계관광 진흥을 도모하는 대표 기관이다. WTO가 지향하는 기본적인 목표는 인종과 성별 그리고 언어 및 종교 등의 문제와 상관없이 세계 모든 사람들에게 인간의 기본적인 권리와 자유 그리고 번영과 평화를 향유하도록 하며, 국가 간에 이해가 돈독해지고 경제개발에 기여하게끔 관광을 개발하고 촉진하는 데 있다.

WTO는 관광통계와 관광 추세에 관한 자료 정리와 서적을 발간하여 세계관광의 흐름과 변화에 대한 정보를 제공한다. 또 국제관광과 국내관광, 법규와 규제 그리고 시설과 특별행사 등에 관한 통계자료와 관광기업에 유용한 정보를 정기간행물로 발간한다. 그리고 연구논문집 발행, 관광마케팅과 관광자원 보호 등에 관한 매뉴얼 발간 국가 간 입국절차 간소화를 추진하는 일들을 하고 있다.

2) 태평양지역관광협회

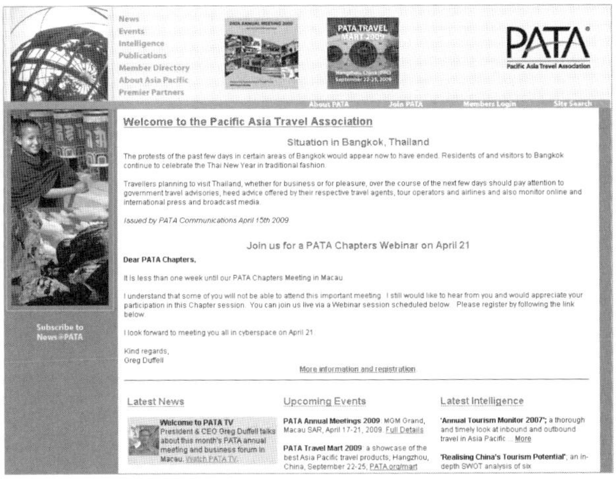

▮그림 11-3▮ 태평양지역관광협회 홈페이지

출처: 태평양지역관광협회(http://www.pata.org)

태평양지역관광협회(Pacific Area Travel Association: PATA)는 1953년에 설립된 민간단체 관광기구인데 미국 샌프란시스코에 본부를 두고 있고, 태평양지역 내 각종 관광업체들로 구성되었다. 이들은 관광자원의 공동개발 및 관광객 유치증진을 도모한다.

▮그림 11-4▮ 제주에서 개최된 PATA 총회

출처: 저자 촬영

주요 업무는 태평양 연안의 여행 경로, 행로 개발 및 실태조사 그리고 태평양 연안 국가의 관광객 실태조사 및 총회보고, 관광선전 및 판매촉진 활동, 출입국 수속의 간소화 및 관계 정부에 대한 건의, 관광시설문제의 상호협조, 안내 및 상호정보교환, 소셜투어리즘 운동의 장려 등이다. 참고로 출입국 수속을 간소화한다는 것은 입국허가증인 비자 없이도 관광객이 일정 기간 체류할 수 있게 하는 것이 주요 내용이다. 이에 따라 비자 발급 비용과 발급 시간 그리고 출입국 검사 시 비자를 검사하는 데 필요한 소요시간 등이 제거되어 여행을 촉진할 수 있다.

3) 문화체육관광부

▌그림 11-5▐ 문화체육관광부 홈페이지

출처: 문화체육관광부(http://www.mcst.go.kr)

문화체육관광부는 우리나라 관광산업을 이끄는 최고 행정기관이다. 문화체육관광부는 정부가 올바른 관광정책을 수립할 수 있도록 협력하고, 한국을 세계에 알리고, 관광자원을 조사 및 개발하고, 관광과 관련된 대규모 스포츠 이벤트를 지원하고, 문화재를 지정 및 관리하고, 문화 교류에 앞장서고, 관광진흥개발기금을 관리하는 등의 업무를 하고 있다. 사안에 따라서 단독으로 또는 다른 공공기관 및 학회, 협회, 지자체, 관광업체와 협력하여 업무를 추진한다.

4) 한국관광공사

▮그림 11-6▮ 한국관광공사 홈페이지

출처: 한국관광공사(http://kto.visitkorea.or.kr)

한국관광공사(Korea Tourism Organization: KTO)는 해외관광시장을 개척하고 관광단지를 개발하고 관광사업체 협력, 관광요원의 양성 및 훈련을 목적으로 설립되었다. 홍콩, 싱가포르, 호주 등 관광청(NTO)이 홍보 및 마케팅 활동에 집중하는 것에 반해 우리나라 관광공사는 활동 영역이 다양하여 장점이자 단점이 되고 있다. 한국관광공사는 한류, 쇼핑, 축제, 지역관광 등 국내외 관광객을 대상으로 관광 활성화를 도모하고 있다.

5) 한국문화관광연구원

한국문화관광연구원은 1996년 한국관광연구원으로 개원하였다. 2002년 한국문화정책개발원과 통합하여 한국문화관광정책연구원으로 개칭하였다가 2007년 한국문화관광연구원으로 개칭하였다. 한국문화관광연구원은 국가 관광정책 수립 및 관광산업 발전을 위한 정책연구를 수행하며 이와 관련한 기초조사 및 정보분석 등을 통해 정책 업무를 지원한다.

▮그림 11-7▮ 한국문화관광연구원 홈페이지

출처: 한국문화관광연구원(http://www.kcti.re.kr)

6) 지방자치단체

▮그림 11-8▮ 지방자치단체 홈페이지의 예

출처: 대전시(http://tour.daejeon.go.kr)

지방자치화 시대를 맞아 각 시・도・군은 지역의 활성화를 위해서 적극적으로 관광정책을 펼쳐 나가고 있다. 1차 산업은 매력을 잃어가고 있고 2차 산업도 없는 지방에서는 3차 산업의 첨병인 관광산업을 육성하기 위해 총력을 기울이고 있다. 관광산업은 지역의 자연과 문화를 바탕으로 하기 때문에 많은 자본을 들이지 않고도 큰 수익을 얻을 수 있어서 매우 선호된다. 각 지자체는 경제 활성화, 고용창출, 세수입 확대 등을 목적으로 관광정책을 수립하는 데 최선을 다하고 있다.

| T20 관광장관회의 국가 간 협력 사례 |

'세계 각국 여행 장벽 해소 … 공정관광 통한 최빈국 지원'

충남 부여에서 11일부터 열린 '제2차 T20 관광장관의'에 참가한 주요 20개국(G20) 국가의 18개국 대표단과 국제노동기구(ILO) 등 6개 국제기구 대표단은 13일 각국의 합의를 통해 채택한 '부여선언문'을 발표하고, 사흘간의 회의 일정을 마무리했다.

각국 대표단들은 부여선언문을 통해 "관광이 전 세계 국민총생산(GDP) 5%에 기여하고, 세계 직접고용의 7~8%를 차지한다"며 관광산업의 중요성을 강조하고, 이 같은 산업발전을 위한 과제로 ▲관광객들의 여행장벽 해소 ▲양질의 일자리 개발 ▲공정관광 등을 통한 최빈국 지원 등을 이해 공동 노력하기로 했다. 각국 관광장관들은 또 '관광은 위기 이후 동반성장을 추구하는 G20 서울정상회의의 목적에 중요한 기여를 할 수 있다'는 요지의 메시지를 다음 달 서울에서 열릴 G20 정상회의 의장인 이명박 대통령에게 전달하도록 합의하기도 했다.

이번 T20 관광장관회의에서는 관광 관련 각국 간 협력방안이 구체적으로 논의됐다. 특히 무역 분야에서는 전자비자, 도착지 발급비자 등 비자제도 간소화를 위한 동반노력이 논의됐으며, 최빈국의 관광산업 지원을 위해 국제개발협회(IDA), 아시안뱅크, 인터아메리칸뱅크 등을 통한 대부시설 설립 추진 등에 대해서도 의견을 좁히기도 했다.

관광의 산업적 측면에서 이번 회의의 성과라면 주요 국가들이 관광산업을 통한 동반성장 전략을 마련하고 국제적 공조강화 기반을 견고히 했다는 점이 꼽힌다. 각국의 관광정책책임자들이 머리를 맞대면서 국가와 국가 간, 선진국과 저개발국 간 협력의 토대를 마련했다는 것이다. 이와 함께 이번 회의개최를 통해 한국은 세계관광산업에서의 영향력을 확대하는 적잖은 성과를 거뒀다. 한국은 특히 저개발국가 지원 등의 회의의제를 줄곧 선도하면서, 관광산업지원을 통한 저개발국의 빈곤퇴치를 위한 국제협력 등을 촉구하기도 했다.

이날 회의에 참석한 유인촌 문화체육관광부 장관은 "이번 T20 관광장관회의에서 참가국들이 저개발국의 개발격차 해소, 빈곤퇴치를 위해 공정관광, 재정 지원과 기술 이전 확대 등의 개발 이슈에 대해 합의했다"며 "앞으로 우리나라가 관광 분야에서 개발 이슈를 선점할 수 있도록 국제사회에 대한 기여를 지속적으로 확대할 계획"이라고 밝혔다.

출처: 문화일보(2010. 10. 13)

5 관광정책 사례

1) 호주 Tourism White paper

(1) 정책수립 과정

호주의 관광정책은 Discussion Paper → Green Paper → White Paper의 3단계를 거쳐 수립되었다.

단계	내용
White Paper	• White Paper의 초안 • 정부, 지방정부, 관광업체 등 이해관계자 의견 수렴
↓ Green Paper	• Discussion Paper의 수정 계획 • 지역의 의견수렴에 충실하기 위해 지역별 관광원탁회의 개최 및 온라인을 통한 의견 수렴
↓ Discussion Paper	• 중장기 종합관광진흥계획

▌그림 11-9▐ 호주의 관광 정책 수립 과정

(2) 주요 내용 및 성과

① 관광인프라 개선

- ■ 지상 교통체계 개선
  - – 관광지와 터미널, 공항, 항만을 연결하는 도로 보수 및 지방정부의 지역도로 투자 관련 연방정부 지원
- ■ 항공 교통체계 개선
  - – 멕시코, 체코, 브라질 등과 항공협정 체결 및 러시아, 이집트, 대만, 아일랜드, 일본, 요르단, 태국 등과 협정 내용 보완 등
- ■ 신기술 도입을 통한 출입국 절차의 신속화
- ■ 승객 편의 제고를 위한 세관, 연방경찰, 검역국, 외무부, 이민국, 문화예술정보부, 교통지역부 등의 관계기관과의 TF 구성으로 향후 10년간 호주 공항을 이용하는

관광객 편의성 도모

② 관광자원 및 상품 개발

- 지속가능한 관광개발을 장려하고 환경보전에 기여하는 관광자원 개발 추진
- 호주 원주민 문화 및 생태자원을 활용한 토속관광을 장려하고 이를 추진하기 위한 전담기구로 호주 관광청 내에 "Indigenous Tourism Australia" 신설
- 틈새시장 발굴을 위하여 경쟁력이 높은 호주의 3가지 관광자원(자연, 토속문화, 미개척 황야지)을 테마로 하는 상품 개발

③ 홍보 · 마케팅 강화

- 호주 브랜드(Brand Australia) 강화
  - 아태지역과 북미, 영국 등의 호주관광 주요 송출국에 대한 홍보광고 확대 및 '안전한 관광지(Safe Destination) 호주' 어필
  - 호주 관광 브랜드의 공격적 홍보를 위해 180만 달러(AUD)를 투입
  - 전문 웹사이트(www.wherethebloodyhellareyou.com)를 통한 홍보

④ 관광인력 양성

- 고급인력 양성과 노동력 충원의 두 가지 측면에서의 관광인력 육성
  - 호주의 교육과학훈련부(DEST)와 협력하여 고급관광인력 육성
  - 관광인력 부족을 해결하기 위하여 관광 분야에 종사하는 외국인 노동인력에 대해 유연한 이민규정을 적용하고 WHV 발급 확대

⑤ 관광 R & D 구축

- 기존의 전문조사기관인 관광연구국, 관광수요예측위원회와 두 개의 관광마케팅 담당 기관 내 조사 부서를 통폐합하여 호주 관광청(TA) 내 TRA 설립

⑥ 정책집행체계 구축

- 호주 관광청(TA) 설립 : ATC, See Australia, BTR, Tourism Australia Forecasting Committee 등의 기구를 통합

- 호주 국내관광과 국제관광 전략을 연계하는 시너지 효과
- 연구 조사 기관의 통합으로 통계에 기초한 마케팅 전략 구사

■ 관광청, 외교무역부, 정보통신예술부, 이민국, 교육과학훈련부 등의 정부 부처 간 협력체계 강화

■ 관방장관 자문위원회(TMAC) 구성 등 관광업계와의 협력체계 구축

■ 세계 유수 언론매체 기자 초청, 해외거주 국제 비즈니스맨, 친(親) 호주 외국인 등의 다양한 채널과 프로그램을 활용

출처: 신용석, 김현(2007)

2) 일본 관광입국 추진 계획

(1) 정책 수립 과정

2006년 관광입국 추진 기본법의 개정에 따라 국토교통성 총합정책국 관광정책과(總合政策局 觀光政策果)가 관광 관련 부처의 기존 계획 및 사업을 종합하여 계획 초안을 작성하고 관광, 경제, 환경 등의 관련 단체와 국민, 학계, 지자체 등의 의견수렴을 거쳐 수립되었다. 국제경쟁력을 갖춘 매력적인 관광지 조성과 인재양성, 국제관광 진흥, 환경정비 등의 4개 분야로 구성하고 5부문의 기본목표를 설정하였다.

(2) 주요 내용 및 성과

① 관광인프라 개선

■ 수용태세 부문에 있어서는 경관 및 국제 교통망을 집중 개선

- 하네다공항, 나리타공항, 간사이공항의 공항 가동률을 24시간화하고 국제거점 공항에서 도심까지 30분대 진입 가능한 교통연계망 구축
- 나리타공항의 1인당 출입국 수속시간을 최장 20분 이내로 단축
- 지역관광의 최대 자원을 고유문화 · 자연경관자원으로 설정하고 이를 보전하기 위한 경관계획 수립 및 도로 경관 정비, 무전주화 등을 추진

■ 지역 관광 활성화를 위하여 기존의 마을 만들기, 도시 재생과 구상개혁, 지역 재

생 등 관광지의 진흥시책을 종합하고 지역 이동수단 개선 및 교통정보체계 구축, 생활기반 정비

- 고령자, 장애인, 외국인을 배려한 공공시설 정비 및 안내, 정보 등의 소프트웨어적인 측면에서도 무장애화를 추진
- 인터넷 등의 정보통신기술을 활용한 지리 및 숙박시설, 문화유산 등의 관광정보 제공

② 관광자원 및 상품 개발

- 해외 주요 관광국과의 경쟁력을 확보하기 위해 지역을 초월한 광역 관광 연계체계 구축
- 새로운 관광분야를 개척하기 위하여 자연체험활동, 농림어업과 관련한 체험활동 및 심신건강의 유지・증진을 위한 관광 같은 다양한 관광상품(New Tourism) 개발
- 인접 경쟁국과 차별화될 수 있는 일본 문화상품 개발 및 정보 제공

③ 홍보・마케팅 강화

- 외국인 관광객 유치에 성공적이었다고 평가되는 비지트 재팬 캠페인(VJC)의 정책 근거 마련으로 사업의 지속성 확보
- 아시아 국가와의 중점 교류 확대를 통한 국제관광 진흥 도모
- 크루즈 및 MICE 유치 강화

④ 관광인력 양성

- 국토교통성, 경제산업성 등에서 각기 추진 중인 지역관광인재 육성사업을 계속적으로 추진
- 관광 관련 대학 및 학회 지원을 통한 고등교육기관의 교육수준을 진작하여 고급 인력 육성
- 관광산업 종사자의 능력 향상을 위해 장래 경영자, 지역자치단체 및 공공단체 직원, 관광안내소 직원 등을 대상으로 관광 경영 및 서비스 교육을 실시하고 관광사업 종사자 자격제도를 확대 도입
- 지역 매력과 관광의 의의에 대한 어린이 교육을 장려

⑤ 관광 R&D 구축

■ 관광과 관련된 소비현황 통계, 관광객의 숙박현황 통계, 기타 관광 관련 통계를 정비

- 국제관광진흥기구와 일본은행의 외국인 관광객 통계를 일치화
- 당일 관광객 통계 등의 광역자치단체 단위 통계조사에 대한 공통기준 개발

■ 관광이 초래하는 경제효과에 대한 국제 간 비교가 가능하도록 TSA(Tourism Satellite Account) 도입

■ 여행 만족도 조사 실시

⑥ 정책집행체계 구축

■ 입국 추진 계획을 종합적 · 체계적으로 추진하기 위하여 관광청 설립

■ 관광 담당부처인 국토교통성과 경제산업성, 농림수산성, 총무성, 환경성, 문부과학성, 문화청, 외무성 등의 정부 부처 간 협력체계 강화로 계획의 실현 가능성 제고

■ 지역발신형 관광상품 개발 · 판매, 지속가능한 관광지역 만들기를 추진하기 위한 지역 내생적 협력체계로서 지방자치단체 · 공공단체 · 관광사업자 및 지역주민 등의 이해관계자 간 연계체계 구축 장려

■ 관광 활성화를 위한 제반환경 정비

- 휴가 확산 및 계절 분산
  - 직장 내의 휴가에 대한 인식을 개선하고 노동시간설정개선법에 근거한 연차유급휴가 확대 및 중소기업 · 단체 지도
  - 관광의 필요성 및 의의에 대한 사회 전반의 인식을 제고하고 '가을휴가' 확산을 도모
  - 초 · 중학교의 휴일의 다양화, 유연화 유도
- 소비자 이익을 보호하기 위한 여행업법 개정 및 여행 안전 확보, 의료체계 정비

출처: 신용석, 김현(2007)

3) 싱가포르의 국제관광정책 사례

싱가포르 정부가 추진하고 있는 국제관광정책은 관광 외화수입 증대를 위한 관광상품의 개발, 특히 컨벤션 상품의 개발과 홍보활동의 과학화이다.

(1) 정부의 시장별 전략

① 일본시장 : 건전한 관광지로서의 이미지 부각, 신혼부부, 직장여성 및 은퇴자를 중점 목표 시장으로 유치활동 전개
② 유럽시장 : 영국을 중점 목표 시장으로 한 판촉활동 전개
③ ASEAN시장 : 업계의 개발 판촉활동에 의존
④ 미국시장 : 대규모 예산을 투입하여 TV광고에 주력
⑤ 한국시장 : 한국 · 싱가포르 간 항공 노선 확대를 배경으로 한국에 대한 판촉활동 강화

(2) 컨벤션산업 유치

좁은 국토와 한정된 노동력으로 신흥공업국가 중에서도 비교적 열악한 입장에 있는 싱가포르는 컨벤션산업 육성에 박차를 가하고 있다. 싱가포르가 말레이시아 연방으로부터의 독립 30주년과 싱가포르 컨벤션사무국 21주년을 맞아 도약의 전기를 마련하기 위해 중점적으로 추진하고 있는 산업 정책은 하이테크 기업 유치와 컨벤션산업 진흥이다. 특히 컨벤션산업은 싱가포르가 가장 중점을 두고 있는 분야로, 이를 위해 1995년을 '싱가포르 만남의 해'로 정하고 대규모 국제회의장 건설과 유치 활동에 총력을 기울였다.

싱가포르는 컨벤션산업 육성을 위해 전용 컨벤션센터와 대규모 숙박시설을 확충하는 등 국제회의 개최할 수 있는 여건 조성에 주력하고 있다. 싱가포르 관광청 관계자에 따르면 도쿄, 홍콩차이나, 방콕, 쿠알라룸푸르 등 아시아 지역의 경쟁 도시를 따돌리기 위해서 회의시설 확충에 끊임없는 투자를 할 예정이라고 한다.

(3) 관광수도를 꿈꾸는 싱가포르

이처럼 관광목적지로서 오늘날 싱가포르의 명성은 치밀한 마케팅 노력의 결과이다. 싱가포르 관광청(STB)은 싱가포르를 마케팅하는 선도적 역할을 담당하고 있다. 비즈니스로서 관광을 인식하고 관광관련 기업들의 투자 유치, 새로운 관광지와 경험 개발 등 새로운 기회 창출을 위해 노력하고 있다.

그동안 싱가포르는 관광 분야에서 한계가 없음을 선언한 'Tourism Unlimited' 전략을 추진해왔다. 관광산업이 지속적으로 성장하고 국가경제에 기여하기 위해 새로운 공간과 영역을 창출하자는 것이다. 1996년 7월, 국가관광계획인 'Tourism 21: Vision of A Tourism Capital'을 발표하면서 싱가포르 관광은 새로운 전기를 맞게 되었다.

이 계획은 급성장하는 아시아·태평양지역 관광에서 선두주자로 나서기 위해 싱가포르를 '관광수도'로 만든다는 것이다. 파리나 뉴욕, 런던을 떠올렸을 때 대도시 이상의 기억, 즉 음식에서 패션, 문화에 이르기까지 관광명소 이상으로 매력적인 장소성(magical sense of place)을 가지고 있다는 점에 주목하였다. 방문객에게 세계적인 대도시들처럼 감성적인 면에서 어필할 필요가 있음을 주목하고 특성별로 11개 테마존(thematic zones) 개발하고 세계적 수준의 스포츠, 문화, 예술이벤트를 개최하는 등 관광상품을 재구성하였다.

4) 유럽연합의 관광정책

유럽은 세계관광객의 70% 이상을 송출하는 세계 최대의 관광 송출지역이자 최대 관광목적지이기도 하다. 우리나라도 인근 시장인 중국, 일본과의 지역협력 또는 아세안 국가와의 확대 지역협력을 추진하지 않고는 국제 경쟁에서 경쟁력을 확보하는 데 많은 어려움을 겪을 수밖에 없다. 이에 따라 경제적 이유뿐만 아니라 관광정책에 있어서도 지역협력 차원의 유럽 관광시장에 대한 이해는 매우 중요한 과제로 대두되고 있다.

1993년 11월에 발효된 마스트리히트 조약에 포함된 유럽연합의 관광에 관한 관심은 크게 세 가지이다.

① 유럽연합의 성장과 고용 촉진 수단으로서의 관광

② 소비자 문제와 연계한 관광

③ 자연과 문화유산을 연결하는 관광에 있어서 유럽 시민의 자유스러운 이동

유럽에서의 관광은 유럽 경제개발의 수로역할을 하고 있는데 이는 관광이 자원을 부자 국가로부터 가난한 국가로 이동시키는 역할을 수행하고 있기 때문이다. 유럽연합에서의 관광정책의 기조는 유럽연합과 연합 내 각국의 정책을 연결하고 유럽연합의 파생물로서의 관광정책이 국가 간 그리고 지역 간 호환성을 갖게 하는 것이다.
유럽 관광정책 형성의 특징은 매년 한 가지씩 유럽 관광정책 형성에 관련된 핵심과제를 선정하여 공동작업을 벌이는 유럽포럼을 통해서 해를 거듭할수록 그 결과가 축적되어 유럽의 관광정책은 물론 다른 지역의 통합에도 귀중한 자료가 되고 있다는 점이다.

유럽연합에서의 관광정책 기조는 유럽연합과 연합 내 각국의 정책을 연결하고 유럽연합의 파생물로서의 관광정책이 국가 간 그리고 지역 간 호환성을 갖게 하는 것이다. 관광은 유럽 단일시장을 완성하는 데 중요한 역할을 수행한다. 이동의 자유와 역내 장애의 제거는 비유럽연합 거주자들의 유럽연합 이동과 관련한 문제들을 해결할 수 있기 때문이다.

유럽관광산업의 경쟁력을 강화하는 조치들로서는 관광산업을 위한 우호적인 환경 촉진, 관광산업의 현대화 조장, 저개발지역의 관광개발 촉진, 제3국과의 관광개발과 관광자원의 책임 있는 이용의 조장, 지속가능한 관광개발의 강화, 관광과 문화 사이의 공조 강화 등이 공동체 차원에서 추진되고 있다. EU관광협력의 궁극적인 목표는 공동체 내에서 이동의 자유와 역내 장애 제거와 고용의 자유를 보장하는 데 있다.

5) 우리나라 관광비전 21

관광비전 21은 1999년부터 2003년까지 관광부문에서 추진해 나갈 각종 정책과 사업에 대한 계획과 비전을 제시한 관광진흥 5개년 계획이다. 경제위기 극복과 관련한 국민들의 관광에 대한 기대가 높아진 것과 제2의 건국을 위한 관광부문 실천사업 추진, ASEM, 한국방문의 해, 월드컵, 부산아시안게임 등의 성공적 개최 기원이 계획 추진의 배경이 되었다. 관광진흥의 정책과제는 다음과 같다.

① 국제 수준의 한국적 관광자원 확충

7대 문화관광권 개발, 해양관광자원 개발, 남북관광교류 자원 개발, 전략관광자원 확충 지원, 환경친화적 관광자원 개발 추진

② 특색 있는 관광상품 개발

역사 · 문화자원의 관광상품과 체험지향적 관광상품 개발, 사이버 관광상품 개발, 쇼핑관광의 활성화

③ 국제경쟁력을 갖춘 관광인프라 구축

국제회의산업의 육성, 관광숙박시설의 확충, 관광안내서비스 체계 개선, 관광레저산업에 대한 외자 유치 추진

④ 체계적인 관광 홍보 활동 전개

표적시장 홍보 강화, 선진관광이미지 홍보 강화, 관광 홍보 수단의 다양화, 관광시장 모니터링 시스템 구축, 홍보활동 협력체계를 구축

⑤ 관광수용 태세의 선진화

국민관광인식 제고, 관광교통 서비스 체계 정비, 관광편의 서비스 선진화

⑥ 밀레니엄 관광이벤트 성공적 개최

2000년 국제회의 명소화 부각, 2001년 한국방문의 해 개최, 2002년 월드컵 계기 한 · 일 · 중 문화관광권 진흥 추진

⑦ 국민생활관광의 실현

관광 참여 기회 확대, 관광시설 정비 개선, 관광지 환경 개선, 관광 지역경제 활성화

⑧ 국제협력 및 남북관광교류 확대

국제관광협력 강화, 남북관광교류 확대 추진

■ **정부별 관광정책**

한국문화관광연구원(2007)은 관광정책의 중점 육성 분야와 신규 수요를 파악하고 정책 실패의 가능성을 줄이고, 지속가능하고 성공적인 관광정책을 추진하고자 아래와 같이 역대 정부별 관광정책을 비교 평가한 바 있다. 〈보기〉의 각 정부에 해당하는 내용을 연결해 보고 여러분도 동의한다면 그 이유는 무엇인지, 만약 동의하지 않는다면 그 이유는 무엇인지 토론해 보자.

〈보기〉

가. 이승만	나. 박정희	다. 전두환	라. 노태우
마. 김영삼	바. 김대중	사. 노무현	

① ( ) 정부

국민관광과 국제관광의 조화를 추구하고자 노력했으나, 관광자원의 개발, 관광시설, 관광단지 건설, 관광기반시설의 조성 및 확충, 교통체계, 숙박, 식음료, 통신 등 국제관광정책에 초점이 맞추어지는 한계를 가짐

② ( ) 정부

관광진흥개발기금법, 관광진흥개발기금법시행령이 제정되는 등 관광에 대한 일반적인 법체계가 정비되어 관광행정수요에 대응함. 제1차 국토종합개발계획에서 10대 관광권을 설정하고 관광자원과 문화재보존지역을 선정하는 등 관광에 대한 정책결정자들의 관심이 고조됨

③ ( ) 정부

교통부 육운국 관광과를 설치함으로써 정부조직 명칭에 관광이 처음으로 들어가게 되었으나 법적 기반 취약, 국가재원의 부족, 정책 수립자들의 인식 부족, 행정력의 빈약 등으로 체계적인 관광정책의 계획 및 집행이 이루어지지 않음

④ ( ) 정부

관광산업의 21세기 국가전략산업화를 위해서 관광담당 행정기구의 확대개편과 관광관련제도의 효율적 정비를 목표로 문화체육부를 문화관광부로 명칭을 변경함. 남해안관광벨트 개발계획, 유교문화권 관광개발, 금강산 관광 활성화에 노력함

⑤ ( ) 정부

복지행정의 실현 및 국제수지의 개선이라는 명분하에 국제관광과 국민관광의 조화발전을 기본방향으로 설정하여 정책을 추진했으나, 외래관광객 유치 및 관광외화 획득에 더 초점이 맞추어져 있음

⑥ ( ) 정부
관광사업의 등록 등의 업무를 지방자치단체의 장에게 이양하는 등 제도를 개선하고 관광개발 및 관광사업의 원활한 추진을 위해 관광레저 규제개선 종합대책을 발표함. 국내관광 활성화를 통한 국제관광진흥의 선순환 구조를 추구하였으나 캠페인 수준에서 벗어나지 못하고 구체적 실행사업으로 연결되지 못함

⑦ ( ) 정부
국가 간 교류를 통해 새로운 기술, 새로운 사상, 새로운 문화를 창조함으로써 인류문명의 보편적 발전에 기여하는 세계화의 요구에 국가의 발전 전략이 새롭게 정립되었으며, 이에 따라 관광에 대한 관심도 증대됨

정답 ①-라 ②-나 ③-가 ④-바 ⑤-다 ⑥-사 ⑦-마

학 · 습 · 정 · 리

- 관광정책은 정부 또는 공공기관에서 공익적 관광목표 달성이나 관광문제 해결을 위한 방안을 수립하는 것이다.
- 관광정책에 대한 접근은 정치적 접근, 경제적 접근, 사회문화적 접근, 행태적 접근, 종합적 접근이 있다.
- 관광정책의 분류는 국가의 개발 정도에 따른 분류, 공간구분에 따른 분류, 세부분야별 분류 등으로 구분된다.
- 관광정책의 수립과정은 관광정책 수립의 필요성과 문제제기, 목표설정, 현황분석, 대안도출, 정책결정, 피드백으로 이루어진다.
- 관광조직은 국제적으로는 정부차원의 세계관광기구(WTO), 민간차원의 태평양지역관광협회(PATA)가 대표적이고 국내에서는 문화체육관광부, 한국관광공사(KNTO), 한국문화관광연구원, 지방자치단체 등이 관광정책을 수립하고 실행을 담당하는 기관이다.

연 · 습 · 문 · 제

01 다음 중 관광정책의 목표로 거리가 먼 것은?

① 국가 경제 발전
② 관광 자원의 효율적인 사용을 위한 환경 조성
③ 유물 · 유적 · 자연자원 관리
④ 관광 통계 집계

02 다음 중 한국관광에 관한 최고 행정기관은 어디인가?

① 문화관광체육부 ② 한국관광공사
③ 한국문화관광연구원 ④ 지방자치단체

03 다음 중 세계관광기구(UNWTO)에 관한 설명으로 거리가 먼 것은?

① 1975년 스페인 마드리드에서 발족되었으며 UN의 공식적인 관광기구이자 세계관광진흥을 도모하는 대표적인 기관이다.
② 세계관광기구는 국가 간 입국절차에 일체 간섭하지 않는다.
③ 세계관광기구의 목표는 세계 모든 사람들에게 인간의 기본적인 권리와 자유 그리고 번영과 평화를 향유하도록 하며, 국제 간에 이해가 돈독해지고 경제개발에 기여하게끔 관광을 개발하고 촉진하는 데 있다.
④ 세계관광기구는 국제관광과 국내관광, 법규와 규제 그리고 시설과 특별행사 등에 관한 통계자료와 관광기업에 유용한 정보를 정기간행물로 발간한다.

정답 1. ④ – 관광욕구 충족, 관광 자원의 효율적인 사용을 위한 환경 조성, 유물 · 유적 · 자연자원 관리, 국가 경제 발전, 지역 간 균형 발전, 국민 복지 증진, 국민 생활의 질 향상 등이다

2. ① – 문화관광체육부는 한국관광에 관한 최고 행정기관으로 관광정책 수립 및 선전, 관광자원의 조사 및 개발, 스포츠 업무, 문화재 지정 및 관리, 문화의 교류, 관광진흥개발기금 관리 등의 업무를 한다.

3. ② – 세계관광기구는 국가간 입국절차 간소화를 추진한다.

참 · 고 · 문 · 헌

신용석, 김현 (2007). 해외관광정책 사례연구 II. 한국문화관광연구원.
아주경제 (2013. 7. 21). 관광 불편 해소 위해 각 부처 협업한다.
이연택 (2003). **관광정책론**. 서울: 일신사.
한국문화관광연구원 (2007). 참여정부 관광정책 평가와 차기정부 과제.

대전문화관광(http://tour.daejeon.go.kr)
말레이시아 관광청(http://www.tourismmalaysia.gov.my)
문화체육관광부(http://www.mcst.go.kr)
세계관광기구(http://www.unwto.org)
한국관광공사(http://kto.visitkorea.or.kr)
한국문화관광연구원(http://www.kcti.re.kr)
PATA(http://www.pata.org)

Reference

Chapter 12

관광과 경제

관광과 경제

| 학습목표 |

- 관광경제의 기초 개념과 경제적 파급효과를 설명할 수 있다.
- 관광수요와 공급에 대해 설명할 수 있다.
- 관광에 영향을 미치는 경제적 요인을 설명할 수 있다.
- 관광이 경제에 미치는 긍정적, 부정적 영향을 설명할 수 있다.

생각열기

먹고 살만해진 중국, 여행업도 '폭풍성장'

무역협회, 中여행업 분석 보고서 발간

고속성장에도 잠재력↑ … 韓기업 총력 기울여야

중국인들의 소득 수준이 향상되면서 여행업이 폭풍 성장하고 있다. 여행에 대한 관심 고조, 항공·고속철 등 대대적인 관광인프라 확충, 상해엑스포·광주아시안게임 유치 등도 긍정적 영향을 미치는 모습이다. 2006년 6,230억 위안이던 중국의 여행산업 규모는 4년 만에 2배 이상 증가해 2010년 약 1조3,000억 위안 정도로 커졌다. 여행업 관련 외화 수입도 한국의 지난해 전체 무역수지보다 많은 458억 달러를 기록하는 등 중국 경제의 새로운 성장동력으로 부상하고 있다.

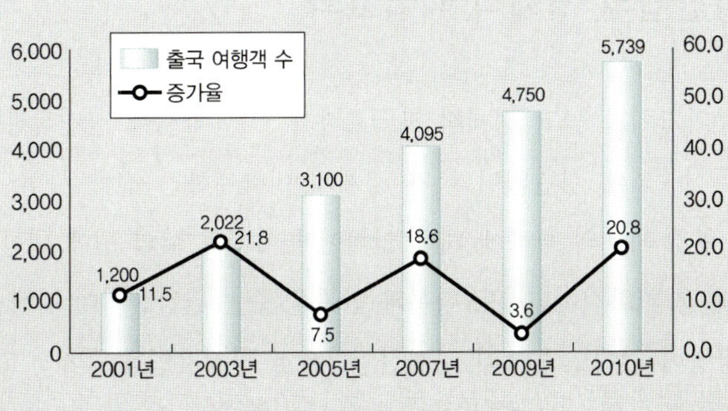

6일 한국무역협회에 따르면, 상해지부는 최근 중국 여행업 현황과 발전 전망 보고서를 발간했다. 보고서에 따르면 중국은 12.5규획기간(2011년~2015년) 동안 여행산업을 국가전략산업으로 확정하고 향후 다각적인 노력을 기울이겠다고 밝혔다.

향후에도 중국은 고속철도 등 관광인프라의 지속적 확충, 초대형 국제회의 및 전시컨벤션 유치, 상해 디즈니랜드 유치 프로젝트, 온라인 여행업 활성화 등을 역점적으로 추진할 계획이라 중국 내 여행산업은 급속도로 확대될 전망이다. 또 중국인의 국민소득 향상과 해외여행에 대한 관심 고조 등으로 중국인 해외여행자 수도 급증할 것으로 기대된다.

작년 중국의 자국민 여행자 수는 총 21억5,739만 명에 달했다. 이 가운데 국내 여행자 수는 97.3%인 21억 명으로 전년대비 10.6% 증가했고 외국 여행자 수는 전년보다 20.8% 증가한 5,739만 명을 기록했다. 중국의 여행산업은 고속성장에도 불구하고 외국 여행자가 5,000만 명대에 불과(?)해 추가 성장 가능성이 높다는 분석이 나오는 것.

한국무역협회 김학서 상해지부장은 "중국의 여행산업은 초고속 성장 중"이라며 "지속적으로 관심을 기울이고 다양한 여행상품을 개발함으로써 한국 여행업계의 중국시장 내 입지를 넓혀야 한다"고 말했다. 또 "해외여행 수요가 급증하는 중국인 여행자를 유치해 우리의 내수시장 활성화와 서비스무역의 확대 기회로 적극 활용해야 할 것"이라고 강조했다.

중국인 관광객 유치를 위해서는 소득수준이 높은 중국 여행자의 눈높이에 맞는 숙박시설 및 음식점, 콘텐츠 개발 등 여행 서비스산업 인프라 구축이 무엇보다 필요하다고 역설했다.

이와 더불어 수요와 관심이 높은 의료관광, 부동산 투자 등 맞춤형 서비스를 활성화하고 중장기적으로는 인천공항 인근이나 제주도에 홍콩 같은 쇼핑특구를 건설, 한국 상품이나 세계명품 쇼핑 전진기지로 활용하는 방안 등을 적극 검토할 필요가 있다고 덧붙였다.

한편 중국은 한국의 최대 여행국이기도 하다. 지난해 중국을 방문한 외국인 여행자 수는 1억3,400만 명으로 전 세계 총 여행자 수(9억3,500만 명)의 14.3%를 차지했다. 한국의 중국 여행객 수는 408만 명으로 전 세계에서 가장 많았다.

출처: 이데일리(2011. 7. 6)

1 관광산업의 경제적 파급효과

관광산업은 부가가치가 높고 경제적 파급효과가 크기 때문에 선진국과 후진국 또는 자본주의와 공산주의에 상관없이 국가 경제에 이바지하는 전략 사업으로 육성되고 있다. 갈수록 환경 파괴와 공해에 대한 인식이 높아지고 삶의 질에 대한 욕구가 상승하는 가운데 환경 친화적이면서도 행복과 만족을 주는 관광산업이 각광을 받고 있다. 2차 산업과 공장이 없어도 농업과 관광산업만으로 청정자연을 유지하고 풍요롭게 사는 호주나 뉴질랜드 같은 국가가 선망의 대상이 되고 있다. 우리나라에서도 IMF 이후 2차 산업이 쇠락하고 중국이나 인도 등 저가경쟁이 시작되면서 3차 산업, 특히 관광산업에 대한 관심이 높아지고 있다.

관광산업이 지역에 미치는 경제적 효과는 직접효과, 간접효과, 그리고 유발효과 등 전 산업에 걸쳐 입체적이다. 직접효과는 관광객이 관광지에서 직접적으로 경비를 지출하는 효과로 관광지 입장료, 기념품 구매, 식음료 지불 등이 포함된다. 간접효과는 관광지의 관광업체가 다른 업체로부터 상품을 구매하고 경비를 지출하는 효과로 관광식당에서 관광객을 위한 요리를 만들기 위해 식재료를 구입하는 것을 예로 들 수 있다. 유발효과는 관광으로 얻은 소득을 지역 내에서 소비함으로써 발생하는 효과로 예를 들어 관광식당을 운영하여 얻은 수익으로 주인과 종업원이 옷을 구매하고 영화를 보는 등 지역 내에서 소비하여 지역경제에 도움을 주는 것이다.

관광산업은 지역의 고용창출에도 기여하는 데 역시 직접고용효과, 간접고용효과, 유발고용효과로 나누어 설명할 수 있다.

■ 관광산업의 경제적 파급효과

- 직접효과 : 관광객이 관광지에서 직접적으로 경비를 지출하는 효과
- 간접효과 : 관광지의 관광업체가 다른 업체로부터 상품을 구매하고 경비를 지출하는 효과
- 유발효과 : 관광산업으로 얻은 소득을 지역 내에서 소비함으로써 발생하는 효과

- 직접고용효과 : 호텔, 여행사, 항공사 등 관광객과 직접 관련이 있는 관광업체에서 종업원을 고용하는 효과
- 간접고용효과 : 관광객을 대면하는 관광업체는 아니지만 관광업체에 재료나 상품을 공급하는 업체에서 종업원을 고용하는 효과
- 유발고용효과 : 관광산업으로 얻은 소득을 지역 내에서 소비함으로써 관련 업체들이 종업원을 고용하는 효과

2 관광수요

1) 관광수요의 개념

관광수요는 일정 기간 동안 관광상품을 구매한 수 또는 일정 기간 동안 관광지를 방문하는 관광객 수를 말한다. 관광수요는 실제수요와 잠재수요로 나누어지는데 실제수요는 실제 관광상품을 구매하거나 관광지를 방문한 수를 의미하고 잠재수요는 잠재적으로 관광상품을 구매하거나 관광지를 방문할 수 있는 수를 의미한다. 즉 관광에 참여할 수 있는 여건을 가지고 있지만 현재 실행하지 않고 있는 사람들이다. 이들은 시간이나 비용 또는 관광상품의 매력성 등 조건만 맞으면 바로 구매로 이어질 수 있기 때문에 중요하게 다루어야 한다.

경기 침체나 테러 등으로 인한 국제 사회의 불안요소로 인해 관광수요가 주춤할 때도 있지만 장기간의 추세를 보면 꾸준히 성장하고 있다. 세계관광기구(UNWTO)가 집계한 통계자료에 의하면 세계관광은 해마다 5% 내외의 성장을 하고 있는 것으로 나타나고 있다. 이런 관광수요의 팽창은 다음과 같은 요인 때문이다.

- 과학과 기술의 발전으로 인한 항공 및 교통수단의 발달
- 국가 경제의 성장으로 인한 국민의 가처분 소득 증대
- 주5일 근무제 등으로 인한 여가시간 증대
- 저렴하면서도 편리한 패키지 관광상품의 등장
- 저비용 항공사 등 비용 저하
- 도시 생활을 벗어나 자연을 향유하려는 욕구
- 관광욕구를 불러일으키는 TV 프로그램이나 잡지 등 대중매체의 노출
- 인터넷 등 신속하고 정확한 관광정보를 통해 낯선 곳에 대한 두려움 해소
- 삶의 질에 대한 인식 변화

2) 관광수요에 영향을 미치는 요인

① 경기와 가처분 소득

경기가 호황이어서 미래가 희망적이고 가처분 소득이 많아지면 관광수요가 늘어나

지만 경기가 불황일 때는 가처분 소득이 줄어들 뿐만 아니라 고용이 불안하고 미래에 대한 확신이 없어서 관광 활동에 부담을 느끼게 된다.

② 가격/환율/물가

저렴한 가격은 관광수요를 증가시키고 비싼 가격은 관광수요를 감소시킨다. 가격은 환율과 물가 그리고 기업 간 경쟁구도 등에 따라 달라진다. 또한 가격을 인상하면 관광수요가 감소하고 가격을 인하하면 관광수요가 증가한다.

일반적으로 화폐가치가 높은 나라에서 낮은 나라로 관광하는 수요가 많으며 환율이 높아지면 해외관광객 수요는 감소하고 외래관광객 수요는 증가한다. 반대로 환율이 낮아지면 해외관광객 수요는 증가하고 외래관광객 수요는 감소한다. 가령 1달러 당 1,000원이었던 환율이 1,200원으로 높아지면 1달러를 사기 위해 200원을 더 지출해야 되기 때문에 해외관광에 부담을 느껴 출국자가 줄어들게 된다.

물가도 수요에 영향을 미치는데 주로 물가가 높은 나라에서 낮은 나라로 관광하는 수요가 많다. 관광산업에 대한 조세 및 금융 혜택은 관광상품의 가격인하를 유도하고 결과적으로 관광상품 구매를 촉진하는데, 우리나라에서는 외래관광 활성화를 위해 일정 기간 동안 호텔의 부가세를 면제한 적이 있다. 이것은 곧바로 여행상품의 가격 인하로 이어져서 관광객을 많이 유치하는 결과가 되었다.

③ 여가시간

관광수요는 여가시간과 밀접한 연관이 있다. 충분한 여가시간이 있어야 관광 활동이 가능하기 때문이다. 노동시간이 너무 많아 여가시간이 부족하면 관광을 하기 어렵다. 실제 주 5일 근무제가 도입되어 여가시간이 늘어나면서 지역관광이 활성화되고 있다. 2014년부터는 대체휴일제가 도입되어 관광수요도 늘어날 것으로 기대하고 있다.

④ 계절/성수기/비수기

관광수요는 계절 또는 성수기인가 비수기인가 따라 크게 달라진다. 봄과 가을에는 기후가 좋고 꽃과 단풍이 있어서 여행하기 좋지만 여름과 겨울에는 덥고 추워서 활동하기 어렵다. 그러나 이렇게 여름과 겨울이 학생은 방학을 하고 직장인은 휴가를 얻어 여행을 하므로 성수기가 된다. 계절적 수요의 변동이 가격에 영향을 주기 때문에 관광객의 만족도와 관광기업의 경영에도 영향을 준다. 비수기를 극복하기 위해서 요금할인, 휴가 분산제도, 방학 시차제 등에 대한 논의와 공감대가 커지고 있다.

⑤ 안전

관광수요는 현지의 안전에 매우 민감하게 반응한다. 관광지가 내전, 대립, 테러, 질병 등으로 불안전해지면 관광수요는 급감한다. 남북으로 대치하고 있는 우리나라도 긴장 상태가 되면 그 소식이 CNN이나 BBC 등을 통해서 전 세계에 알려지기 때문에 관광수요에 직접적인 영향을 받는다. 우리나라의 훌륭한 관광자원은 소개되지 못하고 남북 대치, 핵, 정치적 대립 등 부정적인 모습들만이 비쳐 우리나라의 관광 매력성이 저하된다. 비록 내전은 없지만 총기 소유가 허락되어 종종 사고가 발생하는 미국으로의 여행을 꺼리는 사람도 있다. 현지의 위생 문제에 의구심이 들거나 광우병이나 말라리아와 같이 치명적인 질병이 존재하는 경우에도 관광수요에 악영향을 미친다.

⑥ 물리적 · 심리적 거리

일본이나 중국으로 여행을 가는 해외관광객과 일본과 중국에서 우리나라를 방문하는 외래관광객이 많은 이유는 서로 인접해 있기 때문이다. 이 지역은 비행거리가 2시간 정도밖에 걸리지 않아 2박 3일로도 어느 정도 여행을 즐길 수 있고 여행 후의 피로도 적다. 그러나 동남아, 오세아니아, 유럽, 미국 등 거리가 멀어질수록 여행기간도 늘어나서 일반 직장인들이 여행하기가 어렵다.

〈그림 12-1〉은 중국 상해와 캐나다 휘슬러를 방문한 관광객의 모습이다. 중국 상해는 중국의 상업도시로서 동방명주탑 등 도시적인 매력과 주변 지역의 자연 및 문화에 대한 매력이 높을 뿐만 아니라 우리나라에서도 가까워 일 년 내내 사람들이 많이 방문한다. 산악 리조트 단지가 조성된 캐나다 휘슬러는 그 자체로도 훌륭한 관광지이지만 그보다는 로키산맥을 가려는 사람들의 기착지로 유명하다. 만년설이 쌓인 로키산맥의 모습을 보기 위해 전 세계의 관광객이 장거리도 마다 않고 이곳을 찾는다.

▮그림 12-1▮ 중국 상해와 캐나다 휘슬러를 방문한 관광객들

출처: 저자 촬영

| 사회 불안과 관광수요 |

이집트 사태 … 남유럽 관광산업은 '이득'

이집트 사태가 장기화되면서 안전한 스페인과 그리스 등 남유럽 부채국에 해외 여행객들이 몰려들고 있다. 3일(현지시간) 국제연합(UN) 세계관광기구에 따르면 올 상반기 남유럽을 찾은 관광객은 전년 동기보다 6% 증가했다. 이는 세계 여행객 증가세를 능가하는 수치다. 2011년 아랍의 봄 이후 이집트와 인근 지역의 정세가 불안해지면서 여행객들이 비교적 안전한 여행지인 남유럽을 선택한 것으로 풀이된다.

바르셀로나 트리프 포트 캄브릴 호텔은 자국 관광객의 발길은 줄었으나 러시아와 프랑스 등 외국인 여행객들이 대거 방문한 덕분에 올 여름 동안 호텔 방이 90% 가까이 찼다고 밝혔다. 카베도 트리프 포트 캄브릴 호텔 총지배인은 "외국인 관광객이 늘어나는 것은 우리에게 매우 중요한 일"이라며 "남아프리카 사정이 악화되는 것은 원치 않지만, 결과적으로 스페인에게 이득"이라고 말했다.

영국인들이 많이 찾는 포르투갈 남부 알가르베 지방은 올 상반기 관광 수입으로 전년 동기 대비 8.2%나 증가한 37억 유로를 거둬들인 것으로 알려졌다. 방문 비용이 저렴해진 것도 남유럽 지역 관광객이 늘어난 요인이다. 실제로 지난 2008년 이후 스페인 지역 호텔 가격은 약 10% 감소했다. 그리스는 노동개혁으로 임금인하를 단행하면서 운영경비가 줄어 종전보다 호텔비가 8% 싸졌다.

이 같은 분위기를 반영해 유럽의 크루즈 선박 업체들은 관광 루트에 그리스 항구 6곳을 추가하고 이집트 항구를 경유하는 루트는 전면 취소했다. 핀란드의 한 여행사는 올겨울 이집트 여행을 계획 중인 20만 명의 관광객들에게 스페인 카나리아를 비롯한 남유럽 관광지를 추천했다. 남유럽국가들은 저렴한 관광비용과 불안한 이집트 지역 정세 덕분에 관광객이 앞으로도 증가할 것으로 내다봤다. 특히 그리스는 올 한 해 동안 역대 최고치인 1,750만 명이 그리스에 방문한 효과로 115억 유로를 벌어들일 것으로 전망했다.

출처: 뉴스토마토(2013. 9. 4)

3 관광공급

관광공급은 관광자원, 관광시설, 관광상품, 관광인프라 등 관광객이 구매하거나 체험하거나 편의를 위해 사용하는 대상이다. 관광공급은 제조업 상품과 달리 수요 변화에 따라 공급을 조절하기 어려운 비탄력적인 특징을 가지고 있다. 즉 산이나 바다와 같은 자연자원은 마음대로 늘리거나 줄일 수 없으며, 유적지나 유물도 늘리거나 줄일 수 있는 대상이 아니다. 성수기에는 호텔 객실이나 항공 좌석의 수요에 비해 공급이 항상 부족한데 그렇다고 함부로 공급량을 증대할 수 없다. 왜냐하면 호텔을 짓거나 항공기를 구입하는 것은 막대한 자금이 소요될 뿐만 아니라 판매하지 못한 객실이나 좌석은 재고로 남길 수 없고 소멸하기 때문이다. 즉 성수기에 맞춰 공급량을 늘리면 그만큼 비수기에 적자가 증가할 수 있다.

그림 12-2 캐나다 빅토리아의 부차트 가든과 중국의 북경 서커스

출처: 저자 촬영

〈그림 12-2〉는 관광공급의 예이다. 부차트 가든(Butchart Gardens)은 석회석 채석으로 황폐해졌던 곳을 부차트 부부가 1905년부터 정원으로 개조하여 세계적으로 유명해진 곳이다. 중국의 서커스는 시설이 아닌 공연이지만 빼어난 실력으로 인해 관광객이 반드시 관람해야 할 must-see 상품이 되었다.

4 관광이 경제에 미치는 영향

1) 긍정적인 영향

① 국제수지 개선과 외화 획득

외래관광객 1명이 국내에서 지출하는 금액은 중형 자동차 4대를 판매하는 것과 같은 수출효과가 있다고 한다. 즉 외래관광객 유치는 상품을 수출하는 효과가 있을 뿐만 아니라 부가가치도 매우 높다. 또한 외래관광객에 의한 외화 획득은 무역외수지로 국제수지 개선에 기여한다. 관광상품은 관세나 무역 마찰 없이 외래관광객이 국내로 방문하여 지출을 하는 가장 효율적인 외화 획득 수단이다.

② 지역경제 활성화

관광객이 지역에서 지출을 하게 되면 직접효과, 간접효과, 유발효과 등 경제적 파급효과가 발생하여 지역경제가 활성화된다. 특히 제조업이 없고 농업이 주요 산업인 중소도시에서는 관광산업을 통해서 경제적 이득을 얻을 수 있다. 관광객은 관광지에서 관광활동을 하며 소비를 할 뿐만 아니라 주유나 농산물 구입 등 타 업종에서도 소비를 하기 때문에 지역에 있는 전 업종의 소득이 연쇄적으로 증가하게 된다.

또한 고용도 창출되어 직접고용효과, 간접고용효과, 유발고용효과 등 역내 전 분야에 걸쳐서 혜택을 받게 된다. 관광산업은 인력이 많이 필요하고 숙련도가 낮아도 일을 할 수 있기 때문에 지역민에게 안정적인 직업을 제공하여 도시로의 이탈도 방지할 수 있다.

관광객이 지역 업체에서 지출하는 비용이 증가하면 지역 업체에서 지자체에 납부하는 세금의 규모도 커진다. 이런 조세수입은 지자체의 중요한 재원이 되어 다시 지역산업의 발전 및 지역민의 복지에 사용된다.

2) 부정적인 영향

① 국제수지 악화와 외화 유출

외래 관광객보다 해외관광객이 많아져 외화 지출 규모가 커지면 국제수지가 악화된다. 또한 외국 관광 기업과 외국인 종사원이 국내에서 활동하게 되면서 이들에게 지불할 외화도 유출된다.

② 지역경제의 불균형과 불안정

관광산업이 지역경제를 활성화시키지만 모든 지역민에게 동일한 혜택이 돌아갈 수는 없다. 어떤 사람은 큰 이득을 얻겠지만 또 다른 사람은 아무 소득이 없을 수 있다. 상대적으로 소득이 적은 사람은 실망감과 소외감이 든다.

관광산업이 활성화되면 지역의 물가와 부동산 가격이 상승하게 마련이다. 이에 대한 혜택을 얻는 사람도 있겠지만 불이익을 받는 사람도 발생할 수 있다. 물가의 상승은 지역민의 생활수준 하락으로 연결될 수 있다.

관광산업은 정치, 경기, 안전 등 외부 영향에 민감하기 때문에 관광산업에 많이 의존하는 지역은 관광 침체기가 지역경제의 침체기로 이어질 가능성이 크며 특히 고용 불안정현상으로 이어질 수도 있다. 또한 성수기와 비수기의 관광객 수가 크게 다르기 때문에 비정규직 고용으로 인한 고용 불안이 초래될 수 있다. 그렇다고 비수기에도 많은 인력을 유지하기에는 경영 부담이 크다.

학 · 습 · 정 · 리

- 관광은 세계 각지에서 급속하게 성장하는 산업 중의 하나로 선진국과 개발도상국을 막론하고 지역경제 활성화를 위한 수단으로 인식되고 있다.

- 관광수요는 관광상품을 구매하거나 관광지를 방문하는 관광객의 수이다.

- 관광수요는 정치적, 경제적, 사회적 상황, 관광정책, 소득수준, 여가시간, 관광에 대한 인식, 관광지의 매력도, 교통, 거리, 비용, 숙박, 관광지의 관광진흥정책, 계절성, 관광가격 등에 의해 영향을 받는다.

- 관광공급은 관광객의 욕구를 충족시켜 주는 관광자원과 시설이다.

- 관광공급의 수요 변화에 따라 공급량을 신축적으로 조절할 수 없는 비탄력적인 성격을 가지고 있다.

- 관광에 영향을 미치는 경제적 요인은 경기변동, 물가수준, 환율, 가처분소득, 노동시간과 자유재량시간 등이다.

- 관광이 경제에 미치는 긍정적 영향은 외화획득, 국제수지개선, 지역개발, 소득증대, 고용창출, 조세수입의 증가 등이다.

- 관광이 경제에 미치는 부정적 영향은 외화 유출, 대외 종속성, 지역개발의 불균형, 계절적 실업, 물가수준 상승 등이다.

연 · 습 · 문 · 제

01 다음 중 관광의 경제적 파급효과와 관련된 용어로 거리가 먼 것은?

① 직접효과 ② 간접효과
③ 소비효과 ④ 유발효과

02 다음 중 관광수요 팽창의 원인으로 거리가 먼 것은?

① 과학과 기술의 발전으로 인한 항공 및 교통수단의 발달
② 국가 간 전쟁과 테러
③ 주5일 근무제 등으로 인한 여가시간 증대
④ 국가 경제의 성장으로 인한 국민의 가처분 소득 증대

03 다음 중 관광공급의 대상이 아닌 것은?

① 관광자원 ② 관광시설
③ 관광상품 ④ 관광객

정답 1. ③ – 관광의 경제적 파급효과는 직접효과, 간접효과, 유발효과로 구성된다.
2. ② – 전쟁과 테러는 관광수요를 감소시키는 원인이다.
3. ④ – 관광객은 관광수요다.

참·고·문·헌

김사헌 (2003). **관광경제학**. 서울: 백산출판사.

뉴스토마토 (2013. 9. 4). 이집트 사태 … 남유럽 관광산업은 '이득'.

이데일리 (2011. 7. 6). 먹고 살만해진 중국, 여행업도 폭풍성장.

Reference

Chapter 13

관광과 기술

1. 관광정보통신기술
2. 관광교통기술
3. 기술이 관광에 미치는 영향

Chapter 13

관광과 기술

| 학습목표 |

- 관광과 관련된 교통기술과 정보통신기술에 대해 설명할 수 있다.
- 기술이 관광에 미치는 긍정적 부정적 영향에 대해 설명할 수 있다.

생각열기

'우주관광 시대 열린다' … 상업용 우주공항 등장

세계 최초의 상업용 우주 공항이 등장했다. 영국의 괴짜 억만장자 리처드 브랜슨 버진그룹 회장은 17일(현지 시간) 미국 뉴멕시코주(州) 유팜에서 버진갤럭틱의 상업용 우주공항 터미널 '스페이스포트 아메리카(Spaceport America)'를 공개했다. 브랜슨 회장은 이날 행사에서 "이 시설은 실로 대단하다"며 "말 그대로 이 세상 밖을 보여줄 것이다. 그것이 우리가 이루고자 했던 목표"라고 소감을 전했다.

버진갤럭틱은 '현재 공항 시설과 우주선 모함은 완성됐다'며 '해당 모함의 로켓 테스트를 마무리하는 중'이라고 설명했다. 이어 '스페이스포트 아메리카는 우주관광 서비스를 제공할 것'이라며 '화이트나잇투(WhiteKnightTwo)'와 '스페이스십투(SpaceShipTwo)' 등 '민간 우주선으로 우주관광 업무를 시작한다'고 밝혔다. 브랜슨 회장도 '우주로 향하는 마지막 박스를 포장하고 있다'며 '내년 말까지 운항이 가능하도록 관련 시설과 우주선에 대한 모든 테스트를 충분히 실시할 것'이라고 전했다. 그는 첫 비행에 자신과 두 자녀도 함께 할 것이라며 '안전하게 모든 이들이 돌아올 것이라 확신한다'고 자신했다.

스페이스포트 아메리카는 시설을 완비한 후 미국 연방항공청(FAA)으로부터 승인이 떨어지면 본격적인 운항을 시작할 예정이다. 이미 450여 명이 첫 비행 티켓을 구매했다. 이 중 150명은 이날 준공식에 참석했다. 수잔나 마르티네즈 뉴멕시코 주지사, 우주비행사 버즈 알드린 등도 참석해 자리를 빛냈다.
민간우주선 '화이트나잇투' 티켓은 개인당 20만 달러(약 2억2,900만 원)다.

출처: 뉴시스뉴스(2011. 10. 18).

1 관광정보통신기술

1) 항공예약시스템

항공예약시스템(Computer Reservation System : CRS)은 항공좌석을 예약하는 시스템이다. 1953년 미국 아메리칸 에어라인(AA)이 세계 최초로 세이버(SABRE)를 개발한 이래 갈릴레오(GALILEO), 아마데우스(AMADEUS), 월드스팬(WORLSPAN), 애바카스(ABACUS) 등이 잇따라 개발되었다. 대한항공은 토파스(TOPAS)라는 독자적인 CRS를 개발하여 사용하다가 아마데우스와 제휴하여 서비스를 제공하고 있다. CRS는 여러 항공사의 좌석을 조회, 예약, 발권할 수 있어서 관광객이 요구하는 조건에 맞게 좌석을 예약할 수 있는 장점이 있다. CRS는 항공 예약뿐만 아니라 호텔이나 렌터카 예약 등 부대서비스도 제공하여 고객의 만족도를 높이고 있다.

```
>S27MAYSELPAR
27MAY FRI   1200 SEL - PAR PARIS.FR                NTE
1 ICN CDG 27-0945 1440  PFJCDIZYBK      AF 267 772 0 010
2 ICN CDG 27-1330 1825  PFJCDIZYBK      AF 261 744 0 050
  ** OPERATED BY KE 901 - KOREAN AIR
3 ICN CDG 27-1330 1825  PCIWYKMHLSXQBVG KE 901 744 0
4 ICN FRA 27-1345 1735  PCIWYKMHLSXQBVG KE 905 744 0
5     CDG 27-1905 2025  CDZFYSBKRM      AF2319 735 0
6 ICN FRA 27-1400 1835  CDZHBYWVQM      LH 713 346 0 502
7     CDG 27-1925 2035  CDZHBLGYKT      LH4232 320 0 502
8 ICN NRT 27-1840 2050  FCIYTWKMSLHBXQVG KE 705 744 0
9     CDG 27-2155 0415*1PFJCDIZYBK      AF 277 773 0
#>S2
27MAY   FRI  ICN - CDG        TML   FLY/T GRN/T CON/T TTL/T MILE
AF0261  ICNCDG 1330   1825   0 -2E 11.55               11.55 5558
                                              TOTAL    11.55 5558
**AF0261 ICNCDG - OPERATED BY KOREAN AIR
>S4*
27MAY   FRI  ICN - CDG        TML   FLY/T GRN/T CON/T TTL/T MILE
KE0905  ICNFRA 1345   1735    -2   10.50               10.50 5360
                                              TOTAL    10.50 5360
AF2319  FRACDG 1905   2025   2 -2D 01.20          1.30 02.50  292
                                              TOTAL     2.50  292
                                        GRAND TOTAL  13.40    5652
```

▌그림 13-1▌ 토파스 항공좌석 조회

■ 국적 항공사의 CRS

- 토파스(TOPAS): 1987년 대한항공에서 직접 개발하였으며 1998년 10월 아마데우스와 전략적 제휴를 하여 1999년 토파스-아마데우스 합작 독립사를 설립하였다. 토파스에는 대한항공을 비롯한 전 세계 500여 개 항공사, 75,000여 개 호텔, 50여 개 렌터카가 가입되어 있다.
- 애바카스(ABACUS): 아시아나항공, 싱가포르 항공, 케세이퍼시픽, 말레이시아항공 등 총 11개 항공사가 참여하여 개발한 시스템으로 아시아나항공을 비롯한 전 세계 500여 항공사, 77,000여 개 호텔 등이 가입되어 있다.

2) 호텔정보시스템

호텔정보시스템(Hotel Information System : HIS)은 호텔에서 객실 예약 및 사용 현황, 고객 정보 확인, 레스토랑 예약 등을 조회하고 처리하는 등 호텔 업무와 관련된 모든 서비스가 유기적으로 결합되어 있는 컴퓨터 시스템이다. 예를 들어 HIS를 통해서 호텔 레스토랑을 예약하고, 객실번호를 제시하여 나중에 체크아웃 할 때 통합계산을 하고, 손님이 객실에 있는지 확인하고, 고객이 선호하는 객실 구성이나 음식 취향을 파악하는 등 호텔의 전 분야에 걸쳐 업무 수행에 도움을 준다. 특히 요즘과 같이 정보통신이 발달한 시기에는 HIS의 활용도가 그 어느 때보다 높다.

▮그림 13-2▮ 호텔예약 전문회사의 홈페이지

출처: 호텔조인(http://www.hoteljoin.com)

3) 인터넷과 관광정보

인터넷(internet)은 관광정보를 가장 간편하고 빠르고 광범위하고 자세하게 얻을 수 있는 네트워크이다. 전 세계 인터넷 이용자 수는 16억만 명에 달하고 있다. 한국은 약 3,700만 명이 초고속인터넷을 이용하고 있으며, 월 사용시간은 약 40시간으로 세계 1위를 차지하고 있다. 인터넷은 신속하게 정보를 얻을 수 있고, 장소와 시간의 구애를 받지 않고 리얼타임으로 최신의 관광정보를 얻을 수 있으며 쌍방향 커뮤니케이션이 가능하고, 즉시 예약 및 구매가 가능하다는 장점이 있다.

표 13-1 국내 지자체 관광정보 웹사이트 제공 항목

자치단체	항목
서울특별시	서울구경, 문화유적, 놀이공원, 축제, 쇼핑, 스포츠, 공연전시장, 서울근교, 숙박, 공원, 서울지도, 추천합니다
부산광역시	부산역사, 부산문화, 부산관광, 스포츠, 여행길잡이
대구광역시	앞산, 팔공산, 시내관광, 달성, 박물관/전시장, 명물거리, 공원
인천광역시	문화재, 문화축제행사, 해수욕장/섬, 공원/유원시설, 먹거리, 특산물, 교통, 숙박, 관광코스, 문화정보, 종합문화예술회관, 주요기념물시설
대전광역시	대전8경, 볼거리, 숙박시설, 먹거리들, 교통안내, 지도안내
광주광역시	관광코스, 문화유적, 문화행사, 문화공간, 숙박/음식, 가사문학
울산광역시	문화소개, 문화재안내, 관광지안내, 숙박업안내, 쇼핑센터, 특산물안내, 향토음식, 관광교통, 문화예술회관
경기도	관광지소개, 패키지관광, 관광지도, 먹거리, 특산물, 뉴스, 행사, 숙박, 링크페이지
강원도	관광소개, 관광코스, 행사, 스키, 골프, 래프팅, 등산, 낚시, 음식점, 관광지, 문화재, 교통, 숙박, 여행사, 특산품
충청북도	관광명소, 도로교통, 문화공간, 향토축제, 충북민담, 향토음식, 숙박, 인물, 민요, 전설, 보호수, 문화재, 문화행사
충청남도	관광명소, 전통풍물, 박물관, 레저/스포츠, 여행정보, 관광도우미
전라북도	코스별 여행, 교통/지리 정보, 숙박, 관광업체, 관광안내센터, 볼거리, 관광도우미, 여행관련 사이트, 향토음식, 향토음식점, 토속주
전라남도	볼거리, 먹거리, 즐길거리, 관광축제, 문화유산, 관광정보, 테마여행
경상북도	관광코스, 지역별 안내, 주제별 관광, 지역이벤트, 관광서비스, 특산물, 뉴스
경상남도	경남관광 100경, 추천코스, 관광서비스, 지역별행사, 문화재, 민속문화예술, 먹거리, 포토갤러리
제주도	제주안내, 숙박, 음식, 교통/여행사, 관광도우미, 레저/스포츠, 문화, 행사, 관광지, 쇼핑

인터넷 여행사는 1990년대 중반부터 등장하기 시작하여 초기에는 회사 홍보, 여행 상품소개, 기초적인 정보제공 정도의 수준에 머물렀으나 점차 여행상품 검색, 구매, 대금결제까지 모두 해결하는 본격적 전자상거래 형태로 발전하였다. 여행상품은 무형이므로 보관이 필요 없고 컴퓨터와 네트워크만 있으면 손쉽게 창업할 수 있는데다 부가가치가 높기 때문에 인터넷 여행사가 확산되었다.

인터넷 여행사도 일반여행사와 마찬가지로 국내외 할인항공권, 호텔 · 콘도, 패키지 여행, 테마여행, 배낭여행, 렌터카 등의 예약서비스를 제공할 뿐만 아니라 저렴한 상품 가격, 이벤트, 관광뉴스, 여행지 정보 등으로 관광객을 유인한다. 미국에서는 Travelocity를 비롯해 천여 개의 인터넷 여행사들이 성업을 이루었으며 국내에서도 월드투어, 투어몰, 골드투어를 비롯한 많은 여행사가 영업을 하였다.

인터넷 여행사의 상거래 프로세스는 고객이 상품 가격, 기간, 내용 등을 검색한 후 마음에 드는 상품을 선택하고 신용카드 · 계좌이체 · 무통장입금 · 전자지갑 등으로 결제하면 여행사는 관련 정보와 주문내역을 이메일로 보내고, 배달 서비스를 통해 티켓 또는 상품을 전달한다. 최종적으로 고객은 여행지로 출발한다. 그리고 여행 후의 사후 관리도 이메일을 통해 고객이 불편했던 점 등을 보내게 되면 해당 업체에서는 개선점을 찾고 이에 따른 보상이나 감사편지를 보낸다.

2 관광교통기술

1) 관광교통기술의 의의

지금처럼 교통기술이 발달하기 전에는 여행을 하려면 도보로 이동하거나 말을 이용하여 여행할 수밖에 없었다. 이런 여행은 이동하는 데 시간이 많이 걸리고 피로도가 높아지며 맹수나 산적을 만나는 등 위험에 늘 노출될 수밖에 없었다. 따라서 원거리 여행을 하기가 매우 불편하였다. 그러나 교통기술이 발달하면서 자동차, 철도, 항공기, 선박 등을 이용해 편안하고 신속한 이동을 할 수 있게 되었다.

〈그림 13-3〉 왼쪽 사진은 필리핀 카비테주 타가이타이시에 있는 따알화산으로 가는 모습으로 말을 이용해 이동하고 있다. 울퉁불퉁하고 가파른 길을 말을 타고 오르내

리는 것이 불편하지만 재미있기도 하다. 오른쪽 사진은 프랑스 파리의 2층 시티투어 버스다. 예술의 도시답게 버스도 아름답게 꾸며져 있다. 버스의 멋진 외형이 관광객들에게 한 번쯤 타보고 싶은 마음이 들게 한다. 버스 2층에서 바라보는 파리 시내의 고풍스러운 모습은 정말 아름답고 낭만적이다. 현대의 관광교통수단은 단순히 이동의 역할만 하는 것이 아니라 즐거움도 선사하고 있다.

그림 13-3 필리핀 따알화산 말 트래킹과 파리 시티투어버스

출처: 저자 촬영

2) 종류

(1) 자동차

제2차 세계대전 이후 자동차의 대량생산이 가능해지면서 승용차나 버스를 이용한 여행이 시작되었다. 최근에는 레저용 차량(Recreation Vehicle : RV)이 보급되어 자동차를 이용한 여행이 많아지는 추세이며, 오토캠핑장이나 렌터카 등 자동차를 이용한 관광레저산업이 함께 발전하고 있다. 자가용은 여행 루트, 정착지, 시간의 선택이 자유롭다는 장점을 가지고 있지만 출퇴근시간이나 휴가기간에 차량이 일시에 집중되면 도로 정체가 일어나 시간을 낭비하고 비싼 유류비와 유지・보수비를 감당해야 하는 단점도 있다.

이를 해소하기 위해 버스전용차로제를 운영하고 있는데 대중교통은 자가용의 단점인 운전 피로감, 주유비/주차비 등 고비용, 교통체증 등을 해소해준다. 그러나 지방으로 갈수록 대중교통이 불편해서 이용하기가 어렵다. 이를 해결하기 위하여 지역 내 순환버스, 즉 셔틀버스를 늘린다면 경비 절감, 여행객들의 피로 저하, 교통체증이 해소될 수 있을 것이다. 세계 주요도시와 유명 관광지에서는 셔틀버스를 활발히 이용하고 있다. 〈그림 13-4〉의 왼쪽 사진은 영국의 택시인 블랙캡으로 빨간 2층 버스와 더불어 런던을 상징하는 교통수단이다. 오른쪽 사진은 호주 블루마운틴을 끊임없이 순환하는 셔틀버스이다. 그 모습이 예스럽고 운치가 있다.

▮그림 13-4▮ 런던의 블랙캡과 호주의 블루마운틴 순환버스

(2) 철도

1825년에 세계 최초로 영국에서 증기기관에 의한 석탄 수송용 철도가 개발되었다. 1841년 7월 5일에는 영국의 토마스 쿡(Thomas Cook)이 철도를 이용한 세계 최초의 패키지 상품을 만들었다. 요즘에는 우리나라의 KTX, 일본의 신칸센, 프랑스의 TGV, 독일의 ICE 등 고속철도가 개발되어 원거리로의 접근성을 한층 높이고 있다. 최근에는 정동진 해돋이 열차, 눈꽃열차 등 철도를 이용한 다양한 여행상품이 개발되고 있다. 〈그림 13-5〉는 프랑스의 고속열차 TGV, 체코 프라하의 트램, 홍콩의 2층 트램, 비엔나 전철, 호주 블루마운틴의 협괴열차를 차례로 보여주고 있다. 참고로 이 협괴열차는 과거 채굴하던 시대의 것을 버리지 않고 잘 보전하여 현대에 와서 관광열차로 활용하고 있는 것이다. 허술해 보이지만 스릴이 만점이다.

▌그림 13-5▐ 여러 나라의 철도

출처: 저자 촬영

▌그림 13-6▐ 철도 여행상품 소개

출처: 코레일(http://www.korail.com)

(3) 항공

항공기술의 발달은 국제 관광의 활성화를 가져오는 실질적인 계기가 되었다. 항공기가 아니라면 다른 나라로의 여행은 매우 힘들다. 유럽처럼 작은 나라들이 인접해 있으면서 상호 호혜적인 관계를 맺어 철도나 도로를 이용해서 여행하는 경우도 있지만 우리나라와 같이 3면이 바다로 둘러싸여 있거나 일본과 같은 섬나라는 항공이 가장 적합한 이동수단이다.

최근에는 항공기의 기내 서비스가 양극화되고 있는데 일반 항공기에서는 영화, 드라마, 게임 등을 즐길 수 있는 개인용 단말기를 제공하고 기내식과 식음료 서비스를 하는 반면, 저비용항공사는 기내서비스를 없애는 대신 저렴한 가격으로 고객을 만족시키고 있다. 〈그림 13-7〉 왼쪽 사진은 저비용항공사인 제주항공이다. 저렴하다고 해서 외관까지 저렴한 것은 아니다. 오히려 멋스러운 디자인이 친근하게 느껴진다. 실제 탑승한 느낌은 생각보다 진동이나 소음이 크지 않다. 게다가 비행기 내에서 승무원들이 탑승객들과 함께 게임을 하고 포토타임을 제공하면서 일반 항공보다 더욱 즐거운 탑승의 추억을 선사하고 있다. 오른쪽 사진은 미국 그랜드캐니언의 관광 비행기이다. 이 비행기는 단지 두 지점을 이동하기 위해 움직이는 것이 아니라 협곡 사이를 지나가 그랜드캐니언을 세밀히 관찰하면서 자연의 신비를 체험할 수 있는 기회를 준다.

▮그림 13-7▮ 제주항공과 미국 그랜드캐니언 관광 비행기

출처: 저자 촬영

(4) 선박

선박은 강, 바다, 호수의 이동을 가능하게 하는 수단으로 노, 돛, 증기, 동력의 발전에 따라 속도가 증가하였다. 관광용 선박은 1~2인용의 보트부터 수천 명이 탑승하는 크루즈까지 다양하게 개발되었다. 〈그림 13-8〉은 방콕 차오프라야강의 유람선, 베네치아의 곤돌라, 밴쿠버의 크루즈, 시드니의 유람선 사진이다.

그림 13-8 방콕 차오프라야강 유람선, 베네치아 곤돌라, 밴쿠버 크루즈, 시드니 유람선

출처: 저자 촬영

필리핀의 대중 교통수단 지프니

지프니는 필리핀의 대중교통으로 그 자체로 체험관광이 된다. 돈을 앞으로 내야 해 불편하기도 하고 좁기도 하고, 매연도 마시게 되어 육체적으로 불편하지만 심리적으로는 현지인의 삶을 가까이에서 느낄 수 있어 좋은 경험이 된다.

출처: 저자 촬영

3 기술이 관광에 미치는 영향

1) 긍정적 영향

① 신상품 개발

교통과 정보기술의 발달은 관광 매력성을 가지고 있으나 정보가 부족하고 접근하기가 어려워 개발되지 못했던 지역을 새로운 관광지로 개발하여 새로운 여행상품으로 등장시킨다.

② 생산성 향상

컴퓨터, 통신기술의 발달로 종업원 1인당 생산성이 높아지고, 인건비 절감 등의 비용절감 효과를 가져와 관광사업의 생산성이 향상된다.

③ 서비스 개선

기술의 발달은 위성발권, 무인자동발권기, 무인관광안내기 등 관광자들이 보다 편리하게 관광을 할 수 있도록 서비스를 개선하였다.

④ 새로운 업종의 등장

기술의 발달은 기존의 관광업을 발전시킬 뿐만 아니라 새로운 업종을 등장시킨다. 인터넷의 발달로 인하여 인터넷여행사, 인터넷카지노, 호텔예약업 등이 등장하였다.

베니건스 더 키친, 아이패드로 주문한다

베니건스에서 새롭게 선보인 젊은 감각의 캐주얼 레스토랑 '베니건스 더 키친'이 전자메뉴판을 도입하며 차별화된 방식으로 메뉴 정보를 제공한다. 롯데백화점에 위치한 '베니건스 더 키친'은 전 테이블에 아이패드를 활용한 전자메뉴판을 사용하고 있어 고화질의 음식사진 구현과 자세한 정보들로 주문의 편의성을 돕는다.

'베니건스 더 키친'의 전자메뉴판은 단순히 메뉴만 볼 수 있는 기능에서 나아가 주문 시스템 앱도 따로 있어 손님이 터치스크린을 통해 직접 주문을 할 수 있는 게 특징. 스테이크 굽기 정도와 다양한 소스까지 고를 수 있는 옵션까지 마련해 취향에 맞게 메뉴를 선택할 수도 있다. 주문 마지막 단계에서는 담당 서버가 고객과 눈을 맞추고 주문한 메뉴를 확인하는 맨투맨 서비스도 함께 병행해 편리성과 서비스의 만족도를 함께 높인다.

10여 대의 테이블 고정식 전자메뉴판은 식사를 기다리는 동안이나 식사 후 시간까지 자유로운 사용이 가능해, 각종 게임 및 다양한 애플리케이션 체험 등으로 색다른 즐거움을 선사한다. 특히, 아이패드의 전자메뉴판은 아이들에게 새로운 즐길거리를 제공함으로써 상대적으로 이야기를 즐길 수 있는 식사시간의 여유 확보로 가족단위 고객들에게 높은 호응을 얻고 있다.

고경일 베니건스 마케팅팀장은 "전자 메뉴판은 메뉴에 대한 다양하고 색다른 정보뿐만 아니라 엔터테인먼트 서비스까지 함께 제공할 수 있어 고객의 새로운 욕구를 만족시킬 것으로 본다"며, "향후, 동영상 기능도 활용해 오감을 자극하는 메뉴 소개 방식으로 계속해서 새로운 서비스를 선보이겠다"고 밝혔다.

출처: 한경닷컴(2011. 03. 31)

2) 부정적 영향

① 기존 관광지의 쇠퇴

새로운 교통기술의 발달과 교통로의 등장은 기존에 접근이 어려운 잠재적인 관광지를 새로운 관광지로 개발하기도 하지만 기존의 관광지를 쇠퇴시키기도 한다.

② 관광 수입의 감소

교통수단이 발달함에 따라 이동시간이 단축되어 당일여행이나 단기여행이 주를 이루게 되었다. 그로 인해 관광지에서의 지출이 감소되고 체재기간이 짧아져 관광사업을 쇠퇴시키는 결과를 가져온다. 또한 자가용의 보급은 관광지 체재에 필요한 물품을 출발지에서 미리 준비하게 함으로써 관광지의 경제에 미치는 영향을 감소시키고 있다.

③ 환경오염

자동차 등 교통수단의 배출가스는 대기오염의 주범이 되고 있으며 심각한 소음공해를 일으킨다.

④ 기존 관광사업 위협

컴퓨터와 통신의 발달과 함께 새롭게 나타난 인터넷 여행사의 등장으로 인해 기존 여행사나 관광산업의 존재가 위협받고 있다. 게다가 항공기술의 발달은 다른 교통수단인 철도와 여객선의 사양화를 가져오기도 한다.

연·습·문·제

01 다음 중 아메리칸항공(AA) 주도로 설립된 항공예약시스템은 무엇인가?

① 갈릴레오(GALILEO) ② 세이버(SABRE)
③ 토파스(TOPAS) ④ 애바카스(ABACUS)

02 다음 중 1841년 영국의 토마스쿡(Thomas Cook)이 세계 최초의 패키지 상품을 만들 때 이용한 교통수단은 무엇인가?

① 항공 ② 마차
③ 자동차 ④ 철도

03 다음 중 기술이 관광에 미치는 긍정적 영향으로 거리가 먼 것은?

① 신상품 개발 ② 생산성 향상
③ 서비스 개선 ④ 환경오염

정답 1. ②－세이버(SABRE)는 아메리칸 항공(AA) 주도로 설립되었다.
2. ④－철도를 이용하였다.
3. ④－환경오염은 부정적 영향이다.

참·고·문·헌

김광근 외 (2003). **관광학원론**. 서울: 백산출판사.
최기종 외 (2011). **관광정보론**. 서울: 백산출판사.
뉴시스뉴스 (2011. 10. 18). 우주관광 시대 열린다… 상업용 우주공항 등장.

코레일(http://www.korail.com)
호텔조인(http://www.hoteljoin.com)
newasia-singapore(http://www.newasia-singapore.com)
spaceadventure(http://spaceadventures.com)
visitseoul(http://www.visitseoul.net)

Reference

찾아보기

저자 약력

박상현(anytime365@naver.com)

한양사이버대학교 호텔관광외식경영학과 교수

■ 학력

한양대학교 일반대학원 관광학석사

한양대학교 일반대학원 관광학박사

■ 주요경력

The University of Waikato, New Zealand, Visiting Professor

관광종사원 국가자격시험 심사위원

한국관광학회 이사

한국호텔관광학회 이사]

■ 주요논문 및 저서

Flow and Its Influence in Destination Website, International Journal of Tourism Sciences

관광축제의 중요도-만족도 분석(ISA)과 인구통계적 비교 평가, 관광학 연구

관광정보론, CRS항공예약업무 등

김영갑(webkim@naver.com)

한양사이버대학교 호텔관광외식경영학과 교수

■ 학력

중앙대학교 일반대학원 경영학석사

세종대학교 일반대학원 외식경영학박사

■ 주요경력

2012 여수세계박람회 식음시설운영자문위원

한국외식경영학회 부회장

농수산식품유통공사 한식조리특성화사업 사업관리위원

농수산식품유통공사 식품산업발전 자문위원

■ 주요논문 및 저서

Q방법론에 의한 패밀리레스토랑 소비자의 세분화, 외식경영연구

레스토랑에서 소비자가 지각하는 가격인지차원의 타당성 검증, 한국식생활문화학회지

외식창업론, 외식마케팅 등

문승일(moonsi921@hanmail.net)

한양대학교 호스피탈리티 아카데미 교수

■ 학력

한양대학교 일반대학원 관광학석사

한양대학교 일반대학원 관광학박사수료

■ 주요경력

한양대학교 관광연구소 책임연구원

베니키아 호텔체인 운영본부 실장

한국호텔관광학회 이사

청운대학교 관광산업연구소 객원연구위원

■ 주요논문 및 저서

환경 친화적인 호텔 객실 속성에 관한 연구, 호텔경영학연구

의료관광 활성화를 위한 제도적 개선 방안에 관한 연구, 관광연구논총

관광정보론, 호텔경영론 등

관광학 입문자의 눈높이에 맞춘

관광학 개론

2014년 3월 5일 1판 1쇄 인쇄
2014년 3월 10일 1판 1쇄 발행

지 은 이 박상현 김영갑 문승일
펴 낸 이 최용구
펴 낸 곳 이프레스

주 소 (140-846) 서울시 용산구 원효로 89길 19 (원효로1가)
전 화 537-1720(영업부), 537-1721(편집부), 537-1711(팩스)
이 메 일 epress01@naver.com
홈페이지 www.epress1.com
등 록 2009년 12월 10일 제16-2710호

기획마케팅 최용구 장만동 송대용
책임편집 석기은 최윤정 황가연
본문편집 에나루
표 지 SDY

ISBN 978-89-90245-49-6 93980

정가 25,000원